CRITICAL STUDY OF DIGITAL LABOR

数字劳动的批判性研究

李弦　著

中国社会科学出版社

图书在版编目（CIP）数据

数字劳动的批判性研究 / 李弦著. -- 北京 : 中国社会科学出版社, 2024. 8. -- ISBN 978-7-5227-3828-4

Ⅰ. F246

中国国家版本馆 CIP 数据核字第 2024NZ0070 号

出 版 人　赵剑英
责任编辑　杨晓芳
责任校对　王佳玉
责任印制　张雪娇

出　　版　中国社会科学出版社
社　　址　北京鼓楼西大街甲 158 号
邮　　编　100720
网　　址　http：//www. csspw. cn
发 行 部　010－84083685
门 市 部　010－84029450
经　　销　新华书店及其他书店

印　　刷　北京君升印刷有限公司
装　　订　廊坊市广阳区广增装订厂
版　　次　2024 年 8 月第 1 版
印　　次　2024 年 8 月第 1 次印刷

开　　本　710×1000　1/16
印　　张　15
插　　页　2
字　　数　193 千字
定　　价　98.00 元

序

正如罗萨（Hartmut Rosa）在《社会加速批判理论大纲》中所指出的，“各种现代时间结构以一种非常特殊的、命定般的方式发生了改变；这些时间结构是被加速逻辑所支配的，而且这种加速逻辑与现代性的概念与本质有着几乎尚未被人发现的关联”①。“加速社会”也成为罗萨对于当代社会的诊断，“加速逻辑”所改变的是当代社会的“时间结构”，而这种“加速逻辑”又是与“现代性”的概念紧密联系在一起的。那么“社会加速”的动力机制又是什么？一个可能性的答案就是各种高新技术的投入和使用（罗萨称之为“科技加速”），如ICT、AI、智能识别、区块链、物联网、3D打印技术等，这些高新技术大大促进了整个社会的“加速”，以前“车船都很慢”，而当代，时空距离被大大压缩，我们每天都在享受着这些高新技术带来的便利，打开聊天软件我们就能够与远在千里之外的家人视频聊天、打开购物网站我们就能够实现快捷购物等。

奈格里（Antonio Negri）和哈特（Michael Hardt）有一个重要概念，即“帝国”，与之紧密相关的是“社会工厂”“脱疆域性的生产方

① ［德］罗萨：《新异化的诞生：社会加速批判理论大纲》，郑作彧译，上海人民出版社2018年版，第4页。

式”，我们也看到，只有进入数字化时代，“帝国”“社会工厂”“脱疆域性的生产方式”才变成真正的社会现实，以生产一台苹果手机为例，它可能会涉及非洲的矿工、中国的富士康、印度的程序员、欧美的工程师等，它是一个全球性的一体化生产过程，而且正因为数字化技术的投入和使用，“数字帝国”已经变成真正的社会现实，我们的劳动方式也正在发生重大改变，即由传统的“物质生产活动”向“数字劳动”转变。

从其经济意义来看，这些“数字帝国”和“数字劳动”具有“赋能”的重要职能，人的劳动能力本身是有限的，但是在数字化时代，借由这些高新技术，我们的“能力”和“能量”正在无限扩展，因此在数字化时代，“赋能”也成为一个“现象级”的热词，而且现在很多企业都自我标榜为“赋能性商家”“赋能性企业”；从其社会意义来看，这些“数字帝国”和“数字劳动”也具有“赋权”的重要职能，我们可以自由地选择一款App、自由地选择购物、自由地享受“物联网”带给我们的便捷、在虚拟空间中自由“冲浪”、当一个自由的“键盘侠”等，这些“自由选择”就是一种“权利”，是互联网和高新技术赋予我们选择的权利；从其文化意义来看，互联网代表了一种参与式的文化样态，在西方也被当作“民主文化”的土壤，是表征人们文化需求的重要方式；从其哲学意义来看，互联网和高新技术具有一个基本职能，即确证人的生命本质和主体性地位，它是保证我们的“本质力量对象化”的有效手段，人的本质力量包括人的意识、情感、行动等。

与这些“赋能”、“赋权”、确证生命本质的“正向”感受可能不太一样的是，互联网中的专业劳动者（如程序员等）自2019年3月以来，爆发了声势浩大的“反996”运动（“996ICU”），而作为一般的互联网用户，我们经常感觉到“时间盗窃”或“时间紧迫”，因此问一位现代人：“你幸福吗?”答案可能不尽相同，但问：“你忙吗?”答案可能是大致相同的，“忙”的背后其实就是整个社会的“加速”机制改变了，改变了原有的时间结构，正是在这种现代性的时间结构中我们看到一种明显的悖论，一方面，数字劳动是确证我们生命本质的重要手段，我们能在数字劳动中寻找到失落已久的“主体性”体验；另一方面，“数字劳动”仍然是一种“劳动”，总会陷入数字资本的统治，这就是马克思历史唯物主义揭示出来的基本辩证法：劳动与资本的辩证法，劳动是“人的本质力量对象化”的重要手段，但又总是被各种资本“吮吸”，马克思的“劳动与资本的辩证法”与当前的“数字劳动与数字资本的辩证法”还有一点不同，那就是在马克思的原始语境中，工人们总是被迫劳动，带有“不自愿性”，但是在数字化时代，我们的数字劳动，尤其是一般互联网用户的数字劳动，带有非常强的“自愿性”，换言之，我们总是“自愿”被剥削，那么我们又该如何来解释这种“自愿被剥削”的悖论呢？这就离不开马克思历史唯物主义的分析框架。

“时间”是马克思用来分析整个人类历史和资本主义社会的“基本武器”，历史唯物主义不同于旧唯物主义和机械唯物主义的一点就在于，历史唯物主义融入了“历史”的维度，历史的维度从其本质来看也是时间的维度，这种时间性的维度在《资本论》中的一个现实表现形式就是劳动时间，与其密切相关的就是马克思在《资本论》中关于“工作日”的讨论，马克思这样来定义“工作日”：“工作日就是一昼夜 24 小时减去几小时休息时间。没有这种休息时间，劳动力就根本不能重新工作。首先，不言而喻，工人终生不外就是劳动力，因此他的全部可供支配的时间，按照自然和法律都是劳动时间，也就是说，应当用于资本的自行增殖。”① “它克扣吃饭时间，尽量把吃饭时间并入生产过程本身，因此对待工人就像对待单纯的生产资料那样，给他饭

① 《马克思恩格斯文集》第 5 卷，人民出版社 2009 年版，第 305—306 页。

吃，就如同给锅炉加煤、给机器上油一样。"① "资本主义生产——实质上就是剩余价值的生产，就是剩余劳动的吮吸——通过延长工作日，不仅使人的劳动力由于被夺去了道德上和身体上正常的发展和活动的条件而处于萎缩状态，而且使劳动力本身未老先衰和过早死亡。"② 通过马克思关于"工作日"（劳动时间）的这些论述可以看出，"工作日"就构成绝对剩余价值的来源，资本主义生产的实质就是要尽量延长工作日以榨取更大的剩余价值，只留给工人生理必需的休息时间和法律规定的休息时间，这是资本主义社会"绝对剩余价值"的"时间逻辑"。

马克思看到，要超越资本主义社会的这种"时间逻辑"，就必须"缩短工作日"，以获得"自由时间"并向自由王国迈进，"这个领域内的自由只能是：社会化的人，联合起来的生产者，将合理地调节他们和自然之间的物质变换，把它置于他们的共同控制之下，而不让它作为一种盲目的力量来统治自己；靠消耗最小的力量，在最无愧于和最适合于他们的人类本性的条件下来进行这种物质变换。但是，这个领域始终是一个必然王国。在这个必然王国的彼岸，作为目的本身的人类能力的发挥，真正的自由王国，就开始了。但是，这个自由王国只有建立在必然王国的基础上，才能繁荣起来。工作日的缩短是根本条件。"③ 这里就指出马克思关于"人的解放"的必然条件。同时，我们还看到，马克思所论述的"自由时间"其实还有一些现实性的表现形式，如"个人受教育的时间，发展智力的时间，履行社会职能的时间，进行社交活动的时间，自由运用体力和智力的时间，以至于星期日的休息时间"④，这里也承接了马克思在《德意志意识形态》中所论

① 《马克思恩格斯文集》第 5 卷，人民出版社 2009 年版，第 306 页。
② 《马克思恩格斯文集》第 5 卷，人民出版社 2009 年版，第 307 页。
③ 《马克思恩格斯文集》第 7 卷，人民出版社 2009 年版，第 928—929 页。
④ 《马克思恩格斯文集》第 5 卷，人民出版社 2009 年版，第 306 页。

述的那种“上午打猎，下午捕鱼，傍晚从事畜牧，晚饭后从事批判”的“自由时间”状态。

那么在数字化时代，我们的“劳动时间”和“自由时间”有哪些变化？我们的数字劳动又有哪些类型？

第一种，互联网中专业劳动者的数字劳动，它又包含三种类型，一是互联网中的专业技术人员的数字劳动；二是互联网数字平台中的“微劳动”；三是借助于互联网平台的“自我雇佣”劳动。这些互联网专业劳动者的数字劳动仍然是处在某种雇佣关系中，所以我们可以很好地用马克思政治经济学的框架去分析它。

第二种，一般互联网用户的数字劳动。例如互联网用户浏览各种网站、在各种社交媒体上所进行的交流活动等，这些数字劳动通常无须太多专业性知识。它通常游离于传统的雇佣关系之外。这种“非雇佣关系”之下的数字劳动也构成当前国内外学界的一个探讨重点，在Web 2.0时代，我们关于一般互联网用户数字劳动的分析，首先要探讨一个问题，那就是一般互联网用户在网上的各种活动在何种意义上是一种“数字劳动”并且参与价值创造？其实这是一个隐匿的过程，一般而言，当我们把自己的注意力集中在一个购物网站上时，我们认为我们是在消费、休闲和娱乐，殊不知，我们在消费的同时也在进行生产，但生产的不是一般的物质产品，而是数据，如我们在某购书网站上购买康德（Immanuel Kant）的《纯粹理性批判》，我们会在该网站上留下搜索和购买记录（表现为数据），当其他成百上千的人都在搜索《纯粹理性批判》时，那么该购书网站就会捕捉到这条数据，并运用相应的算法，找到这些数据的内在关联，因此，当你下次再进入该购书网站时，你会发现该网站给你推荐了很多康德的其他书，这就是数字化时代互联网企业的盈利模式，他们的利润来源主要是通过算法运算之后的精准推荐，对于算法的重视当然也离不开互联网中的专业性人才（雇佣劳动者），但我们必须看到，算法脱离了互联网用户生产出来的数据是无法发挥效力的，互联网用户生产出来的数据并非只是数字劳动的原材料，而是一般互联网用户劳动的结果，因此，从马克思劳动价值论的视阈来看，一般互联网用户其实也参与了价值创造。

从宏观层面来观照数字劳动，它至少包含几个方面的结构性因素，即数字劳动者、数字劳动的生产资料、数字劳动的劳动对象，但数字劳动的过程更为复杂，仅从互联网中专业劳动者的数字劳动来看，真正的“主体”仍然是平台经济背后的所有制关系，其人格化的代表就是拥有这些数字平台的资本家，它们会通过榨取互联网专业劳动者的剩余数字劳动来获得剩余价值，但这种剩余价值的获得并不占主导（并不构成其主要利润的来源），其剩余价值的主要来源是一般互联网用户的数字劳动，但在这种狭义的数字劳动中，会有一个明显的“悖论”，即作为一般的互联网用户，我们在网上进行购物、我们把自己的旅游经历分享在社交平台，恰好是我们主体性和能动性的体现，但就是在“自愿”的数字劳动过程中，我们可以看到数字资本实现了对于一般互联网用户数字劳动的更深层次的盘剥，这就是数字劳动的深层悖论。

总的来看，本成果的标题为“数字劳动的批判性研究”，其中有三个关键性的问题需要澄清：首先，研究视域。本书的研究视域为马克思的历史唯物主义，它对于我们分析数字劳动的过程依然重要，如我们所使用的生产性劳动、生产性消费、劳动的二重性、活劳动、总体工人、劳动时间、剩余时间、剩余价值、异化劳动、拜物教等概念，这些概念仍然具有时代的穿透力。其次，研究对象。本书的研究对象为数字劳动，研究背景为第四次工业革命，进入数字化时代，数字劳动的过程、生产与消费之间的关系、生产与休闲娱乐之间的关系已经发生明显变化，这些构成本成果的主要研究对象。最后，研究方式。

本成果主要从历史唯物主义角度对数字劳动及其过程进行了批判性研究。马克思一方面肯定了资本主义在促进生产力方面的重要作用，另一方面其研究重心却是对于资本主义进行了系统批判，其基本立场是人民立场。本书承续这种研究方式和基本立场，一方面肯定发展数字经济和数字劳动的重要作用，另一方面我们的研究重心也是一种“批判性”研究，当然，这种批判是一种“普适”层面的，即在批判一般意义上的“数字劳动”，严格而言，它不具有国别性，但在现实层面又体现在各个国家的现实实践中。本成果既重点分析和批判了国外流行的数字劳动，也分析和批判了国内平台经济中的数字劳动（如滴滴、京东、腾讯、阿里巴巴等），它们具有数字化时代的共性特征。本成果通过这种批判性研究，为发展“新时代中国特色社会主义的数字经济和数字劳动”提供“他山之石”。

作　者

2024 年 2 月 8 日于清水河畔

目　　录

第一章　研究视阈的廓清

本章的主要任务是廓清“历史唯物主义”的研究视域，包含两个部分，一是“回到马克思”，从总体维度来理解历史唯物主义，即理解历史唯物主义的总体图示及其叙述方式的转变；二是“面向当代”，学习习近平总书记关于发展数字经济的重要论述。党的十八大以来，习近平总书记发表了一系列关于发展数字经济的重要论述，这为我国发展数字经济、研究数字劳动提供了科学的行动指南，彰显出深刻的历史唯物主义意蕴。

第一节　理解历史唯物主义的总体图示与叙述方式

“历史唯物主义”和“剩余价值规律”构成了马克思的“两大天才发现”，也是马克思“科学家”的身份标识。总的来看，生产力、生产关系、上层建筑共同构成了历史唯物主义的基础性框架，我们在后面章节中关于数字劳动的批判性分析也将从生产力、生产关系、观念上层建筑这三个维度来展开。

一　理解历史唯物主义的总体图示及其关键概念

（一）关于生产力、生产关系、上层建筑总的理解图式

《德意志意识形态》在马克思思想形成过程中具有非常重要的作用，它标志着历史唯物主义开始走向成熟，马克思正是在这个文本中初次阐释了历史唯物主义的研究前提，那就是“现实的人及其物质生产活动”，现实的人主要表现在五个方面，即：“现实的人”是从事物质生产活动的人、是有着现实性需要的人、是进行着人的生命生产的人、是处在生产关系中的人、是有意识的人①。

“我们从这一大堆赘述中只能得出一个结论：上述三个因素即生产力、社会状况和意识，彼此之间可能而且一定会发生矛盾，因为分工使精神活动和物质活动、享受和劳动、生产和消费由不同的个人来分担这种情况不仅成为可能，而且成为现实，而需使这三个因素彼此不发生矛盾，则只有再消灭分工。”② 这是马克思在《德意志意识形态》中概括完现实的人的“五个规定性”③ 之后得出的一个总结性结论，但这里有一个奇怪的表述方式，马克思从“一大堆赘述中”得出的结论只有“三个因素”，而“这一大堆赘述”显然是指“现实的人”的五个规定性，尤其是当马克思在考察完前四个规定性之后，最后考察“人是有意识的人”时明确提出，“在我们已经考察了原初的历史的关系的四个因素、四个方面之后，我们才发现：人还具有‘意识’。”④ 显然，马克思在总结性的结论中应该提到“五个因素”，事实上马克思只提出了“三个因素”，即生产力、社会状况和意识，这就出现了表述

① 王让新、李弦：《“现实的人”的理论跃迁：历史唯物主义的深度解读》，人民出版社 2018 年版，第 159—181 页。

② 《马克思恩格斯文集》第 1 卷，人民出版社 2009 年版，第 535 页。

③ 《马克思恩格斯文集》第 1 卷，人民出版社 2009 年版，第 519—530 页。

④ 《马克思恩格斯文集》第 1 卷，人民出版社 2009 年版，第 533 页。

上的矛盾。结合马克思在《德意志意识形态》中的其他表述可以知道，“现实的人”的前“三个因素”只是一个因素，根据马克思的本意，从事物质生产活动、有着现实性需要、进行着人的生命生产只是“一个因素”(一个活动的三个方面)，是“为了使德国人能够看明白”才表达成“三个因素”，由此可以看出，马克思是把现实的人的前三个因素归结为“生产力”，而“处在生产关系中的人”就是“社会状况”，这是马克思后来所表述的生产关系或经济基础（经济结构)，而“有意识的人”就对应于‘意识’或上层建筑（此时马克思还指的是观念上层建筑)。马克思还断言：“生产力、社会状况和意识，彼此之间可能而且一定会发生矛盾……”这句话也可以根据马克思后来的表述置换为：“生产力、生产关系和上层建筑，彼此之间可能而且一定会发生矛盾……”由此可见，马克思在《德意志意识形态》中就开始发展起了初始的历史唯物主义的阐释模式。

马克思真正成熟地系统地阐述自己的经典历史唯物主义的理论体系还是在1859年《〈政治经济学批判〉序言》中，马克思系统概括了自己关于生产力、生产关系、上层建筑总的理解图式，“我所得到的，并且一经得到就用于指导我的研究工作的总的结果，可以简要地表述如下：人们在自己生活的社会生产中发生一定的、必然的、不以他们的意志为转移的关系，即同他们的物质生产力的一定发展阶段相适合的生产关系。这些生产关系的总和构成社会的经济结构，即有法律的和政治的上层建筑竖立其上并有一定的社会意识形式与之相适应的现实基础。物质生活的生产方式制约着整个社会生活、政治生活和精神生活的过程。不是人们的意识决定人们的存在，相反，是人们的社会存在决定人们的意识。社会的物质生产力发展到一定阶段，便同它们一直在其中运动的现存生产关系或财产关系（这只是生产关系的法律用语）发生矛盾。于是这些关系便由生产力的发展形式变成生产力的桎梏。那时社会革命的时代就到来了。随着经济基础的变更，全部庞大的上层建筑也或慢或快地发生变革……我们判断这样一个变革时代也不能以它的意识为根据；相反，这个意识必须从物质生活的矛盾中，从社会生产力和生产关系之间的现存冲突中去解释。无论哪一个社会形态，在它所能容纳的全部生产力发挥出来以前，是决不会灭亡的；而新的更高的生产关系，在它的物质存在条件在旧社会的胎胞里成熟以前，是决不会出现的。"① 这段话给出的信息实际上是相当丰富的，大体上可以从三个方面来看，一是生产力决定生产关系，而且生产关系是"不以人的意志为转移的"；二是经济基础决定上层建筑，经济基础就是指生产关系的总和，即经济结构，上层建筑则包含了政治、法律、精神等多方面的上层建筑；三是著名的"两个绝不会"，而"两个绝不会"的根据就在于生产力与生产关系的匹配程度，这也是判断社会形态的基本依据。由此可见，马克思关于生产力、生产关系、上层建筑总的理解图式就此真正形成。

根据马克思的论述，我们可以用两个总体性的图示（如图 1 –1 和图 1 –2 所示）来表征生产力、生产关系、上层建筑三者之间的关系。

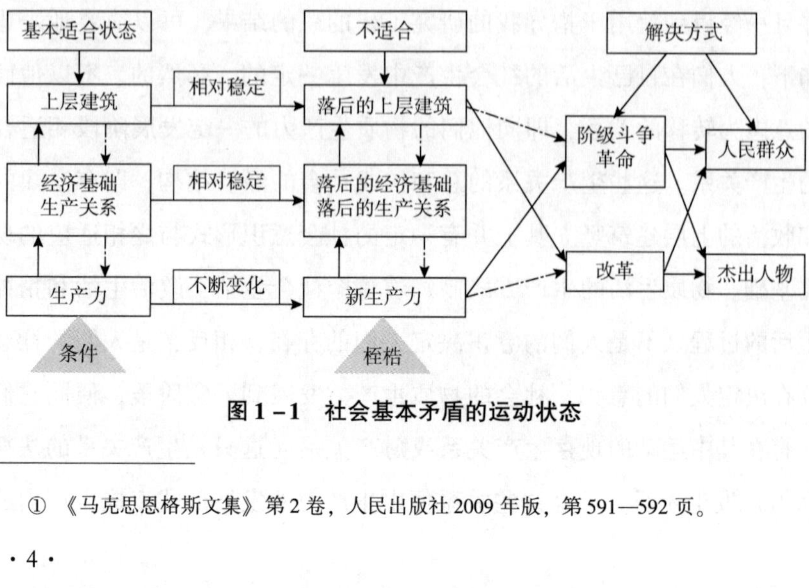

图 1 –1　社会基本矛盾的运动状态

① 《马克思恩格斯文集》第 2 卷，人民出版社 2009 年版，第 591—592 页。

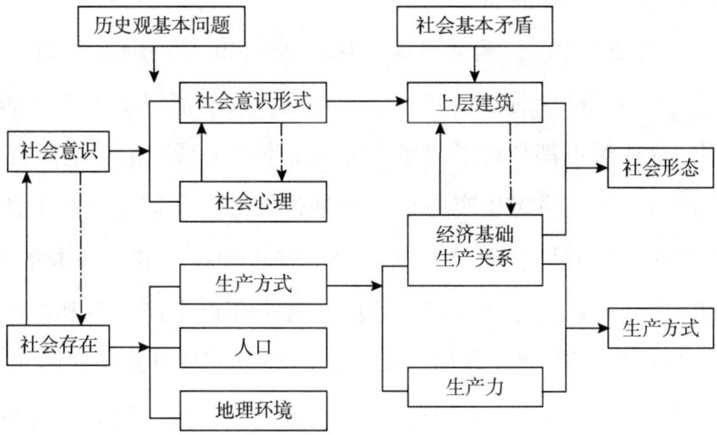

图 1－2　历史观基本问题与社会基本矛盾的联系

（二）生产力与生产关系的基本矛盾

生产力决定生产关系、生产关系反作用于生产力，这个历史唯物主义的经典原理无论是对专业研究马克思主义理论的学者来说，还是对专业之外的学者来说，都是耳熟能详的。近一个半世纪以来，关于这条历史唯物主义的经典原理的研究大致形成了三种代表性的观点，其一，同意说。这是马克思主义理论学界最通常的观点，而且把这条原理向纵深出推进了许多，如关于生产力的结构探讨、关于生产关系结构的分析等，也取得了丰硕的成果。其二，修正说和补充说。20 世纪 80 年代，国内学界掀起了一场又一场关于生产关系地位的争论，其中争论的焦点就在于怎样看待生产关系的反作用？这种反作用到底具不具有决定性？生产力决定生产关系的机制又是什么？对于这些问题的回答都是对于上述经典历史唯物主义原理的修正和补充。其三，否定说。这种观点主要是针对生产力决定生产关系的“单一决定论”和“决定论”本身的批评，如阿尔都塞（Louis Pierre Althusser）主张以多元决定论取代生产力的“单一决定论”，哈贝马斯主张社会制度、文化等的决定性作用，波普尔则指责马克思的决定论本身，认为会陷入“历史决定论的贫困”，鲍德里亚（Jean Baudrillard）则站在21世纪的角度，主张消费社会对于生产社会的替代，这就消解了生产力的决定性作用，这些观点都是对于“生产力决定生产关系”的否定。

走向“生产力决定生产关系”的理论深处，我们发现，上述三种观点都存在一定问题，无论是同意说、修正和补充说，还是否定说，它们的一个共同点就是从外部关系的角度来探讨生产关系和生产力的关系，这些“决定”“反作用”甚至是“否定”都具有外在性的意蕴，这里有两个问题，生产力是否构成马克思政治经济学的研究对象？生产方式到底是生产力与生产关系的中介还是包含生产力与生产关系？对于第一个问题，国内政治经济学研究学者多持否定态度，认为生产力不应该作为马克思政治经济学的研究对象（主要是通过马克思恩格斯本人的直接表述得出的结论），这显然把生产力放在生产关系“之外”来看待。对于第二个问题，无论是“中介说”还是“包含说”，都在生产力与生产关系之中融入了生产方式的第三个因素，显然生产力与生产关系也只是一种外在的关系，由此可见，学界关于生产关系与生产力的关系讨论大多停留在外在的讨论，而根本缺乏一种内在性的维度。

正如马克思在《德意志意识形态》中反复确证的，“我们开始要谈的前提不是任意提出的，不是教条，而是一些只有在臆想中才能撇开的现实前提。这是一些现实的个人，”① “我们的出发点是从事实际活动的人，而且从他们的现实生活过程中还可以描绘出这一生活过程在意识形态上的反射和反响的发展。”② “不是意识决定生活，而是生活决定意识……这种考察方法不是没有前提的。它从现实的前提出发，

① 《马克思恩格斯文集》第1卷，人民出版社2009年版，第516—519页。

② 《马克思恩格斯文集》第1卷，人民出版社2009年版，第525页。

它一刻也不离开这种前提。它的前提是人，但不是处在某种虚幻的离群索居和固定不变状态中的人，而是处在现实的、可以通过经验观察到的、在一定条件下进行的发展过程中的人。"① 这些都是"现实的人"的"前提""出发点"，都明确地说明了马克思的思维方式，他是以"现实的人及其物质生产活动"来推演出生产关系与生产力的关系的，这是一种内在的推演，而不单纯是外在的联结。

在马克思的语境中，生产力首先是指人们的共同活动方式（早期受赫斯影响），而不是单纯指原子式个人与自然打交道的方式，明确这一点至关重要。马克思从一开始论证生产力时就与动物区别开来，动物也有需求，也进行自身的生产，它甚至与自然发生"关系"（如吃、喝等），但动物归根结底不能生产自己的生活资料，人在生产自己的生活资料（最初与自然打交道）的同时就形成了生产力，但人在生产自己的生活资料的时候并不是"鲁滨孙"式的（动物根据自己的需求与自然打交道时可以是单独的），必须是群体性的，因此在马克思看来，生产力与生产关系在存在论上就是同时发生的，我们并不能把它们截然分开，这类似于马克思在《1857—1858 年经济学手稿》中所论述的生产与消费的关系，一般国民经济学家把生产与消费作为两个截然不同的环节，而在马克思看来，"生产就是消费"，这明显是从辩证法和存在论的层次来谈的，生产关系与生产力的关系也是如此，马克思认为它们是物质生产活动的"两个方面"，任何把它们截然分开的做法都会陷入非此即彼的思维，缺少辩证性。从本文观点来看，生产力本身就应该是马克思政治经济学的研究对象（只是研究对象有所侧重，绝不能根据马克思恩格斯的某些表述就坚决反对把生产力作为马克思政治经济学的研究对象），而且生产力与生产关系之间的相互关系是直接的，无须中介。

① 《马克思恩格斯文集》第 1 卷，人民出版社 2009 年版，第 525 页。

（三）经济基础与上层建筑的基本关系

马克思在1859年《〈政治经济学批判〉序言》中写道，“生产关系的总和构成社会的经济结构，即有法律的和政治的上层建筑竖立其上并有一定的社会意识与之相适应的现实基础。物质生活的生产方式制约着整个社会生活、政治生活和精神生活的过程”①。这句话实际上蕴含了非常丰富的思想。

首先，经济结构就是指生产关系的总和。这里的“经济结构”也就是经济基础，如何理解马克思所说的经济基础是长期以来学界重点讨论的话题，通过马克思的表述可知，经济基础就是生产关系的总和，近年来，学界讨论的重点在于怎样理解这里的生产关系，它是广义的生产关系还是狭义的生产关系？经济基础包不包括生产力或生产方式？对于这些问题的不同回答就形成了各种各样的经济基础说。其次，上层建筑是指法律和政治的上层建筑，以及社会意识的上层建筑，这里的法律和政治的上层建筑也简称为政治的上层建筑。最后，“与之相适应的现实基础”是较难理解的，当经济基础（现实基础）与上层建筑不相适应时，就对上层建筑和生产关系的调整提出了新的要求，这就是马克思提出“两个绝不会”的缘由。

（四）关键概念解析

在“生产力决定生产关系、生产关系反作用于生产力”“经济基础决定上层建筑、上层建筑反作用于经济基础”的经典历史唯物主义理论体系中，存在三个关键性概念，即生产关系、生产力与生产方式，这些概念构成了我们在后文中探讨数字劳动的理论基础。

1. 生产关系

马克思在《资本论》第一卷“第一版序言”中就写道：“我要在

---

① 《马克思恩格斯文集》第2卷，人民出版社2009年版，第591页。

本书研究的，是资本主义生产方式以及和它相适应的生产关系和交换关系。”[①] 恩格斯在《卡尔·马克思〈政治经济学批判·第一分册〉》一文中也谈道：“在这里我们立即得到一个贯穿着整个经济学并在资产阶级经济学家头脑中引起过可怕混乱的特殊事实的例子，这个事实就是：经济学研究的不是物，而是人和人之间的关系，归根到底是阶级和阶级之间的关系，”[②] 这是马克思、恩格斯对于自身政治经济学研究对象的明确说明，都侧重于生产关系的角度，后来的列宁在谈到政治经济学的研究对象时也侧重于生产关系角度。国内学界自20世纪50年代起展开了对于马克思政治经济学研究对象的集中讨论，大多数学者都坚持认为马克思政治经济学的研究对象就是生产关系（即使是主张把生产力作为马克思政治经济学的研究对象的学者也不否认生产关系的对象地位），而且关于生产关系的结构问题都做出了诸多讨论，总的来看，主要有两种研究进路。

（1）从哲学主体间性角度来理解生产关系。这是当前马克思主义哲学研究领域的一大“热点”。当马克思在《关于费尔巴哈的提纲》中把人的本质界定为“社会关系的总和”时，许多学者以此为圭臬来审视马克思主义的其他理论，尤其是关于生产关系，正如“从事物质生产活动”是“实践活动”的具体化。因此“生产关系”也是“社会关系”的具体化。而哲学讲究“透过现象看本质”，因此作为“生产关系”的本质的“社会关系”更具有基础性地位，这和20世纪的哲学转向有关。20世纪的哲学主要有两大转向；一是语言学（分析哲学）转向；二是生存论转向，语言学转向不在本书的探讨范围之内，而与马克思主义理论密切相关的就是生存论转向，这是由胡塞尔和海德格尔开辟的道路，胡塞尔早期是想通过现象学还原，达到意识的意向性活

① 《马克思恩格斯文集》第5卷，人民出版社2009年版，第8页。

② 《马克思恩格斯文集》第2卷，人民出版社2009年版，第604页。

动，而后期也转向了主体间性的生活世界理论，海德格尔早期的关于“此在”的基础存在论分析是生存论转向的标志，尤其是他对于人的“在世之中”的分析，强调主客未分时的本真生活世界，这里的人和人、人和世界打交道的方式不是对象化的，而是融入其中的，这种对于“前”认识论生活世界的强调十分重视主体间性的现实交往关系，而马克思在《关于费尔巴哈的提纲》和《德意志意识形态》中的论述恰恰体现了这一点，因此，近年来，很多学者从主体间性的角度来解读马克思的理论，形成了马克思主义理论的“实践转向”“社会关系转向”等新的阐释模式，在国外马克思主义理论的研究中，也涌现出了哈贝马斯、望月青司、广松涉等人的“主体间性”阐释模式，哈贝马斯关于社会关系的最著名代表作就是《重建历史唯物主义》，他认为马克思的“生产范式”已经不能解释资本主义社会的新发展，而一个“重建”的基点就是以交往理性来代替传统的“生产范式”。望月青司也以“社会联系”为纽带，力图重新阐释马克思历史唯物主义的经典阐释模式。广松涉更加以海德格尔的生活世界理论为潜在的理论支援背景，来重新阐释马克思的历史唯物主义。这些“重释”或“重建”的一个共同点就是非常重视马克思关于“社会关系”的表述，这也确实有着马克思、恩格斯本人的文本支撑，尤其是《关于费尔巴哈的提纲》和《德意志意识形态》，这两个文本又通常被视为马克思思想成熟时期的代表作，标志着历史唯物主义的真正诞生，因此，这种主体间性的解读模式貌似是“合理合法的”，但这种解读模式也存在明显的问题，它们没有深入马克思的政治经济学批判的语境中，没有真正了解从“社会关系”到“生产关系”的逻辑跃迁，这种主体间性的解读模式很容易陷入抽象人本主义的窠臼，以抽象的人与人之间的交往关系来代替人们在物质生产过程中所结成的“经济关系”，而且也很难说明为什么人与人之间的交往关系会演变为马克思后来所阐述的阶级与阶级之间的关系。

(2) 从纯粹政治经济学的角度来理解生产关系。这是国内政治经济学研究领域长期坚持的一种解读模式，要说对于“生产关系”的主体间性的解读模式还侧重于人的主体性一方。那么从纯粹政治经济学的视角来看待“生产关系”则侧重于客体性一方。在经典历史唯物主义的阐释模式中，生产力与生产关系、经济基础与上层建筑是两对基本的矛盾，其中的经济基础要么等同于生产关系，要么等同于作为生产力与生产关系相统一的生产方式，但无论哪种意义上的经济基础都十分侧重于客体性的一面，而作为对立面的“上层建筑”则包含政治、文化、精神等带有主观性的内容，因此，在传统的“纯粹的”政治经济学研究中，马克思的“生产关系”完全是一个客观化的概念，这种客观化的概念表面上最符合马克思中后期的思想实质，但之所以称这种解读模式为“纯粹的”政治经济学研究，就是因为它的“非批判性”，这种研究与古典政治经济学的研究不能拉开距离，而且即使融入异化史观的批判性，也是一种人本逻辑，是站在人的本体或本质角度来批判资本主义社会的，这只是一种“外在的黏合”。

本书所持的基本观点是，我们要从整体性的角度来理解生产关系。一方面，从哲学主体间性的视角来解读马克思的生产关系，这就陷入了人本主义的循环；另一方面，以纯粹政治经济学的视角来看待马克思的生产关系，又不能揭示广大工人阶级在资本主义统治下的悲惨命运和异化体验（仅仅客观化地理解生产关系，又谈何理解“体验”），其实这两种解读模式也并不是“彼此隔绝的”，关键还在于对于人的理解，做纯粹政治经济学研究的学者其实明白马克思对于广大无产阶级的同情，也力图用异化史观来批判资本主义的统治，但正如前文所指出的，这只是一种“外在的黏合”，这也是纯粹从哲学主体间性角度来解读马克思的生产关系所犯的错误，用一种人本主义的逻辑去统摄成熟时期的生产关系，这也是一种“外在的黏合”，它们的根本症结就在于树立起一个抽象的类本质（这种本质可以说是自由自觉的活动、人的需要等，这些也都是马克思在早期文本中切实谈到的），但要真正了解马克思思想成熟时期尤其是在《资本论》中的“生产关系”的内涵还必须依赖于整体性的视野。

对于生产关系进行整体性视野的观照构成了本书的核心观点，也为我们分析研究数字劳动提供了理论基础，数字劳动背后的生产关系，并不完全是哲学主体间性意义上的，也不完全是纯粹政治经济学意义上的，而是两者的有机融合。

2. 生产力

马克思在《1857—1858 年经济学手稿》的开篇就指出，“摆在面前的对象，首先是物质生产”①。这句话的位置是如此突出，而且明确地指出了自己的研究出发点就是“物质生产”，显然这里的“物质生产”是从劳动和生产力的角度而言的，并不是从生产关系角度而言的。“从事物质生产活动”就是指“物质生产”，因此马克思所肯定的“对象”就是“物质生产”，主要是从生产力角度而言的，生产力在历史唯物主义的理论分析中具有非常重要的地位。当马克思肯定生产力的基础性作用时，他并没有否认生产关系的重要性，而且尤其强调两者的互动效应，“在一切社会形式中都有一种一定的生产决定其他一切生产的地位和影响，因而它的关系也决定其他一切关系的地位和影响。这是一种普照的光，它掩盖了一切其他色彩，改变着它们的特点。这是一种特殊的以太，它决定着它里面显露出来的一切存在的比重”②。这里的“一定的生产”是指“物质生产”及其所形成的“生产力”，较之于其他类型的生产（如精神生产），“物质生产”就是“普照的

① 《马克思恩格斯文集》第 8 卷，人民出版社 2009 年版，第 5 页。

② 《马克思恩格斯文集》第 8 卷，人民出版社 2009 年版，第 31 页。

光”和“特殊的以太”，而较之于其他一切关系（如交换关系），“生产关系”就是“普照的光”和“特殊的以太”，它对于生产力具有反作用。

本书所持的基本观点是，从马克思在《资本论》第一卷中对于劳动（生产）过程的描述，到斯大林对于生产力所下的定义，再到我国传统教科书对于生产力的定义，都坚持了“劳动者、劳动对象、劳动资料（劳动工具）”的“三要素说”，但这种“三要素说”只具有认识论的意义，当我们从存在论的层次来探讨生产力时，就是劳动者通过劳动资料（劳动工具）生产劳动对象的过程，这三个要素就是一个连续的统一体，并不能把它们分解开，而这个劳动过程（生产过程）显然就是生产关系的发生（这里的生产关系是指狭义的生产关系，劳动者与劳动对象的关系，而不是指劳动者与劳动者的关系），因此，生产、生产力、生产关系的划分只具有认识论的意义，而存在论上就是一体的，总的来看，生产力就体现在劳动过程中，劳动过程就是劳动者在生产关系中，运用劳动资料生产劳动对象形成劳动产品的过程。而数字劳动就是数字劳动者运动数字化的生产资料（如平台）进行劳动的过程，其产品就是“数据”。

3. 生产方式

“我要在本书研究的，是资本主义生产方式以及和它相适应的生产关系和交换关系。”① 从字面上看，马克思明确把自己所要研究的对象确定为生产方式，而且主要是“资本主义生产方式”，“生产方式”也是马克思高频使用的一个词汇（仅在《资本论》中就使用了将近六百次），但马克思又是在多种不同意义上来使用“生产方式”一词的，因此我们现在来研究马克思的“生产方式”也存在一定的困难。总体而言，学界关于“生产方式”的探讨主要有以下两种代表性的观点。

① 《马克思恩格斯文集》第5卷，人民出版社2009年版，第8页。

（1）把生产方式直接等同于广义的生产关系。狭义的生产关系是指与分配、消费、交换并列的一种关系，这种狭义的生产关系主要是指人与自然的物质变换关系，而广义的生产关系是指包含分配、消费、交换等环节在内的广义关系，而且这种关系主要是指一种经济关系，但它融入了人与人之间的经济关系，也是对于狭义生产关系的扩展。当把“生产方式”等同于“广义的生产关系”时，前文所引用的那句话本身不会发生矛盾，“资本主义生产方式”是指广义的生产关系，而其后的“和它相适应的生产关系和交换关系”显然是指狭义的生产关系（因为它和交换关系并列）。结合前文的“生产关系说”可知，把生产关系作为马克思政治经济学的研究对象是最普遍的，而且马克思本人在论述的过程中经常把生产方式等同于广义的生产关系，因此，生产方式肯定也是马克思政治经济学的研究对象。

（2）把生产方式理解为“生产力与生产关系的统一”，这种“统一说”也是一种“包含说”，即生产方式本身就包含生产力和生产关系两方面，这显然不同于仅仅把“生产方式”理解为“广义的生产关系”，这种“统一说”或“包含说”也是斯大林坚持的观点，对我国传统教科书的影响也很大，一般来看，经济基础决定上层建筑，其中的经济基础就是指生产方式（包含生产力的生产方式），马克思在《哲学的贫困》中明确提出，“这难道不是说，生产方式，生产力在其中发展的那些关系，并不是永恒的规律，而是同人们及其生产力的一定发展相适应的东西，人们生产力的一切变化必然引起他们的生产关系的变化吗?”[①] 这句话其实包含了多重含义，首先，生产方式生产力在其中发展的那些关系，这显然把生产力纳入进来，这就不同于一般的把“生产方式”直接等同于生产关系；其次，马克思肯定了生产力的变化必然引起生产关系的变化，这就省去了中间环节；最后，生产方式包

① 《马克思恩格斯文集》第1卷，人民出版社2009年版，第613页。

含了生产力与生产关系两个环节，显然生产方式的外延更大，在生产力与生产关系“之外”，这种把生产方式理解为“生产力与生产关系的统一”的做法最大限度地规范化了“生产方式”的定义，也符合马克思本人的基本精神。

本书所持的观点是一种“中介说”，即把“生产方式”理解为“生产力与生产关系的中介（中间环节）”，这种“中介说”就是对于前面“包含说”的改造，“包含说”的一大弊病就在于生产方式是在生产力和生产关系“之外”存在的，这种“之外”并不能揭示出生产力与生产关系的内在关联，而“中介说”的优势就在于它把这种内在关联揭示出来，在《哲学的贫困》中马克思也谈到，“随着新生产力的获得，人们改变自己的生产方式，随着生产方式即谋生的方式的改变，人们也就会改变自己的一切社会关系”①。这句话就表明“生产方式”是生产力与生产关系联结的纽带，而且特别表明，生产方式的改变是由“新生产力的获得”而引起的，而且生产方式的改变又会“改变自己的一切社会关系”，这就把“生产方式”的中介作用凸显出来（而不是外在的统一）。

马克思所使用的“生产方式”有两重含义，一是社会类型的生产方式，如资本主义的生产方式、亚细亚的生产方式等，这些生产方式直接与马克思的社会形态论直接相关，最典型的就是社会的“三形态论”和“五形态论”，生产方式是判断社会形态的主要根据，也是劳动者与劳动资料、雇佣劳动与资本结合的方式，这是具有宏观意义的；二是劳动方式，在资本主义生产方式的内部，也存在“手工业生产方式”和“机器大工业生产方式”的区分，前者是斯密所处的时代的真实写照，后者是李嘉图时代世界工厂的形成。在手工业阶段，个人的劳动方式还是具体的，占据了主要位置，与劳动产品的关系也是比较

① 《马克思恩格斯文集》第1卷，人民出版社2009年版，第602页。

直接的，但在机器大工业时代，机器生产的方式占据了主导位置，个人只是处于附属的地位（操作和调试机器等，为机器服务），生产方式明显发生了重大改变，这也是马克思的新的“两种生产理论”。总体而言，现代的这两种关于“生产方式”的讨论具有时代意蕴。

二　历史唯物主义叙述方式的转变

马克思在《资本论》中论述了研究方法与叙述方法的差异，研究方法强调“从具体到抽象”，但叙述方法是“从抽象上升到具体”，叙述方法具有明显的“先验结构”①，从历史唯物主义的历史演变来看，其叙述方式发生了一些重要转折。

（一）历史唯物主义创立的基点：“现实的人及其物质生产活动”

《德意志意识形态》是马克思明确提出“现实的人及其物质生产活动”的第一个文本，它构成了历史唯物主义创立的基点，但我们还必须考察马克思在《德意志意识形态》之前的一些文本，因为这些文本构成了马克思研究政治经济学、创立历史唯物主义的准备。

其一，《1844 年经济学哲学手稿》和《评弗里德里希·李斯特的著作〈政治经济学的国民体系〉》。总的来看，马克思在这两部著作中，都肯定了政治经济学研究的“隐性逻辑”，之所以称之为“隐性逻辑”，是因为政治经济学的研究在这两个文本中最多只是马克思哲学的“应用”，马克思在这两个文本中的“显性逻辑”还是哲学的，其主要表现形式就是“人本主义”的问题式，在《1844 年经济学哲学手稿》中，这种“人本主义”的问题式表现为：“工业的历史和工业的已经生成的对象性的存在，是一本打开了的关于人的本质力量的书，”②“如

① 参见李弦、王让新：《马克思政治经济学的叙述方法与研究方法探析——兼论对中国特色社会主义政治经济学建设的启示》，《学习论坛》2019 年第 10 期。

② 《马克思恩格斯文集》第 1 卷，人民出版社 2009 年版，第 192 页。

果把工业看成人的本质力量的公开的展示，那么自然界的人的本质，或者人的自然的本质，也就可以理解了，"[①]"通过工业——尽管以异化的形式——形成的自然界，是真正的、人本学的自然界。"[②]通过这几段话的论述，我们可以明显地看到，一方面，马克思所论述的"工业"已经不是自我意识、自由自觉的活动、实践等概念，严格来讲，它是一个政治经济学的概念，"工业"在马克思后来的语境中就是工场手工业和机器大工业，是一个明显的政治经济学术语；另一方面，马克思此时所用的"工业"概念，其哲学基础依然是"人本学的"，在马克思看来，"自然科学往后将包括关于人的科学，正像关于人的科学包括自然科学一样：将是一门科学"[③]。简言之，自然科学或工业都是人的本质力量对象化的过程。

马克思的这种思路还延续到《评弗里德里希·李斯特的著作〈政治经济学的国民体系〉》中，"把人贬低为一种创造财富的'力量'，这就是对人的绝妙的赞扬！资产者把无产者不是看作人，而是看作创造财富的力量。资产者还可以把这种力量同其他的生产力——牲畜、机器——进行比较"[④]。"为了破除美化'生产力'的神秘灵光，只要翻一下任何一本统计材料也就够了。那里谈到水力、蒸汽力、人力、马力。所有这些都是'生产力'。人同马、蒸汽、水全都充当'力量'的角色，这难道是对人的高度赞扬吗？"[⑤]马克思的这两段话很经典，也很有概括性，马克思反对把"人的本质力量"定位为"生产力"，在马克思看来，"生产力"是机器力，而"人的本质力量"是值得"高度赞扬的"，因此，马克思早期想要实现的革命也是"人的高度

① 《马克思恩格斯文集》第1卷，人民出版社2009年版，第193页。
② 《马克思恩格斯文集》第1卷，人民出版社2009年版，第193页。
③ 《马克思恩格斯文集》第1卷，人民出版社2009年版，第194页。
④ 《马克思恩格斯全集》第42卷，人民出版社1979年版，第262页。
⑤ 《马克思恩格斯全集》第42卷，人民出版社1979年版，第261页。

的革命”①。

其二，“现实的人及其物质生产活动”的创立。关于“现实的人及其物质生产活动”的解释域、原初境遇及其革命性分析，马克思都已经在《德意志意识形态》中给出了明确的答案，“全部人类历史的第一个前提无疑是有生命的个人的存在”②。“我们首先应当确定一切人类生存的第一个前提，也就是一切历史的第一个前提，这个前提是：人们为了能够‘创造历史’就必须能够生活。但是为了生活，首先就需要吃喝住穿以及其他一些东西。因此第一个历史活动就是生产满足这些需要的资料，即生产物质生活本身，”③ 这些论述非常明显地指明了：现实的人及其物质生产活动正是一切人类历史的真实前提，因此，“物质生产”就具有了本体论（或存在论）的意义。此时的“现实的人及其物质生产活动”就构成了历史唯物主义的“逻辑前提”，而且它的革命性正在于实现了对于传统“理性哲学”的根本批判，因此我们也可以说，马克思在哲学批判的意义上创立了“现实的人及其物质生产活动”的叙述方式。结合马克思“从后思索”的方法论我们知道，马克思在成熟时期对于“物质生产活动”进行政治经济学式的讨论才是真正重要的；结合马克思的表述我们看到，当我们说《德意志意识形态》“创立”了“现实的人及其物质生产活动”的理论前提时，它的政治经济学意蕴其实是很浓的，这主要表现在以下两个方面。

第一个方面，“生产力”概念的大量使用。结合马克思的表述我们可以知道，马克思在《1844年经济学哲学手稿》等文本中就已经大量使用了“生产力”概念，但我们也看到，马克思在《德意志意识形

① 《马克思恩格斯文集》第1卷，人民出版社2009年版，第11页。
② 《马克思恩格斯文集》第1卷，人民出版社2009年版，第519页。
③ 《马克思恩格斯文集》第1卷，人民出版社2009年版，第531页。

态》中对于“生产力”的定义（使用）其实是有细微变化的（也可以说是很大的变化），“一定的生产方式或一定的工业阶段始终是与一定的共同活动方式或一定的社会阶段联系着的，而这种共同活动方式本身就是‘生产力’”①。结合前一点表述我们可以知道，马克思在《1844年经济学哲学手稿》中反对把“人力”等同于“生产力”。这里的“人力”在马克思看来是“人的本质力量”，它是人的本质的体现，是不能化约为机器的力的。简言之，马克思在《1844年经济学哲学手稿》等早期文本中坚持了“人力”与“生产力”的异质性区分，但马克思在《德意志意识形态》中关于“生产力”的定义却直接是人的“共同活动方式”，这里的“共同活动方式”就是“人力”，因此，在《德意志意识形态》中，马克思实际上是以一种同质性的视野来看待“人力”与“生产力”的关系，但他们的共同点都肯定了人的重要作用。

第二个方面，重点突出了“分工”的重要性，这一点也是直接承接着斯密等人的政治经济学观点。“分工”是一个严格的政治经济学术语，在《德意志意识形态》中，马克思关于“分工”有了比较系统的论述。从分工的产生时间来看，“分工只是从物质劳动和精神劳动分离的时候起才真正成为分工”②。从分工的内容来看，它包括“精神活动和物质活动、享受和劳动、生产和消费”③ 等的分工。从分工的作用来看，一方面，“受分工制约的不同个人的共同活动产生了一种社会力量，即成倍增长的生产力”④。但另一方面，分工也是造成异化的主要原因，因此，在马克思看来，消灭分工就是消灭异化的主要途径。此外，马克思在《德意志意识形态》中还把分工等同于“私有制”，“分工和私有

① 《马克思恩格斯文集》第1卷，人民出版社2009年版，第532—533页。
② 《马克思恩格斯文集》第1卷，人民出版社2009年版，第534页。
③ 《马克思恩格斯文集》第1卷，人民出版社2009年版，第535页。
④ 《马克思恩格斯文集》第1卷，人民出版社2009年版，第537—538页。

制是相等的表达方式，对同一件事情，一个是就活动而言，另一个是就活动的产品而言”[①]。

因此，总的来看，马克思在《德意志意识形态》中真正创立了“现实的人及其物质生产活动”的理论前提，其原初境域不仅是“哲学”意义上的，而且在真正意义上开启了“政治经济学”的讨论，例如与“物质生产活动”紧密相关的“生产力”和“分工”概念。

（二）历史唯物主义的发展与成熟

在“现实的人及其物质生产活动”的理论前提得以创立之后，马克思也把这种叙述方式推演到中期的其他文本中。马克思在随后《哲学的贫困》中阐明了狭义历史唯物主义研究的一些具有“决定性意义”的转换，马克思在这一时期的思想转变主要有三个文本，分别是《哲学的贫困》以及围绕这本著作给“安年科夫”所写的信，第三个文本就是《雇佣劳动与资本》。总的来看，这三个文本就构成了马克思“现实的人及其物质生产活动”的发展阶段，标志着历史唯物主义开始走向成熟。[②]

其一，《哲学的贫困》。可以说，蒲鲁东对于政治经济学的哲学式研究为马克思的研究提供了某种边界意识，也即反面的参照系，这尤其表现在马克思对于蒲鲁东政治经济学的方法的批判。马克思对于蒲鲁东政治经济学的方法的批判主要表现为“七个说明”[③]。马克思的批判其实是一步步地深入的，首先，把蒲鲁东作为黑格尔（Georg Wilhelm Friedrich Hegel）的“代言人”；其次，说明了蒲鲁东从根本上“背弃”了黑格尔；最后，蒲鲁东的政治经济学的“批判性研究”

① 《马克思恩格斯文集》第1卷，人民出版社2009年版，第536页，这一点在马克思后期的思想中是有所变化的。

② 给安年科夫的信就是围绕《贫困的哲学》和《哲学的贫困》展开的。

③ “七个说明”的提法主要是仿照魁奈的《经济表分析》中的“七个重要说明”，马克思其实是在讽刺意义上使用的。

从根本上是失败的。但是总的来看，蒲鲁东的政治经济学的研究方法最大的弊端就是，“不是历史创造原理，而是原理创造历史”[①]。而马克思对于蒲鲁东的根本批判就在于，正是历史创造了原理，因此只有从“现实的人及其物质生产活动”出发才能解释真实的人类社会历史。

其二，《雇佣劳动与资本》。《雇佣劳动与资本》是马克思在1847年前后的演讲集，并在1891年单独出版，恩格斯后来根据《资本论》的内容对其进行了一个关键性的改铸，“我所作的全部修改，都归结为一点。在原稿上是，工人为取得工资向资本家出卖自己的劳动，在现在这一版本中则是出卖自己的劳动力”[②]。由“劳动”改为“劳动力”绝不是一个小改变（否则恩格斯也没有必要去改变），而是涉及哲学基础的改变，我们可以看到，恩格斯的这种改铸反映在了中文版的《马克思恩格斯文集》（以下简称《文集》）中，《文集》中统一使用的就是“劳动力”概念（而非劳动概念），而在中文版第一版的《马克思恩格斯全集》中，则依然沿用的是“劳动”概念，按照我们的看法，《文集》中的这种改动其实是一个不太贴切的改动（虽然每处改动都有标注），这里争论的焦点在于马克思的一个重点表述：“劳动是一种商品，”[③] 当然，在《文集》中则被表述为“劳动力是一种商品”[④]，结合马克思的表述可以知道，“劳动力是一种商品”是马克思在《资本论》中才使用的精确概念，而把这种表述往前移则可能带来同质性的理解，而忽视其中的差异性。

按照马克思原来的规划，他要在《雇佣劳动与资本》中完成三个部分的研究。但从马克思的实际行文来看，他主要完成了对于第一个

① 《马克思恩格斯文集》第1卷，人民出版社2009年版，第607页。
② 《马克思恩格斯文集》第1卷，人民出版社2009年版，第702页。
③ 《马克思恩格斯全集》第6卷，人民出版社1961年版，第477页。
④ 《马克思恩格斯文集》第1卷，人民出版社2009年版，第715页。

问题的分析，即“雇佣劳动对资本的关系”，这种关系可以总结为一句话：“工人拿自己的商品即劳动去换得资本家的商品，”① 即前文所谈的“劳动是一种商品”，它能够以一定的价格拿来出卖，对于劳动的价格和商品的价格的考察就成为马克思在后文中的论述重点，如供需关系、商品的交换规律等。正是在交换的过程中，资本家通过资本来雇佣广大工人进而榨取剩余价值，结合前文的表述我们可以看到，马克思在这里其实态度有明显转变。马克思在《1844 年经济学哲学手稿》中肯定了“人力”与“物力”（生产力）的异质性区分，认为“人力”要高于“物力”；而在《德意志意识形态》中则把“人力”就理解为“物力”，认为“人力”就是“物力”的重要组成部分，做出了一种同质性的理解；而在《雇佣劳动与资本》中我们看到，马克思已经把劳动理解为一种商品，商品可以拿来出卖，这和“物力”没有了性质上的区分，因此在肯定“人力”与“物力”的同质性的基础上，其实更加强调了“物力”（生产力）的真正“主体”地位。简言之，在资本主义社会中，生产力、资本才是“独立的社会力量”②，才是真正的“主体”，“人力”只是其“附庸”。但我们也应注意到，此时的“人力”是指“人的本质力量”，它等同于“劳动”，所以马克思在《雇佣劳动与资本》中使用的是“劳动是一种商品”，而不是“劳动力是一种商品”，后一种是在《资本论》中的表述，马克思在《雇佣劳动与资本》中所使用的“劳动是一种商品”，显然还带有“人本主义”的残余，但总的来看，它促进了早期“物质生产活动”的发展，因为它把劳动理解为了雇佣劳动，而且揭示出资本与雇佣劳动的实质性关系，这些都是进一步的发展。

“物质生产活动”是从传统哲学的“劳动”概念中“挣脱”出来

① 《马克思恩格斯全集》第 6 卷，人民出版社 1961 年版，第 476 页。

② 《马克思恩格斯全集》第 6 卷，人民出版社 1961 年版，第 488 页。

的，“劳动”的概念在黑格尔的哲学中占据重要位置，主要是指一种精神的自主活动。马克思在《1844 年经济学哲学手稿》中所使用的“劳动”概念也带有明显的黑格尔和费尔巴哈色彩，主要是从“人的类本质”（人的本质力量）角度来使用这个概念的。但马克思在《德意志意识形态》及之后，更多地赋予了“劳动”概念以现实性的意味，通常等同于“物质生产活动”，前文已经提到，马克思在《雇佣劳动与资本》中关于“物质生产活动”的叙述方式其实有一个重大发展，即论述了“劳动是一种商品”（这几乎接近于“劳动力是一种商品”），并在肯定“人力”与“物力”的同质性的基础上，突出强调了“物力”（生产力）的真正“主体”地位，虽然还残留了一些“人本主义”因素，但其现实性的向度更加突出。

其三，在《1857—1858 年经济学手稿》中，“现实的人及其物质生产活动”的叙述方式更加成熟，这主要表现在以下三个方面。

首先，“生产本体论”的意蕴更加明显。马克思在《德意志意识形态》中已经明确指出：“物质生产活动”正是整个人类社会历史存在的基本前提，因此也确认了“物质生产活动”的本体论意蕴，马克思的这种指认还一直延伸到了《1857—1858 年经济学手稿》，正如马克思在这部手稿的开篇指出的，“摆在面前的对象，首先是物质生产”①。这种“物质生产”也就是马克思中后期标志着现实运动的“劳动”概念。马克思在《1857—1858 年经济学手稿》中所使用的“劳动”概念主要有两个层面的内涵：第一个层面，消极的层面，也称异化的层面，这个层面的基本内涵是斯密等人的核心主张，“斯密所想到的仅仅是资本的奴隶”②。“把劳动单纯看做牺牲，而且，因此把它看做设定价值的东西，看做是对物所支付的价格，而且按照各物所花费的劳动的多

① 《马克思恩格斯文集》第 8 卷，人民出版社 2009 年版，第 5 页。
② 《马克思恩格斯文集》第 8 卷，人民出版社 2009 年版，第 174 页。

少来决定它们的价格，这纯粹是消极的规定。”① 第二个层面，马克思在《1857—1858 年经济学手稿》中主要坚持了“真正自由的劳动观”，“这种劳动还没有为自己创造出（或者同牧人等等的状况相比，是丧失了）一些主观的和客观的条件，从而使劳动会成为一种吸引人的劳动，成为个人的自我实现……真正自由的劳动，例如作曲，同时也是非常严肃，极其紧张的事情”②。由此可以看出，马克思所坚持的后一种“劳动观”就是依循着马克思早期的人本主义的思路，认为劳动就“应该”是“自由自觉的活动”。

其次，马克思在《1857—1858 年经济学手稿》中高度肯定了“生产一般”的概念，“生产一般是一个抽象，但是只要它真正把共同点提出来，定下来，免得我们重复，它就是一个合理的抽象。不过，这个一般，或者说，经过比较而抽出来的共同点，本身就是有许多组成部分的、分为不同规定的东西。其中有些属于一切时代，另一些是几个时代共有的”③。“如果没有生产一般，也就没有一般的生产。生产总是一个个特殊的生产部门——如农业、畜牧业、制造业等，或者生产是总体。”④ 这里的“生产一般”概念的提取是非常关键的，也是以斯密等人为代表的古典政治经济学家们的重要贡献，这里有一个限定很重要，即“生产一般”是“一个合理的抽象”，结合马克思后来的表述可以知道，这里的“合理的抽象”是指“从具体到抽象”的过程，它的一个主要针对对象就是传统哲学的理性抽象，马克思本人早期也坚持这种观点，如前文提到的马克思在《1844 年经济学哲学手稿》等文本中所坚持的本质主义的“劳动观”，首先假设“劳动”是人的类本质，在对象化的过程中会发生

① 《马克思恩格斯文集》第 8 卷，人民出版社 2009 年版，第 175 页。
② 《马克思恩格斯文集》第 8 卷，人民出版社 2009 年版，第 174 页。
③ 《马克思恩格斯文集》第 8 卷，人民出版社 2009 年版，第 9 页。
④ 《马克思恩格斯文集》第 8 卷，人民出版社 2009 年版，第 9 页。

"异化"[①]，而马克思主张要"复归"到人的类本质，这种主张其实就是"人本主义"的，而在《1857—1858年经济学手稿》中我们看到，马克思之所以强调"生产一般"是"一个合理的抽象"，是因为它是一个"从具体到抽象"的过程，而非传统的"从抽象下降到具体"的过程（这还不是马克思后来的"从抽象上升到具体"的过程），这里的"合理"之处正在于它是一种"现实的抽象"，是对于各种具体生产过程的一般总结，这里的具体生产过程包括农业生产、畜牧业生产、制造业生产等，但"生产一般"的概念扬弃了这些概念的具体属性，尤其是在资本主义社会中，"生产一般"成为社会的最大现实，因此，"物质生产活动"的解释域在资本主义社会中其实更大。

最后，马克思初步提出了"劳动时间"的双重向度。在前一点的基础之上，马克思有一个非常重要的进步，就是提出了"劳动时间"的双重向度，第一重向度为客观化的社会时间，即社会必要劳动时间，与之密切相关的就是社会劳动生产率、商品的价值规律等概念。简言之，当劳动成为"劳动一般"时，它能够按照社会劳动时间进行"定价"和"出卖"，不得不说这是一个关键性的改变，前文已经提到早期和中期的马克思，主要是坚持了劳动或物质生产的本体论意蕴，而且认为"人的本质力量"是高于"物力"的，根本不能拿来"出卖"，而在这里，马克思明显认识到，在资本主义社会，无产阶级只有靠"出卖"自己的劳动力才能维持生存，这才是最大的社会现实，因此，从"生产一般"到客观化的"社会劳动时间"的转变是必然的，而且把马克思早期所创立的带有抽象意义（人类学意义）的"物质生产活动"更加细致化；同时，马克思还论述了"劳动时间"的第二重向度，即人的自由时间，

① 黑格尔把对象化等同于异化，而马克思在《1844年经济学哲学手稿》中是把这两者区分开的，这一点卢卡奇后来有过论述，也有过误解。

“满足绝对需要所必需要的劳动时间留下了自由时间”[①]，这里的“自由时间”就是工人在付出社会必要劳动时间以获取自己必需的生活资料之后所剩下的时间，这种“剩余时间”是一种“自由时间”，也构成了马克思在后来分析无产阶级的解放时的秘密武器，即：只有为广大无产阶级争取到更多的“剩余时间”才能促进无产阶级的解放，因为在这种“剩余时间”中，无产阶级将努力建构一种新的社会秩序，以获得空间正义。当然，后来的一些学者（如哈维）也看到，资产阶级甚至会主动为无产阶级增加剩余时间，但这里的“主动增加”并不是想为工人阶级的解放创造条件，而是为了榨取更大的剩余价值。

（三）“工场手工业”向“机器大工业”的转变

当我们把马克思的“生产方式”理解为一种劳动方式时，它也包括了“工场手工业”和“机器大工业”等不同的生产类型，这两种生产方式在马克思的思考中都占据了重要位置，而且从历史性的线索来看，从“工场手工业”的生产方式向“机器大工业”的生产方式的转变，代表了马克思“物质生产活动”向“资本逻辑”的转变，或者反过来说，马克思的主导逻辑之所以会发生“物质生产活动”向“资本逻辑”的转变，其现实性的基础就是“工场手工业”的生产方式向“机器大工业”的生产方式的转变。其中，“工场手工业”的生产方式主要对应于马克思的“物质生产活动”，“机器大工业”的生产方式主要对应于马克思的“资本逻辑”，但这个论断是很复杂的。

马克思“物质生产活动”的解释域可以是整个人类社会历史，那么现在的问题是：难道“机器大工业”的“生产”就不是一种物质生产了吗？假若是的话，我们为什么又要把“机器大工业”的“生产方式”对应于马克思的“资本逻辑”（而不是“物质生产活动”、或者两者之间

---

① 《马克思恩格斯文集》第 8 卷，人民出版社 2009 年版，第 175 页。

有什么区别)？与之相关的还有另一个问题，当我们把“生产方式”主要理解为一种劳动方式时，这里的“劳动方式”就包括了我们所使用的生产资料或生产工具，与之密切相关的就是马克思的一句名言：“手推磨产生的是封建主为首的社会，蒸汽机产生的是工业资本家为首的社会。”因此，所使用的“劳动工具”（手推磨还是蒸汽机）不同，相应的社会类型也会不同，但这里的问题是，“蒸汽机”的产生仍然是一种“生产方式”，那么它所对应的为什么不是马克思的“物质生产活动”？其实问题的关键还在于我们对于马克思“物质生产活动”的理解上，我们所论述的马克思的“物质生产活动”中的“生产”主要是指物质生产，但这种物质生产并不是阿尔都塞意义上的“历史发展的无主体过程”，我们所肯定的物质生产总是“现实的人”的物质生产活动。换言之，历史的进步、生产力的发展总是一个主体与客体不断交融的过程，马克思所论述的“物质生产活动”并不是一个完全客体化（与人无关）的过程，它需要主体力量的参与（尽管这种主体参与的力度可能会越来越小)，因此这里面就会发生哲学基础的变更，我们简单概括一下，在“工场手工业”阶段，人还作为主体力量参与了整个生产过程，但在“机器大工业”阶段，人的主体性力量已经完全被机器所替代。

关于这一点，马克思在《资本论》中有过一段非常经典的论述，“在工场手工业和手工业中，是工人利用工具，在工厂中，是工人服侍机器。在前一种场合，劳动资料的运动从工人出发，在后一种场合，则是工人跟随劳动资料的运动。在工场手工业中，工人是一个活机构的肢体。在工厂中，死机构独立于工人而存在，工人被当做活的附属物并入死机构。”① 通过这段论述，我们可以得出以下三点结论：

① 《马克思恩格斯文集》第5卷，人民出版社2009年版，第486页，这里有一个表述方式的差异必须指出来，就是“工场”和“工厂”之间的差异。“工场”一般是指“工场手工业”，代表了小范围内的劳作方式，而“工厂”一般是指“大机器”生产。

其一，在“手工业”或“工场手工业”阶段，是工人在使用工具，此时的工具还会依赖于人的使用，尽管也会发生如马克思在《德意志意识形态》中所论述的“人和人的劳动对象”或者“人和人的劳动产品”之间的异化，但毕竟还是人在生产，生产的主体还是广大工人阶级，因此更多的还是“工具服侍人”；但在“大工业”阶段，机器已经自成体系，用马克思的表述就是“自动机”，这是马克思借用尤尔的概念，尤尔这样写道：“各种工人即成年工人和未成年工人的协作，这些工人熟练地勤勉地看管着由一个中心动力（原动机）不断推动的、进行生产的机器体系。”① 这段话是尤尔关于“工场手工业”的论述，此时的生产还依赖于工人们的“熟练”程度，但紧接着尤尔指出：“一个由无数机械的和有自我意识的器官组成的庞大的自动机，这些器官为了生产同一个物品而协调地不间断地活动，因此它们都从属于一个自行发动的动力。”② 这就是“自动机”的来源，马克思紧接着评价道：“在前一种说法中，结合总体工人或社会劳动体表现为积极行动的主体，而机械自动机则表现为客体；在后一种说法中，自动机本身是主体，而工人只是作为有意识的器官与自动机的无意识的器官并列，而且和后者一同从属于中心动力。”③ 马克思的这种总结就真正指明了问题所在，在“工场手工业”阶段，人是“积极行动的主体”，而机器是“客体”，但在“大工业”阶段，自动机（机器）才是主体，“是工人服侍机器”，这就联系到了我们前文的论述，我们之所以肯定了“物质生产活动”只对应“工场手工业”阶段，是因为我们在前面章节中所肯定的“物质生产”总是人的生产，人始终发挥“主体”的作用，但在“大工业”阶段，机器才是真正的主体，此时占主导的逻

① 转引自《马克思恩格斯文集》第5卷，人民出版社2009年版，第482页。
② 转引自《马克思恩格斯文集》第5卷，人民出版社2009年版，第482页。
③ 《马克思恩格斯文集》第5卷，人民出版社2009年版，第483页。

辑就是资本逻辑。

其二，在“工场手工业”阶段，劳动（力）成为一种商品，因此，劳动（力）也是一种生产资料，虽然工人并不具备太多其他的生产资料（如生产工具等），但“劳动（力）”这种生产资料还是广大工人阶级所具有的，此时“劳动资料的运动”就是从工人出发的。结合前文的论述我们知道，机器在“大工业”时代成为真正的“生产资料”，这种“生产资料”完全占据了“主体”地位，这时候就会出现马克思论述的“工人跟随劳动资料而运动”，此时的人是“服侍”机器的，机器（生产资料）往哪里运动人就往哪里运动，这明显揭示出“物质生产活动”与“资本逻辑”的差异性所在。在“工场手工业”阶段的“物质生产活动”中，“生产”总是人的“生产”，人还是作为“主体性”力量而参与的，而在“大工业”时代的“资本逻辑”中，资本和机器成为真正的“主体”，它完全是一个自动化体系，甚至根本不需要人的参与，因此随着机器化体系的深度推进，人的“主体性”也会消失殆尽。

其三，在“工场手工业”阶段，工人的劳动还是“活劳动”，但在“大工业”时代，工人的“活劳动”却并入了“死机构”。需要注意的是，马克思这里的表述是“工人被当做活的附属物并入死机构”，而不是说工人的劳动本身就是“死劳动”。从马克思的真实语义来看，马克思把工人的劳动称为“活劳动”，而把机器的劳动称为“死劳动”，这也与马克思所坚持的“劳动价值论”紧密相关。马克思始终认为是人的劳动创造了价值，换言之，只有人的活劳动才是价值的真正来源，“死劳动”并不构成价值的真正来源，当然，在《资本论》中，马克思论述了资本和“死劳动”对于“活劳动”的“实质性吸纳”和“形式性吸纳”，正是在这一点上，马克思的思想具有很强的当代性，尤其是在“人工智能”时代，价值究竟来源于哪里，这都可以在马克思那里寻找到答案。

（四）“分工”向“机器协作”的转变

结合前文的论述我们知道，马克思所坚持的“物质生产活动”其实对应于“工场手工业”阶段，这个阶段的“生产”总是“人的生产”，但在“大工业”时代，“生产”总体上表现为“机器”的生产（人只是其附属品），因此，由“工场手工业”向“机器大工业”的时代转变，就必然会发生“物质生产活动”向“资本逻辑”的转变。当然，这也意味着马克思早期所坚持的“分工”的叙述方式必然会向中后期的“机器协作”转变。“分工”最早出现在《德意志意识形态》中，从马克思、恩格斯的论证过程来看，他们主要从三个方面论述了《德意志意识形态》中的“分工”。

其一，分工是联结生产力和生产关系的桥梁。马克思和恩格斯在《德意志意识形态》中，立足于“现实的个人”，通过分析其现实的、具体的、历史的生产活动，阐明了分工是联结生产力和生产关系桥梁的论点。首先，分工与生产力存在紧密的辩证关系。从最根本的意义来说，生产力的发展推动了分工的形成。也就是说，分工的发展是由生产力的发展状况决定的。分工与生产力的关系并不是单向的，分工受制于生产力发展的同时，也对生产力的发展起能动的反作用。马克思和恩格斯指出：“一个民族的生产力发展的水平，最明显地表现在该民族分工的发展程度上。任何新的生产力都会引起分工的进一步发展，因为它不仅仅是现有生产力的量的增加（例如，开垦新的土地）。”这段精辟的论述，表明了生产力对分工起决定性作用，还阐明了分工是生产力发展的表现。分工除具有生产力的属性外，还具有生产关系的属性。分工唯有在特定的生产关系下，才得以进行。生产关系的各方面，均受制于分工。马克思和恩格斯认为，“分工的各个不同发展阶段，同时也就是所有制的各种不同形式。这就是说，分工的每一个阶段还决定个人在劳动材料、劳动工具和劳动产品方面的相互关系”①。人与人在分工上的不同，造成了其在占有关系上的不平等。没有以及失去生产资料的人，其劳动力要受到占有生产资料者的支配，这表明分工具有生产关系的属性。因此，在人类社会历史发展中，分工的形式受制于生产力发展的状况，特定历史阶段的生产关系又受制于特定历史阶段的分工状况。也就是说，分工是联结生产力与生产关系的桥梁与纽带。离开分工这个中介环节，生产力不仅无法决定生产关系，生产关系也难以反作用于生产力。

其二，分工是所有制形成、发展的基石。马克思和恩格斯在《德意志意识形态》中，从历史与逻辑相统一的视角出发，剖析了分工与所有制之间的关系，指出分工是所有制形成、发展的基石。他们将所有制形式划分为不同的发展阶段。其所依据的理论基础，是分工的不同。马克思和恩格斯认为，人类社会可划分为四种不同的所有制形式，前三种所有制形式分别为：部落所有制、古典古代的公社所有制和国家所有制以及封建的或等级的所有制。他们用较多的笔墨，重点论述了第四种所有制形式，即资本主义所有制。马克思和恩格斯详细分析了资本主义所有制产生、发展的历史，理性、客观地分析了分工与交往同资本主义所有制之间的关系。在工场手工业时期，其技术基础——手工业会同其制造产品的需要生发出矛盾，因此，工场手工业向机器大工业转变，是历史逻辑，是不可抵挡的历史潮流。所有制形式之间的继替与发展，是由分工决定的。任何所有制形式，均要与之相适应的分工保持一致。历经资本主义所有制之后，人类势必过渡到共产主义社会的公有制。马克思和恩格斯指出，人类社会所有制产生、发展的历史过程，是由分工决定的。在未来的共产主义社会，生产力将高度发展，分工将退出历史的舞台，私有制将瓦解。共产主义社会

① 《马克思恩格斯文集》第1卷，人民出版社2009年版，第521页。

的公有制，是人类社会历史发展的必然，原因在于其是生产力高度发展的产物。在马克思和恩格斯看来，分工与私有制讲的是同一件事情。进言之，生产资料的所有制关系，是由分工决定的。相反，一定形式的分工，也就是所有制。因此，所有制的形成和发展，是由分工决定的。

其三，分工自身蕴含着矛盾以及解决矛盾的手段。马克思和恩格斯在《德意志意识形态》中，论述了分工与阶级和国家的关系。在他们看来，阶级的产生是由分工引起的。各阶级内部以及阶级与阶级之间的矛盾，亦是由分工引起的。分工还导致国家这一“虚假共同体”的出现。这些矛盾的客观存在，内在地包含于分工中。这些矛盾的解决与消除，同样依赖于分工的消灭。固定化分工得以被消灭、人们之间异化状态得以被摆脱、人的本质得以复归的现实基础，是生产力的极大进步以及社会交往的普遍发展。马克思和恩格斯指出，“生产力、社会状况和意识——之间可能而且一定会发生矛盾”。这些矛盾的存在，均包含在分工中。他们认为，凡此种种的矛盾，是“以家庭中自然产生的分工和以社会分裂为单独的、互相对立的家庭这一点为基础的”。分工的发展，会引致共同利益与个人利益或单个家庭利益的矛盾与冲突。这一矛盾的存在，是阶级内部、阶级与阶级之间以及国家得以产生的根源。从阶级与分工的关系来看，代表社会发展最先进生产力的，是广大的无产阶级。阶级与阶级之间的矛盾，其解决在于资产阶级必将被无产阶级所取代。从国家与分工的关系来看，国家这一“虚幻的共同体”，是因分工的发展，而从社会关系共同体中衍化而来的。当公共利益与私人利益发生冲突时，为捍卫公共利益，国家这一“虚幻的共同体”才应运而生。这种“虚幻的共同体”对于被统治阶级以及个人来说，具有虚假性。从根源来看，无论是阶级与分工之间的关系，还是国家与分工之间的关系，归根结底都是由分工所引起的异化问题。在马克思和恩格斯看来，只有消灭分工，凡此种种的矛盾才不会存在。决定分工的，是生产力的发展。分工的消灭，同样需要依靠发展生产力来解决。因此，分工自身蕴含着矛盾以及解决矛盾的手段。

我们也看到，“分工”在马克思的理论逻辑中占据了很重要的位置，甚至在马克思看来，“消灭了分工和所有制”就能消灭异化问题，但我们必须进一步追问的是，在“大工业”时代，不要说消灭分工，就算是人的主体性力量都被消灭了，但异化问题就能解决了吗？答案是否定的，异化问题还会越来越严重，因此要揭示出机器大工业时代的异化问题，仅仅依靠“分工”概念是远远不够的，这就需要向机器本身的协作进行转换。

第二节　习近平关于发展数字经济的重要论述研究

近年来，大数据、人工智能、云计算、区块链、量子科技等工业 4.0 技术加速创新，深刻改变了人类的生产生活方式，并催生了“数字经济”这一新经济形态。党的二十大报告提出：“加快发展数字经济，促进数字经济和实体经济深度融合，打造具有国际竞争力的数字产业集群。”① 同时提出“高质量发展是全面建设社会主义现代化国家的首要任务”②。推动数字经济的高质量发展已经成为一项国家战略，构成了全面建设社会主义现代化国家的重要任务。党的十八大以来，习近平总书记坚持马克思主义政治经济学的基本立场观点方法，以

① 习近平：《高举中国特色社会主义伟大旗帜 为全面建设社会主义现代化国家而团结奋斗：在中国共产党第二十次全国代表大会上的报告》，人民出版社 2022 年版，第 30 页。

② 习近平：《高举中国特色社会主义伟大旗帜 为全面建设社会主义现代化国家而团结奋斗：在中国共产党第二十次全国代表大会上的报告》，人民出版社 2022 年版，第 28 页。

“推动数字经济的高质量发展”为主线，围绕“数字经济是什么、为什么发展数字经济、怎样发展数字经济”等问题，深刻诠释了我国发展数字经济的科学内涵、时代背景、重要意义、基本原则、实践要求等问题，不仅为我国发展数字经济提供了科学的行动指南，也为世界数字经济的健康发展贡献了中国智慧和中国方案。

一　习近平关于发展数字经济重要论述的科学内涵、形成过程与现实审视

要推动数字经济的高质量发展，首先必须厘清“数字经济是什么”的根本问题，习近平总书记关于数字经济做出了科学的定义，但这种定义并非“无源之水、无本之木”，而是有其特定的形成过程，同时也对于我国数字经济的发展现状进行了审视。

（一）把握数字经济的科学内涵及其基本特征

1. 数字经济的科学内涵

加拿大新经济学家唐·泰普史考特（Don Tapscott），被学界誉为“数字经济之父”，他是最早提出“数字经济”概念的学者，在《数字经济：网络智能时代的希望与危险》（*The Digital Economy*：*Promise and Peril in the Age of Networked Intelligence*）一书中，他把数字经济定义为由互联网和万维网推动的以人类智慧网络化为基础的新型经济①，他提出数字经济的时代背景还是互联网和万维网的初始商业化阶段，许多观点还带有 Web 1.0 时代的预见性特点。进入 21 世纪之后，尤其是最近这十年，互联网全球普及并进入了 Web 2.0 和 Web 3.0 时代，随着人工智能、算法推荐、区块链等创新技术的应用，数字经济的内涵已

① 参见 Don Tapscott，*The Digital Economy*：*Promise and Peril in the Age of Networked Intelligence*，New York：McGraw－Hill Education，2015，p. xxiii. 此版本为 20 周年纪念版，第一版发表于 1995 年。

经发生了相应的变化。党的十八大以来，习近平总书记发表了一系列关于数字技术和数字经济的重要论述，并形成了关于数字经济的崭新定义。2016 年，习近平总书记向二十国集团发起了关于发展数字经济的合作倡议，该倡议明确提出："数字经济是指以使用数字化的知识和信息作为关键生产要素、以现代信息网络作为重要载体、以信息通信技术的有效使用作为效率提升和经济结构优化的重要推动力的一系列经济活动。互联网、云计算、大数据、物联网、金融科技与其他新的数字技术应用于信息的采集、存储、分析和共享过程中，改变了社会互动方式。数字化、网络化、智能化的信息通信技术使现代经济活动更加灵活、敏捷、智慧。"① 在 2021 年国务院颁发的《"十四五"数字经济发展规划》中，数字经济被表述为"数字经济是继农业经济、工业经济之后的主要经济形态，是以数据资源为关键要素，以现代信息网络为主要载体，以信息通信技术融合应用、全要素数字化转型为重要推动力，促进公平与效率更加统一的新经济形态"②。

2. 数字经济的基本特征

唐·泰普史考特把数字经济的基本特征概括为十二个方面，即知识性、数字化、虚拟化、分子化、一体化、去中心化、聚合性、创新性、产销合一、即时性、全球性、非协调性。③ 结合习近平总书记和国务院关于数字经济的定义可以看出，数字经济作为一种新的经济形态，除了具有唐·泰普史考特所阐明的特征外，还具有以下新的特征。

---

① 中华人民共和国国家互联网信息办公室：《二十国集团数字经济发展与合作倡议》，http://www.cac.gov.cn/2016-09/29/c_1119648520.htm，2016 年 9 月 29 日。

② 中华人民共和国中央人民政府：《"十四五"数字经济发展规划》，http://www.gov.cn/zhengce/zhengceku/2022-01/12/content_5667817.htm，2022 年 1 月 12 日。

③ Don Tapscott, *The Digital Economy: Promise and Peril in the Age of Networked Intelligence*, New York: McGraw-Hill Education, 2015, pp. 55-77.

（1）高创新性、强渗透性、广覆盖性。较之于前三次工业革命，大数据、人工智能、云计算、区块链、数字孪生等技术被视为开启了第四次工业革命（或工业4.0）的序幕，其背后的资本也演变为平台资本（数字资本），它完成了对于传统产业资本和金融资本的渗透和吸纳，实现了社会面的全覆盖，成为数字化时代的“普照的光”。正如习近平总书记所指出的：“数字经济具有高创新性、强渗透性、广覆盖性，不仅是新的经济增长点，而且是改造提升传统产业的支点，可以成为构建现代化经济体系的重要引擎。”①

（2）数据成为关键性的生产要素。世界经济论坛和斯尔尼塞克（Nick Srnicek）等人都把数据比作平台经济中的“新石油”，但这种“新石油”的比喻也容易造成误导。数字化时代的数据商品（或数据产品）具有体量大、种类多、价值密度低、可复制性、非稀缺性、易逝性等特点，这是不同于传统石油的新型特征。党的十九届四中全会首次明确把数据作为一种“生产要素”，“健全劳动、资本、土地、知识、技术、管理、数据等生产要素由市场评价贡献、按贡献决定报酬的机制”②。习近平总书记指出：“我国具有数据规模和数据应用优势。”③我们要“加快构建数据基础制度”“加快构建以数据为关键要素的数字经济，”④ 在大数据时代，谁拥有了先进的数字技术和海量数据，谁就“牵住了牛鼻子”⑤。

（3）数字经济的生产过程更加智能化。马克思在写作《资本论》

① 《把握数字经济发展趋势和规律 推动我国数字经济健康发展》，《人民日报》2021年10月20日第1版。

② 《中共中央关于坚持和完善中国特色社会主义制度 推进国家治理体系和治理能力现代化若干重大问题的决定》，《人民日报》2019年11月6日第1版。

③ 《加快构建数据基础制度 加强和改进行政区划工作》，《人民日报》2022年6月23日第1版。

④ 《加快构建数据基础制度 加强和改进行政区划工作》，《人民日报》2022年6月23日第1版。

⑤ 习近平：《不断做强做优做大我国数字经济》，《求是》2022年第2期。

时，时代背景经过了一次重要转换，即由“工场手工业”向“机器大工业”的转换。在工场手工业阶段，劳动还是“人在劳动”，但在机器大工业时代，机器成为“自动机”，“自动机本身是主体”①，人成为机器的附庸和客体，这就是马克思初步论述的智能化的“工厂社会”，而进入数字化时代，伴随着人工智能、算法推荐等技术的创新性应用，数字经济的生产过程更加智能化，智能化并非传统赋能意义上的网络化和信息化，而是人工智能自身具有学习能力和创造能力，网络化和信息化的主要目的和发展方向就是智能化，这符合发展数字经济的一般规律。习近平总书记指出：在我们发展数字经济时，“要把握数字化、网络化、智能化方向”②。

（4）高质量发展是其主要目标，更加注重公平与效率的统一。大数据时代的数字经济有时也被简化为平台经济，其高速发展是一把“双刃剑”，在科学评估其正向作用的同时，也要充分意识到其负面效应，例如大型平台的私有性和垄断性。习近平总书记指出：我们要为资本设置“红绿灯”，要防止资本的无序扩张，“着力防范和化解金融风险，克服经济脱实向虚的倾向，”③ 数字经济的发展要服务于实体经济，我们也要为数字资本和数字经济的发展设置“红绿灯”。此外，习近平总书记还指出：“把数字技术广泛应用于政府管理服务，推动政府数字化、智能化运行，为推进国家治理体系和治理能力现代化提供有力支撑。”④ 在推动数字经济健康发展的同时，我们也要推动数字治理能力的现代化，以更好地满足人民对于美好生活

① 《马克思恩格斯文集》第5卷，人民出版社2009年版，第483页。

② 习近平：《不断做强做优做大我国数字经济》，《求是》2022年第2期。

③ 《依法规范和引导我国资本健康发展 发挥资本作为重要生产要素的积极作用》，《人民日报》2022年5月1日第1版。

④ 《加强数字政府建设 推进省以下财政体制改革》，《人民日报》2022年4月20日第1版。

的需要，这是“人民至上”价值立场的体现，它是兼顾效率与公平的重要保证，同时构成了发展中国特色社会主义数字经济的鲜明特色。

（二）习近平关于发展数字经济重要论述的形成过程

1. “数字福建”与“数字浙江”：发展数字经济的初始谋划阶段

早在1982—1994年，习近平总书记在正定、厦门、宁德等地工作期间，就充分强调要及时关注世界科技发展前沿，着重提升地方的信息化水平。2000年，时任福建省省长的习近平，对于福州大学副校长王钦敏关于构建“数字福建”的倡议做出了重要批示，高度肯定了建设“数字福建”的重大意义，随后，“数字福建”被纳入了福建省的“十五”计划纲要。习近平总书记指出：“信息化是当今世界经济和社会发展的大趋势，它是我国和我省产业优化升级和实现现代化的关键环节，四个现代化，哪一个也离不开信息化。”① 2003年，时任浙江省委书记（代省长）的习近平，在浙江省人民大会堂作政府工作报告，明确提出了“数字浙江”的概念，“数字浙江是全面推进我省国民经济和社会信息化、以信息化带动工业化的基础性工程”②。总的来看，习近平总书记关于建设“数字福建”和“数字浙江”的主张，构成了习近平总书记关于发展数字经济的初始谋划阶段，它具有三个基本特征：其一，前瞻性。在中国互联网尚未普及的年代，习近平就率先主张建设“数字福建”“数字浙江”，积极发展电子商务，这无疑具有非常强的超前性。其二，地域性。发展数字经济的这些主张都是习近平总书记在各地方主政时的开拓和创新，而且主要集中于东部沿海地区，拥有相对较好的地理优势和技术优势，便于发挥辐射效应。其三，信

① 中共福建省委 福建省人民政府：《“数字福建”建设的重要启示——习近平同志在福建推动信息化建设纪实》，《人民日报》2018年4月20日第1版。

② 《20年前“数字浙江”的构想》，《浙江日报》2022年11月2日第8版。

息化。尤其强调信息化对于工业化的引领作用。早在《论联合政府》中，毛泽东同志就提出："使中国由农业国变成工业国。"[①] 但"工业化"也有两种不同的路径，分别是资本主义的工业化和社会主义的工业化（以苏联的工业化为代表），欧美的资本主义工业化时期显然更长，在新中国成立之后，我们首先借鉴了苏联社会主义工业化的发展道路，在完成"三大改造"之后，我们确立起社会主义的基本制度，"社会主义现代化"构成了新的发展方向，但苏联的社会主义现代化道路在20世纪50年代之后，其"单一性"的弊端日渐显露。从1954年开始，毛泽东和周恩来等同志经过多次调整逐渐确立"四个现代化"的发展方向，即"工业现代化、农业现代化、科学文化现代化、国防现代化"[②]。而习近平总书记认为这"四个现代化"都离不开信息化，要以信息化带动工业化，信息化也被誉为第三次工业革命（工业3.0）的成果。

2. "数字中国"与"智慧社会"：发展数字经济上升为国家战略

习近平总书记指出："党的十八大以来，党中央高度重视发展数字经济，将其上升为国家战略。"[③] 在2015年召开的第二届世界互联网大会上，习近平总书记指出："中国正在实施'互联网+'行动计划，推进'数字中国'建设。"[④] 2017年，党的十九大报告在提出加快建设创新型国家时，明确提出了我们要建设"数字中国"和"智慧社会"，这标志着"中国数字经济发展将进入快车道"[⑤]，这些主张后来反映在了习近平总书记在第四届世界互联网大会（2017年）、中国国际大数

① 《毛泽东选集》第3卷，人民出版社1991年版，第1081页。
② 《毛泽东文集》第8卷，人民出版社1999年版，第116页。
③ 习近平：《不断做强做优做大我国数字经济》，《求是》2022年第2期。
④ 习近平：《在第二届世界互联网大会开幕式上的讲话》，《人民日报》2015年12月17日第2版。
⑤ 《习近平致第四届世界互联网大会的贺信》，《人民日报》2017年12月4日第1版。

据产业博览会（2018 年）、中国 5G + 工业互联网大会（2020 年）等会议的讲话中。除此之外，习近平总书记还发表了一系列关于发展数字经济的重要论述，例如在《实施国家大数据战略加快建设数字中国》(2017 年) 中指出："要构建以数据为关键要素的数字经济。""推动实施国家大数据战略，加快完善数字基础设施，推进数据资源整合和开放共享，保障数据安全，加快建设数字中国。"① 在《把握数字经济发展趋势和规律　推动我国数字经济健康发展》(2021 年) 中指出："发展数字经济是把握新一轮科技革命和产业变革新机遇的战略选择……牵住自主创新这个'牛鼻子'。"② 在《不断做强做优做大我国数字经济》(2016 年、2022 年) 中指出："数字技术、数字经济是世界科技革命和产业变革的先机，是新一轮国际竞争重点领域，我们一定要抓住先机、抢占未来发展制高点。"③ 把发展数字经济上升为国家战略之后，它具有现实性、全局性、数字化、智能化等典型特征。

(三) 习近平关于发展数字经济重要论述的现实审视

习近平总书记指出："同世界数字经济大国、强国相比，我国数字经济大而不强、快而不优。还要看到，我国数字经济在快速发展中也出现了一些不健康、不规范的苗头和趋势。"④ 中国发展数字经济的优势在于"大"而"快"，但"不强"与"不优"也构成了我国发展数字经济的问题与挑战。

1. 我国发展数字经济的优势

(1) 规模庞大、应用场景丰富。2018 年，习近平总书记在主持学

① 《审时度势精心谋划超前布局力争主动 实施国家大数据战略加快建设数字中国》，《人民日报》2017 年 12 月 10 日第 1 版。

② 《把握数字经济发展趋势和规律　推动我国数字经济健康发展》，《人民日报》2021 年 10 月 20 日第 1 版。

③ 习近平：《不断做强做优做大我国数字经济》，《求是》2022 年第 2 期。

④ 习近平：《不断做强做优做大我国数字经济》，《求是》2022 年第 2 期。

习人工智能的发展现状和趋势时指出："我国经济已由高速增长阶段转向高质量发展阶段，正处在转变发展方式、优化经济结构、转换增长动力的攻关期，迫切需要新一代人工智能等重大创新添薪续力。"① 我们要"充分发挥我国海量数据和巨大市场应用规模优势，"② 2022 年，习近平总书记在《不断做强做优做大我国数字经济》一文中指出："我国数字经济规模已经连续多年位居世界第二。"③ 根据中国互联网络信息中心（CNNIC）发布的《第 50 次中国互联网络发展状况统计报告》来看，我国当前的网民规模已经达到 10.51 亿，互联网的普及率达到 74.4%，网络支付用户规模达到 9.04 亿④，这标志着我国数字经济的发展有庞大的用户和数据基础。2021 年，国务院颁发的《"十四五"数字经济发展规划》中指出："我国数字经济核心产业增加值占国内生产总值（GDP）比重达到 7.8%……力争在 2025 年达到 10%，"⑤ 这是数字经济核心产业的增加值，结合中国信通院发布的《中国数字经济发展报告（2022 年）》来看，"2021 年，我国数字经济的规模已经达到 45.5 万亿元，占 GDP 比重达到了 39.8%，"⑥ 尤其是在新冠病毒肆虐这几年，数字经济已经成为我国经济发展的"稳定器"和"加速器"。

（2）产业数字化与数字产业化已经进入了加速时期。2016 年，习

---

① 《加强领导做好规划明确任务夯实基础 推动我国新一代人工智能健康发展》，《人民日报》2018 年 11 月 1 日第 1 版。

② 《加强领导做好规划明确任务夯实基础 推动我国新一代人工智能健康发展》，《人民日报》2018 年 11 月 1 日第 1 版。

③ 习近平：《不断做强做优做大我国数字经济》，《求是》2022 年第 2 期。

④ 中国互联网络信息中心：《第 50 次中国互联网络发展状况统计报告》，http：//www.cnnic.net.cn/n4/2022/0914/c88－10226.html，2022 年 8 月 31 日。

⑤ 中华人民共和国中央人民政府：《"十四五"数字经济发展规划》，http：//www.gov.cn/zhengce/zhengceku/2022－01/12/content_5667817.htm，2022 年 1 月 12 日。

⑥ 中国信通院：《中国数字经济发展报告（2022 年）》，http：//www.caict.ac.cn/kxyj/qwfb/bps/202207/t20220708_405627.htm，2022 年 7 月 1 日。

近平总书记在主持学习网络强国战略时提出："加快传统产业数字化、智能化，做大做强数字经济，拓展经济发展新空间。"[①] 2018 年，习近平总书记首次并用"产业数字化"与"数字产业化"概念："加快推进数字产业化、产业数字化，努力推动高质量发展、创造高品质生活。"[②] 产业数字化侧重于用数字化的生产方式对传统产业进行升级和改造，如习近平总书记指出："推动制造业、服务业、农业等产业数字化，利用互联网新技术对传统产业进行全方位、全链条的改造，提高全要素生产率，发挥数字技术对经济发展的放大、叠加、倍增作用。"[③] 在产业数字化的基础上，我国的信息基础设施得到了很大完善，传统工业、金融业、服务业得到了升级和改造，也涌现出很多新业态和新模式；数字产业化侧重于 ICT 产业的引领性作用，如电信业、软件和信息服务业、互联网行业等，如习近平总书记在肯定人工智能、大数据等 ICT 产业的重要作用时，会充分强调这些产业的"头雁效应"。从中国信通院公布的数据来看，"2021 年，我国产业数字化规模达到 37.2 万亿元，占 GDP 比重为 32.5%，产业数字化发展正在经历由量的扩张到质的提升转变；数字产业化规模达到 8.4 万亿元，占 GDP 比重为 7.3%，数字产业化转型持续向纵深加速发展"[④]。我国的产业数字化与数字产业化已经进入了加速时期，这是我国发展数字经济的重要优势。

（3）数字政府建设与数字治理能力大幅提升。2019 年，习近平总书记在考察雄安新区时指出："要运用现代信息技术，推进政务信

---

① 《加快推进网络信息技术自主创新 朝着建设网络强国目标不懈努力》，《人民日报》2016 年 10 月 10 日第 1 版。

② 《习近平向首届中国国际智能产业博览会致贺信》，《人民日报》2018 年 8 月 24 日第 1 版。

③ 习近平：《不断做强做优做大我国数字经济》，《求是》2022 年第 2 期。

④ 中国信通院：《中国数字经济发展报告（2022 年）》，http://www.caict.ac.cn/kxyj/qwfb/bps/202207/t20220708_405627.htm，2022 年 7 月 1 日。

息联通共用，提高政务服务信息化、智能化、精准化、便利化水平，让群众少跑腿。”① 推进政务服务建设构成了推进国家治理体系和治理能力现代化的重要内容，党的十九届四中全会通过的《中共中央关于坚持和完善中国特色社会主义制度 推进国家治理体系和治理能力现代化若干重大问题的决定》中指出：“创新行政管理和服务方式，加快推进全国一体化政务服务平台建设，健全强有力的行政执行系统，提高政府执行力和公信力。”② 此外，习近平总书记还指出：“要全面贯彻网络强国战略，把数字技术广泛应用于政府管理服务，推动政府数字化、智能化运行，为推进国家治理体系和治理能力现代化提供有力支撑。”③ “中国愿同世界各国一道，携手走出一条数字资源共建共享、数字经济活力迸发、数字治理精准高效、数字文化繁荣发展、数字安全保障有力、数字合作互利共赢的全球数字发展道路。”④

2. 我国发展数字经济面临的问题与挑战

（1）“卡脖子”技术的掣肘，关键领域创新能力仍然不足。同世界发达国家相比，我国数字经济的发展仍然存在较大差距，截止到2021年，“发达国家数字经济占GDP比重为55.7%，”⑤ 而我国所占的比重仅为39.8%，而且关键领域创新不足，仍然受制于高精尖“卡脖子”技术的掣肘，正如习近平总书记所指出的：“重大原创性成果缺乏，底层基础技术、基础工艺能力不足，工业母机、高端芯片、基础软硬件、开发平台、基本算法、基础元器件、基础材料等瓶颈仍然突

① 《稳扎稳打勇于担当敢于创新善作善成 推动京津冀协同发展取得新的更大进展》，《人民日报》2019年1月19日第1版。

② 《中共中央关于坚持和完善中国特色社会主义制度 推进国家治理体系和治理能力现代化若干重大问题的决定》，《人民日报》2019年11月6日第1版。

③ 《加强数字政府建设 推进省以下财政体制改革》，《人民日报》2022年4月20日第1版。

④ 《习近平向2022年世界互联网大会乌镇峰会致贺信》，《人民日报》2022年11月10日第1版。

⑤ 中国信通院：《全球数字经济白皮书（2022年）》，http://www.caict.ac.cn/kxyj/qwfb/bps/202212/t20221207_412453.htm，2022年12月1日。

出，关键核心技术受制于人的局面没有得到根本性改变。”① “我国面临的很多‘卡脖子’技术问题，根子是基础理论研究跟不上，源头和底层的东西没有搞清楚。”②

（2）平台垄断与数字资本的无序扩张。数字经济的产业数字化与数字产业化要求，对于传统产业（如制造业、金融业、服务业等）进行升级和改造的同时，也使得数字化平台具有垄断地位，如斯尔尼塞克所列举的广告平台、云平台、工业平台、产品平台、精益平台等，这些平台日益重构了人们的生产和生活方式，同时，“平台是数据的提取装置”③。数字经济以数据为关键生产要素，而平台往往拥有对数据生产要素的垄断权，发展平台经济过程中遇到的垄断问题，不仅是我国发展数字经济所面临的难题，也是世界各国发展数字经济的共性问题。习近平总书记指出：“我国平台经济发展正处在关键时期，要着眼长远、兼顾当前，补齐短板、强化弱项，营造创新环境，解决突出矛盾和问题，推动平台经济规范健康持续发展。”④ “针对一些平台企业存在野蛮生长、无序扩张等突出问题，我们加大反垄断监管力度。”⑤

（3）发展不平衡，数字鸿沟仍未弥合。早在第二届世界互联网大会上（2015 年），习近平总书记就指出：“消除数字鸿沟是各国共同面临的挑战。”⑥ “要发展信息网络技术，消除不同收入人群、不同地区

---

① 《努力成为世界主要科学中心和创新高地》，《人民日报》2021 年 3 月 16 日第 1 版。

② 《习近平在科学家座谈会上的讲话》，《人民日报》2020 年 9 月 12 日第 2 版。

③ ［加］斯尔尼塞克：《平台资本主义》，程水英译，广东人民出版社 2018 年版，第 55 页。

④ 《推动平台经济规范健康持续发展 把碳达峰碳中和纳入生态文明建设整体布局》，《人民日报》2021 年 3 月 16 日第 1 版。

⑤ 《加强反垄断反不正当竞争监管力度 完善物资储备体制机制深入打好污染防治攻坚战》，《人民日报》2021 年 8 月 31 日第 1 版。

⑥ 《习近平出席第二届世界互联网大会开幕式并发表主旨演讲》，《人民日报》2015 年 12 月 17 日第 2 版。

间的数字鸿沟。"[①]"不同地区间的数字鸿沟"首先表现为"南北国家之间的数字鸿沟"[②]，同发达国家相比，我国数字经济的发展规模和发展质量都还有很大的进步空间。从国内的发展情况来看，东部地区的数字经济发展水平明显高于中西部，而且不同行业、不同区域、不同群体之间的数字化基础不同，发展差异较大，这些也是我国推动数字经济高质量发展所面临的问题与挑战。

（4）数据资源规模庞大，但价值潜力尚未充分发挥。习近平总书记指出："我国具有数据规模和数据应用优势。要建立数据产权制度，推进公共数据、企业数据、个人数据分类分级确权授权使用，建立数据资源持有权、数据加工使用权、数据产品经营权等分置的产权运行机制，健全数据要素权益保护制度。"[③] 数据包括公共数据、企业数据、个人数据，但在发展数字经济的过程中，很多平台性企业恰好就是以个人数据为根基的（隐秘窃取）。从马克思的劳动价值论来看，数据作为一种商品，其价值是由其背后的劳动所决定的，普通个人的"活劳动"也构成了数据商品的价值来源，但普通个人并没有享受到其创造的价值，因此，我们也要健全数据要素权益保护制度，使其价值潜力充分发挥。我国公共数据的情况更复杂，它主要是"取之于民、用之于民"，但公共数据的主要目的不是商品化，因此在其准入性、时效性、辐射性等方面都还有很大的发展空间。

① 习近平：《为建设世界科技强国而奋斗——在全国科技创新大会、两院院士大会、中国科协第九次全国代表大会上的讲话》，《人民日报》2016 年 6 月 1 日第 2 版。

② 《习近平出席二十国集团领导人第十七次峰会并发表重要讲话》，《人民日报》2022 年 11 月 16 日第 1 版。

③ 《加快构建数据基础制度 加强和改进行政区划工作》，《人民日报》2022 年 6 月 23 日第 1 版。

二　习近平关于发展数字经济重要论述的时代背景与重要意义

习近平总书记指出："经济运行有其自身规律。只有充分尊重经济规律，发挥市场作用，扫除人为障碍，才能适应生产力发展要求。"① 习近平总书记深刻阐释了数字经济发展的一般趋势和基本规律，这也回答了我们"为什么要发展数字经济"的问题。

（一）习近平关于发展数字经济重要论述的时代背景

1. "两个大局"和"两件大事"

习近平总书记指出："要站在统筹中华民族伟大复兴战略全局和世界百年未有之大变局的高度，统筹国内国际两个大局、发展安全两件大事……不断做强做优做大我国数字经济。"② 统筹"国内国际两个大局"和"发展安全两件大事"，构成了我国发展数字经济的重要背景。

（1）统筹"国内国际两个大局"。马克思在《共产党宣言》中论述道："资产阶级，由于一切生产工具的迅速改进，由于交通的极其便利，把一切民族甚至最野蛮的民族都卷到文明中来了……它按照自己的面貌为自己创造出一个世界。"③ 进入数字化时代，随着大数据、人工智能、量子科技等先进通信工具和生产工具的应用，整个地球日益成为"地球村"，正在深刻改变人类的生产和生活方式。发展数字经济作为一种普遍性的规律，其全球性的布展已经缔造了一种新的文明："数字文明"，习近平总书记提出，中国作为"数字文明"和发展数字

① 习近平：《携手共进，合力打造高质量世界经济——在二十国集团领导人峰会上关于世界经济形势和贸易问题的发言》，《人民日报》2019 年 6 月 29 日第 2 版。

② 习近平：《不断做强做优做大我国数字经济》，《求是》2022 年第 2 期。

③ 《马克思恩格斯文集》第 2 卷，人民出版社 2009 年版，第 35—36 页。

经济的“大国”，要“让数字文明造福各国人民，推动构建人类命运共同体”[①]，但与发达国家的“数字强国”相比，我国数字经济的发展仍然存在诸多短板，只有在统筹好“国内国际两个大局”的时代背景下，清晰定位我国发展数字经济的现实状况和战略地位，才能真正让我国数字经济的发展行稳致远。

（2）统筹“发展安全两件大事”。发展数字经济是大势所趋，但其安全隐患聚讼已久，习近平总书记不仅论述了我国发展数字经济的优势所在，也明确论述了我国数字经济发展过程中所面临的困难与挑战，习近平总书记指出：“上世纪90年代以来，我国有效应对了亚洲金融危机、国际金融危机、新冠肺炎疫情等重大考验。现在，我国经济金融领域风险隐患很多。”[②] 数字经济作为一种新业态、新模式，其风险隐患更是严重，针对我国发展数字经济过程中出现的一些不健康、不规范的苗头和趋势，习近平总书记指出“必须坚决纠正和治理”[③]，我们只有统筹好数字经济的“发展”和“安全”这两件大事，才能充分释放我国数字经济的发展活力。

2. 新一轮科技革命和产业变革的发展机遇

（1）新一轮科技革命的发展机遇。马克思指出：“资产阶级在它的不到一百年的阶级统治中所创造的生产力，比过去一切世代创造的全部生产力还要多，还要大。”[④] 因为在资产阶级产生之后，应用了大量的“先进科技”，如机器、化学、电报等。进入工业4.0阶段，正如习近平总书记所指出的：“数字经济发展速度之快、辐射范围之广、影响程度之深前所未有，正在成为重组全球要素资源、重塑全球经济结构、

① 《习近平向2021年世界互联网大会乌镇峰会致贺信》，《人民日报》2021年9月27日第1版。

② 习近平：《正确认识和把握我国发展重大理论和实践问题》，《求是》2022年第10期。

③ 习近平：《不断做强做优做大我国数字经济》，《求是》2022年第2期。

④ 《马克思恩格斯文集》第2卷，人民出版社2009年版，第36页。

改变全球竞争格局的关键力量。"① 早在2017年，习近平总书记在世界经济论坛上就引用了世界经济论坛主席施瓦布的书《第四次工业革命》，他高度肯定了第四次工业革命所带来的广泛影响，"与以往历次工业革命相比，第四次工业革命是以指数级而非线性速度展开"②。"我们要顺应第四次工业革命发展趋势，共同把握数字化、网络化、智能化发展机遇，共同探索新技术、新业态、新模式，探寻新的增长动能和发展路径，建设数字丝绸之路、创新丝绸之路。"③ 我国在前三次工业革命中都远远落后于发达国家，但第四次工业革命是中国与发达国家同步发展的最好机遇，中国也具有发展第四次工业革命的比较优势。

（2）新科技革命带来的产业变革。早在2013年，习近平总书记在主持创新驱动发展战略集体学习时就指出："我们必须增强忧患意识，紧紧抓住和用好新一轮科技革命和产业变革的机遇。"④ 2018年，习近平总书记在两院院士大会上强调："进入21世纪以来，全球科技创新进入空前密集活跃的时期，新一轮科技革命和产业变革正在重构全球创新版图、重塑全球经济结构。"⑤ "我们迎来了世界新一轮科技革命和产业变革同我国转变发展方式的历史性交汇期，既面临着千载难逢的历史机遇，又面临着差距拉大的严峻挑战。我们必须清醒认识到，有的历史性交汇期可能产生同频共振，有的历史性交

① 《把握数字经济发展趋势和规律　推动我国数字经济健康发展》，《人民日报》2021年10月20日第1版。

② 《习近平在世界经济论坛2017年年会开幕式上的主旨演讲》，《人民日报》2017年1月18日第1版。

③ 习近平：《齐心开创共建"一带一路"美好未来——在第二届"一带一路"国际合作高峰论坛开幕式上的主旨演讲》，《人民日报》2019年4月27日第3版。

④ 《敏锐把握世界科技创新发展趋势 切实把创新驱动发展战略实施好》，《人民日报》2013年10月2日第1版。

⑤ 习近平：《习近平在中国科学院第十九次院士大会、中国工程院第十四次院士大会上的讲话》，《人民日报》2018年5月29日第2版。

汇期也可能擦肩而过。”① 我国数字经济的发展只有与新的历史性交汇期“同频共振”（而不是再次“擦肩而过”），才能最终成为“数字强国”。

（二）习近平关于发展数字经济重要论述的重要意义

统筹好“两个大局”和“两件大事”，把握住新一轮科技革命和产业变革的发展机遇，尊重数字经济的发展规律，对于推动我国数字经济的高质量发展具有重要意义。

1. 为建设社会主义现代化的“数字强国”提供宏伟蓝图

习近平总书记指出：发展数字经济意义重大，主要体现为“三个有利于”：“有利于推动构建新发展格局，有利于推动建设现代化经济体系，有利于推动构筑国家竞争新优势。”② “三个有利于”的着力点和侧重点有所差异，但其根本目的都是要建立一个社会主义现代化的“数字强国”。

（1）有利于推动构建新发展格局。习近平总书记指出：构建新发展格局有六个重要着力点，“一是要加快培育完整内需体系。二是要加快科技自立自强。三是要推动产业链供应链优化升级。四是要推进农业农村现代化。五是要提高人民生活品质。六是要牢牢守住安全发展这条底线。”③ 数字经济的高速发展以数字技术的高速进步为根基，习近平总书记多次强调，我们要建立“科技强国”。“产业数字化”和“数字产业化”的基本要求，能有效推动我国各类资源要素的快捷流动，推动传统产业链优化升级，畅通国内外的经济循环。

（2）有利于推动建设现代化经济体系。党的十九大报告提出：“建

---

① 习近平：《习近平在中国科学院第十九次院士大会、中国工程院第十四次院士大会上的讲话》，《人民日报》2018 年 5 月 29 日第 2 版。

② 习近平：《不断做强做优做大我国数字经济》，《求是》2022 年第 2 期。

③ 《新发展阶段贯彻新发展理念必然要求构建新发展格局》，《人民日报》2022 年 9 月 1 日第 1 版。

设现代化经济体系是跨越关口的迫切要求和我国发展的战略目标。"①党的二十大报告提出：到2035年，"建成现代化经济体系，形成新发展格局，基本实现新型工业化、信息化、城镇化、农业现代化"②。数字经济的发展具有高创新性、强渗透性、广覆盖性、智能化、高质量发展等特点，它可以成为升级传统产业和构建现代化经济体系的重要引擎，为建设"数字强国"提供重要支撑。

（3）有利于推动构筑国家竞争新优势。习近平总书记高度关注世界科技发展前沿的最新成果，多次主持关于大数据、人工智能、云计算、区块链、量子科技等前沿科技的集体学习，这些工业4.0的科技变革是引领我国产业变革的重要动力，也是新一轮国际竞争的重点领域，我们必须抢占未来发展的制高点，这是推动我国构筑国家竞争新优势、建设"数字强国"、以中国式现代化全面推进中华民族伟大复兴的重要保障。

2. 为世界数字经济健康发展贡献中国方案

习近平总书记关于发展数字经济的重要论述为世界数字经济的健康发展贡献了中国方案，有原创性的贡献，"数字技术作为世界科技革命和产业变革的先导力量，日益融入经济社会发展各领域全过程，深刻改变着生产方式、生活方式和社会治理方式"③。我们可以从生产方式、生活方式和社会治理方式三个方面来理解这种贡献。

（1）生产方式层面：有利于推动国际数字技术的协同创新。党的十八大以来，习近平总书记多次强调，我们发展数字技术和数字经济

① 习近平：《决胜全面建成小康社会 夺取新时代中国特色社会主义伟大胜利——在中国共产党第十九次全国代表大会上的报告》，人民出版社2017年版，第30页。

② 习近平：《高举中国特色社会主义伟大旗帜 为全面建设社会主义现代化国家而团结奋斗：在中国共产党第二十次全国代表大会上的报告》，人民出版社2022年版，第24页。

③ 《习近平向2022年世界互联网大会乌镇峰会致贺信》，《人民日报》2022年11月10日第1版。

一定要坚持自主性协同性相统一，一方面，要加强自身关键核心技术攻关、加快新型基础设施建设，建成“高速泛在、天地一体、云网融合、智能敏捷、绿色低碳、安全可控的智能化综合性数字信息基础设施”①；另一方面，技术是具有开放性的，我们要推动数字技术和数字经济的多边合作和协同创新，“坚持多边主义，加强国际合作。合力营造开放、包容、公平、公正、非歧视的数字经济发展环境，在数字产业化、产业数字化方面推进国际合作，释放数字经济推动全球增长的潜力。”②

（2）生活方式层面：有利于打造网络空间命运共同体。习近平总书记指出：“利用好、发展好、治理好互联网必须深化网络空间国际合作，携手构建网络空间命运共同体。”③“以数字经济为重要驱动力，推动网络空间开放、合作、交流、共享，携手共建网络空间命运共同体。”④“要坚持创新驱动发展，建设21世纪的数字丝绸之路。”⑤关于数字经济的健康发展，习近平总书记提出了很多原创性的概念，如“网络空间命运共同体”“数字丝绸之路”“数字鸿沟”等标志性的概念，当前我们正生活在同一个“地球村”，一方面，数字技术和数字经济的快速进步重塑了我们的生活方式；另一方面，我们所缔结的网络空间命运共同体反过来又会促进数字技术和数字经济的健康发展。

（3）社会治理方式层面：有利于完善全球数字经济治理体系。

---

① 习近平：《不断做强做优做大我国数字经济》，《求是》2022年第2期。

② 《习近平继续出席二十国集团领导人第十七次峰会》，《人民日报》2022年11月17日第1版。

③ 《集思广益增进共识加强合作 让互联网更好造福人类》，《人民日报》2016年11月17日第1版。

④ 《尊重网络主权 发扬伙伴精神 共同搭乘互联网和数字经济发展的快车》，《人民日报》2017年12月4日第1版。

⑤ 《习近平出席“一带一路”国际合作高峰论坛开幕式并发表主旨演讲》，《人民日报》2017年5月15日第1版。

2015年，习近平总书记在第二届世界互联网大会上提出了全球互联网治理体系的“四项原则”和“五点主张”。“四项原则”是指“尊重网络主权、维护和平安全、促进开放合作、构建良好秩序”①。“五点主张”是指“加快全球网络基础设施建设，促进互联互通；打造网上文化交流共享平台，促进交流互鉴；推动网络经济创新发展，促进共同繁荣；保障网络安全，促进有序发展；构建互联网治理体系，促进公平正义”②，这些原则和主张仍然适用于数字经济的全球发展。习近平总书记指出：“积极参与数字经济国际合作。要密切观察、主动作为，主动参与国际组织数字经济议题谈判，开展双多边数字治理合作，维护和完善多边数字经济治理机制，及时提出中国方案，发出中国声音。”③ 习近平总书记一直主张推动全球数字经济治理体系的互联互通、交流互鉴、共同繁荣、有序发展和公平正义，这些主张有利于完善全球数字经济治理体系。

三　习近平关于发展数字经济重要论述的基本原则与实践要求

党的十八大以来，习近平总书记深刻论述了我国发展数字经济的基本原则与实践要求，回答了我们“怎样发展数字经济”的重大问题。

（一）习近平关于发展数字经济重要论述的基本原则

“基本原则”侧重于宏观层面的方向把控，习近平总书记主要从以下方面深刻论述了我国发展数字经济的基本原则。

① 习近平：《在第二届世界互联网大会开幕式上的讲话》，《人民日报》2015年12月17日第2版。

② 习近平：《在第二届世界互联网大会开幕式上的讲话》，《人民日报》2015年12月17日第2版。

③ 习近平：《不断做强做优做大我国数字经济》，《求是》2022年第2期。

1. 坚持党的全面领导

习近平总书记指出："数字经济事关国家发展大局，要做好我国数字经济发展顶层设计和体制机制建设，"① "中国特色社会主义最本质的特征是中国共产党领导，中国特色社会主义制度的最大优势是中国共产党领导，"② 数字经济的发展并不完全是一个技术问题，更多的还是顶层设计和体制机制问题，坚持党的全面领导是发展中国特色社会主义数字经济的突出优势所在，能够发挥集中力量办大事的社会主义优势，能够集中更多的优质资源。要推动数字经济的高质量发展，就必须充分发挥中国共产党的"主心骨""压舱石""定盘星"的重要作用。

2. 坚持人民至上的价值理念

数字技术和数字经济的发展具有双面性，一方面，它可以成为实现全体人民共同富裕的有效途径，这取决于数字技术和数字经济的普惠性和指数级增长作用；另一方面，要是发展不当，生产关系没有得到真正优化，也有可能促成新的贫富两极分化。习近平总书记尤其强调我们在发展数字经济时，一定要坚持人民至上的价值理念。首先，数字经济的发展必须以人民为目的，习近平总书记充分强调要加强数字经济的基础设施建设，其目的是要切实增强人民福祉，弥合各地区、各群体之间的数字鸿沟；其次，数字经济的发展必须以人民为动力，我国拥有庞大的网民规模，这为我国发展数字经济提供了丰富的数据基础，我们必须充分尊重网民的创造性作用；最后，数字经济的发展成果必须由人民所共享，习近平总书记提出："让亿万人民在共享互联

① 《把握数字经济发展趋势和规律　推动我国数字经济健康发展》，《人民日报》2021年10月20日第1版。

② 习近平：《决胜全面建成小康社会 夺取新时代中国特色社会主义伟大胜利——在中国共产党第十九次全国代表大会上的报告》，人民出版社2017年版，第20页。

网发展成果上有更多获得感。”① “促进各国人民共享互联网发展成果，增进人类福祉。”②

3. 掌握发展数字经济的自主权，同时加强国际合作

其时代背景主要体现为我国的新发展格局，必须以国内大循环为主体，同时促进国内国际双循环。我国数字经济的发展始终面临着“卡脖子”技术的掣肘，只有增强自身的硬实力、牵住技术创新的“牛鼻子”，才是突破“卡脖子”技术掣肘的关键，习近平总书记指出：“要牵住数字关键核心技术自主创新这个‘牛鼻子’……尽快实现高水平自立自强，把发展数字经济自主权牢牢掌握在自己手中。”③ 尤其是近年来，外部的技术封锁和打压是中国科技自信自立的重要屏障，“关键核心技术是要不来、买不来、讨不来的”④。必须把发展数字经济的自主权牢牢掌控在自己手里。但我们必须看到，发达国家的科技创新是“串联式的”，依次经过了三次工业革命，目前，第四次工业革命的成果已经形成规模，有着两百多年的资本积累和技术创新，而我国的科技是“并联式”和叠加发展的，尤其是处在第四次工业革命的风口，发达国家作为数字强国的经验还需要我们学习和借鉴，因此必须加强发展数字经济的国际合作。

4. 坚持数字经济与实体经济的融合发展

在马克思政治经济学的理论视域中，产业资本的流通公式为：G－W－G’，金融资本的流通公式为：G－G’，两者的主要差别在于，在流通过程中是否存在作为货物实体的 W 及其背后的生产性劳动，金融资本主要体现为生息资本（如银行资本、华尔街金融机构等），它产生

---

① 习近平：《在网络安全和信息化工作座谈会上的讲话》，《人民日报》2016 年 4 月 26 日第 2 版。

② 《习近平向首届世界互联网大会致贺词》，《人民日报》2014 年 11 月 20 日第 1 版。

③ 习近平：《不断做强做优做大我国数字经济》，《求是》2022 年第 2 期。

④ 《努力成为世界主要科学中心和创新高地》，《人民日报》2021 年 3 月 16 日第 1 版。

以后对于产业资本发挥了重要的引领作用，但马克思警示我们，这种资本具有非常强的虚拟性，而且缺少作为实体的货物和普通工人的生产性劳动，它本身并不创造价值，只是改变了价值的流通和分配方式，马克思也重点批判了金融资本。数字资本（如平台资本）作为一种新的资本形态，其基本功能与金融资本、虚拟资本相似，并不直接进行生产性劳动，而只是发挥重要的引领作用，但也极容易造成垄断并引发新的经济危机，因此，党的二十大报告已经明确提出，我们要"促进数字经济和实体经济深度融合"，这是我国发展数字经济的一条重要原则。

（二）习近平关于发展数字经济重要论述的实践要求

"实践要求"侧重于中观和微观层面的操作准则，习近平总书记提出："不断做强做优做大我国数字经济"，这是总的实践要求。具体而言，可以从以下几个方面来理解习近平总书记关于我国发展数字经济的实践要求。

（1）加强核心技术攻关和基础设施建设。习近平总书记指出，核心技术包含三种："一是基础技术、通用技术；二是非对称技术、'撒手锏'技术；三是前沿技术、颠覆性技术。"① 人工智能、大数据、云计算、量子科技等工业 4.0 技术具有非对称性、前沿性、颠覆性等特点，对于传统产业的升级迭代具有重要的牵引作用，创新为重与科技先行也是各个国家发展数字经济的重点所在。同时，基础设施建设构成了发展数字经济的基本前提，习近平总书记多次指出，我们要大力发展"智能化综合性数字信息基础设施"②，为数字经济的发展奠定物

---

① 习近平：《在网络安全和信息化工作座谈会上的讲话》，《人民日报》2016 年 4 月 26 日第 2 版。

② 《把握数字经济发展趋势和规律　推动我国数字经济健康发展》，《人民日报》2021 年 10 月 20 日第 1 版。

质基础。

（2）建构比较完善的数据要素市场。习近平总书记曾多次肯定数据要素对于发展数字经济的重要作用，首先，数据是一种生产要素，构成了数字化、网络化的基础，我们要对于公共数据、企业数据、个人数据分类使用，充分发挥各类数据要素的生产作用；其次，数据是一种分配要素，我们要明晰其背后的权益属性，如持有权、使用权、经营权等，健全数据权益的保护制度，规范数据要素的市场化配置；最后，政府等权力机关也要发挥引导调节作用，促进数据生产要素的高效流通，同时做好数据分配要素的“监护人”，促进数字经济发展过程的公平与正义。

（3）推动数字产业化与产业数字化的深度融合。在“坚持数字经济与实体经济融合发展”的基本原则下，我们要从实践层面推动数字产业化与产业数字化的深度融合，一方面，传统产业要强化数字化思维，推动全流程的数据贯通，打造一体化的数字平台，尽快完成数字化转型；另一方面，我们要提升 ICT 技术的引领作用，打造数字化的产业集群，积极培育新业态、新模式，打造核心技术创新的自主生态系统，促进创新模式的开放性演进。

（4）防止数字平台及其资本的无序扩张。平台型企业在发展数字经济的过程中起重要的牵引作用，但也存在数字资本的无序扩张、大数据杀熟、捆绑交易、平台垄断等风险问题，“一些平台企业存在野蛮生长、无序扩张等突出问题，”① 我们要增强研判数字经济安全风险的能力，防范各类风险的叠加及其所带来的社会稳定问题。

（5）推进数字政府和智慧社会建设。习近平总书记提出：“要以推行电子政务、建设智慧城市等为抓手，以数据集中和共享为途径，推

① 《加强反垄断反不正当竞争监管力度 完善物资储备体制机制深入打好污染防治攻坚战》，《人民日报》2021 年 8 月 31 日第 1 版。

动技术融合、业务融合、数据融合，打通信息壁垒，形成覆盖全国、统筹利用、统一接入的数据共享大平台。”① 建设全国统一的共享数据大平台，是有效推进数字政府和智慧社会建设的重要保障，也是提升我国电子政务水平的重要体现，对于发展数字经济具有重要的促进作用。

（6）增强数字化公共服务的普惠性。我国数字经济的规模庞大，技术创新较快，但不同地区、不同行业、不同群体之间的数字鸿沟仍然存在，习近平总书记指出：“可以发挥互联网优势，实施‘互联网＋教育’‘互联网＋医疗’、‘互联网＋文化’等，促进基本公共服务均等化。”② 发挥“互联网＋”信息流通优势，加快推进政务服务标准化、规范化、便利化，持续提升政务服务数字化、智能化水平，有利于增强数字化公共服务的普惠性和均等化，构成了我国发展数字经济在生活层面的必然要求。

（7）形成新的数字经济治理格局。习近平总书记提出：我们要“提高我国数字经济治理体系和治理能力现代化水平”③，结合习近平总书记关于数字经济治理的相关论述可以看出，我国“政府主导、多元参与、法治保障”的数字经济治理格局也基本形成，数字经济的治理水平也得到明显提升，但与数字经济的高质量发展需求相比，我国数字经济的治理格局仍然需要进一步优化。

四　习近平关于发展数字经济重要论述的历史唯物主义意蕴

总的来看，党的十八大以来，习近平总书记关于发展数字经济做

① 《审时度势精心谋划超前布局力争主动 实施国家大数据战略加快建设数字中国》，《人民日报》2017 年 12 月 10 日第 1 版。

② 习近平：《在网络安全和信息化工作座谈会上的讲话》，《人民日报》2016 年 4 月 26 日第 2 版。

③ 《把握数字经济发展趋势和规律　推动我国数字经济健康发展》，《人民日报》2021 年 10 月 20 日第 1 版。

出了一系列重要论述，以“推动数字经济的高质量发展”为主线，深刻阐释了发展数字经济的科学内涵和一般规律，使发展数字经济上升为国家战略。我国发展数字经济具有比较优势，但也面临着“大而不强、快而不优”的困难与挑战，习近平总书记结合新发展格局和新一轮科技革命发展机遇，深刻论述了我国发展数字经济的重要意义，即能够为建设社会主义现代化的“数字强国”提供宏伟蓝图，为世界数字经济健康发展贡献中国方案。习近平总书记还明确提出了我国发展数字经济的基本原则与实践要求，回答了我们“怎样发展数字经济”的重大问题，这为我国发展数字经济提供了科学的行动指南。

从习近平关于发展数字经济重要论述的研究可以看出，历史唯物主义构成了其背后的哲学根基。从其规律性层面来看，习近平总书记指出：“只有坚持历史唯物主义，我们才能不断把对中国特色社会主义规律的认识提高到新的水平，不断开辟当代中国马克思主义发展新境界。”① 习近平总书记科学把握住了我国数字经济发展趋势和规律，这集中体现在《把握数字经济发展趋势和规律　推动我国数字经济健康发展》一文中。从其方法论层面来看，习近平总书记强调：“要学习和掌握社会基本矛盾分析法……必须不断适应社会生产力发展调整生产关系，不断适应经济基础发展完善上层建筑。”②“要学习和掌握物质生产是社会生活的基础的观点，准确把握全面深化改革的重大关系。”③

正如在前文中所指出的，“物质生产活动”构成了历史唯物主义的理论前提，进入数字化时代，习近平总书记仍然肯定了学习和掌握

① 习近平：《坚持历史唯物主义不断开辟当代中国马克思主义发展新境界》，《求是》2020 年第 2 期。

② 习近平：《坚持历史唯物主义不断开辟当代中国马克思主义发展新境界》，《求是》2020 年第 2 期。

③ 习近平：《坚持历史唯物主义不断开辟当代中国马克思主义发展新境界》，《求是》2020 年第 2 期。

“物质生产”是理解社会生活的基础。与“物质生产”紧密相连的还有马克思的“生产方式”概念，在前文中已经肯定了马克思所使用的“生产方式”具有双重含义，一是社会类型的生产方式，是劳动者与劳动资料、雇佣劳动与资本结合的方式，这是宏观上的；二是劳动方式，如“手工业生产方式”和“机器大工业生产方式”的区分。总的来看，习近平总书记关于发展数字经济的重要论述就体现了这种历史唯物主义的方法论意蕴，一方面，从宏观层面来看，习近平总书记所肯定的发展数字经济是立足于第三次和第四次工业革命的，强调发展数字经济的信息化、数字化、智能化，这是不同于第一次工业革命和第二次工业革命的；另一方面，习近平总书记认为数字化时代的劳动方式已经发生了很大的改变，我们要充分注意到普通互联网用户对于发展数字经济的重要作用，要构建相应的数据权益保护制度。因此，总的来看，习近平总书记关于发展数字经济的重要论述体现出深刻的历史唯物主义意蕴。

第二章　数字劳动：社会存在论的样态变革

在马克思政治经济学的研究视域中，与“数字劳动”最相近的概念是经济学意义上的“物质生产活动”，它们都是“劳动方式”，马克思在《1857—1858 年经济学手稿》开篇中就指出，“摆在面前的对象，首先是物质生产”①。而且“劳动的二重性”也构成了理解马克思政治经济学的枢纽，“数字劳动”作为一种崭新的劳动方式，一方面，我们仍然可以用马克思“物质生产活动”基本逻辑的实质（生产剩余价值）去分析它；另一方面，它在诸多方面发生了时代性的变化，进而实现了社会存在论的样态变革，因此需要我们在动态平衡中去把握这种变化。

第一节　数字化时代的产消者问题辨析

“将互联网用户的上网活动作为数字劳动来研究，这符不符合马克思政治经济学的基本原理?”这是本书在研究时经常遇到的难题，本书给出的答案是肯定的，尤其是伴随着数字化时代“产消者”的

① 《马克思恩格斯文集》第 8 卷，人民出版社 2009 年版，第 5 页。

出现，借鉴马克思“生产性消费”“总体工人”“运输工人”“生产性劳动”等概念，我们可以合理解释互联网用户的上网活动就是一种产消者劳动，即数字化时代数字劳动的一种，从国内外学界已有的研究成果来看，托夫勒（Alvin Toffler）、瑞泽尔（George Ritzer）、福克斯（Christian Fuchs）、蓝江等人就是从马克思政治经济学的角度，肯定了互联网时代的产消者劳动就是一种数字劳动，这也是本书的一个基本观点。

本章将是一个泛在性和引导性的讨论，在第四次工业革命的大背景下，数字经济和平台经济的快速发展已经深刻改变了人们的生活方式和劳动方式，正如习近平总书记所指出的：“数据作为新型生产要素，是数字化、网络化、智能化的基础，已快速融入生产、分配、流通、消费和社会服务管理等各个环节，深刻改变着生产方式、生活方式和社会治理方式。”① “数据作为新型生产要素”，其背后的学理根据就是数字劳动已经跃升为一种重要的劳动方式，但在理解层面存在诸多争议，其中一个重要争议主要体现为产消者概念的提出，本章所持的基本观点是，产消者概念是合理的，对于研究数字劳动具有非常重要的作用，但需要对其边界和效力进行有效廓清。世界上大型的平台型企业，往往都有很高的利润，如谷歌、推特、亚马逊、腾讯、京东等，这些大型平台型企业的出现加快了这样一种历史趋势：游戏与劳动、工作时间与休闲时间、生产与消费、工厂与家庭、公共生活与私人生活之间的界限趋于模糊化。从历史唯物主义的基本观点来看，生产与消费的分离是工业革命的结果，而“产消”概念的提出，则是数字化时代生活方式和劳动方式的重要转变，数字化时代（第三次浪潮）的“产消者劳动”表征一种新型的数字劳动。

---

① 《加快构建数据基础制度 加强和改进行政区划工作》，《人民日报》2022年6月23日第1版。

一 产消者概念的提出

21 世纪以来，不同学科都采用了一些新的概念来理解社会的主要变化，生产与消费的关系便是其中之一。人们对生产和消费之间界限的模糊化越来越关注，并提出了产消者概念，其中代表性学者是托夫勒和瑞泽尔，产消者概念的提出就是对“生产者—消费者”二分法的反思结果。

最初提出产消者（Prosumer）概念的学者是托夫勒，在《第三次浪潮》中，他认为农业文明掀起了人类史上的第一次浪潮，工业革命则象征着第二次浪潮，当前我们正处于产消者社会的第三次浪潮，这其中，工业革命像一把“楔子”，横贯在生产与消费之间，并把生产与消费“劈成了两半”：“第二次浪潮把人类生活劈成两半：生产和消费。例如，我们往往习以为常地认为自己是个生产者或是个消费者，这种想法并不总是正确的。在工业革命以前，人类生产的大部分食物，货物和提供的服务，都是为生产者自己，为他们的家庭所消费，还有一小撮权贵剥削了剩余部分，以供他们自己享用。”①“楔子”的比喻恰到好处，它暗示着生产与消费原本是合一的，是个连续体（瑞泽尔语）。从马克思关于工业社会的论述来看，社会生产主要分为两大部类，第一部类是生产资料的生产，第二部类是生活资料的生产。在农业文明时期，第一部类的生产占据的比例很小，社会生产主要是生活资料的生产，这种生产同时也是消费，产消合一构成了农业文明时期的典型特征，但在工业革命之后，工人们在“工厂”里生产，但是生产的产品不归自己支配，这就形成了“工人在工厂里生产、在工厂之外消费”的格局，生产与消费完成了分离，而这种分离就归功于工业革命的铺展，在此基

① ［美］阿尔文·托夫勒：《第三次浪潮》，朱志焱等译，生活·读书·新知三联书店1983 年版，第 90 页。

础之上，托夫勒进一步指出："尤其是我们将看到，第三次浪潮文明将开始弥补有史以来生产者和消费者的分裂，兴起了明天的'既是生产者又是消费者'（Prosumer）的经济。因此，它将凭借着我们理性的帮助，成为有史以来第一次具有真正人性的文明。"① 由此可以看出，托夫勒形成了关于产消者的初步定义，即"生产者"与"消费者"的合一（产消合一），而且保有了对于第三次浪潮的乐观态度。

瑞泽尔是美国著名的社会学家，其代表性论著有《社会的麦当劳化》（1993）、《后现代社会理论》（1997 年）、《彻底变革消费方式》（1999）等，他对于"产消"的阐释工作，主要集中于从新马克思主义的角度来研究阐释产消现象及其对于资本主义的重要影响，并对托夫勒的产消概念进行了重构。瑞泽尔和托夫勒在阐释产消概念时有一个显著差异，托夫勒的产消概念还保有了生产者与消费者的质性差异，但瑞泽尔则把这种差异抹除了，使得产消概念成为一个包罗万象的概念。瑞泽尔拓展了产消者概念的边界，他认为在当代（甚至是任何时代），没有任何活动可以排除在产消活动的范围之外，并提出了"产消连续体"（Prosumption Continuum）概念，"既没有纯粹的生产，也没有纯粹的消费，只有产消"②。他认为生产与消费的区分是一种错误，即认为个人要么是生产者（生产某种东西的工人），要么是消费者（消费别人生产的东西的人），这种分离是一种历史性错误，生产与消费总是紧密联系在一起的。但与之相比，托夫勒所提出的产消者概念，只是用来表征第三次浪潮，以研究生产者和消费者之间界限的模糊，而瑞泽尔认为生产和消费的概念区分已经部分地失去了分析能力，并建议用产消概念来取代它们，这样一来，瑞泽尔就扩大了产消概念的适用

① ［美］阿尔文·托夫勒：《第三次浪潮》，朱志焱等译，生活·读书·新知三联书店 1983 年版，第 57 页。

② George Ritzer, "Automating Prosumption: The Decline of the Prosumer and the Rise of the Prosuming Machines", *Journal of Consumer Culture*, Vol. 15, No. 3, 2015, pp. 408–409.

性，但也降低了其分析效力。

总的来看，托夫勒和瑞泽尔在提出产消概念时，其共同的时代背景是“后工业社会”（贝尔语），与“后工业社会”类似的概念还有很多，如后福特主义、信息社会、知识经济、后工业经济、流动性现代和网络社会等。在当代，与产消者劳动类似的概念还有很多，如同伴生产（Peer Production）、共同创造（Co – Creation）、服务主导逻辑（Service – Dominant Logic）、业余爱好者（Amateur Do – It – Yourselfers）、活跃的受众（Active Audience）、社会工厂、无人工厂（Factory Without Walls）、共享经济（Sharing Economy）等。

托夫勒和瑞泽尔都认为，产消是在后工业社会中凸显出来的重要现象，而且都认为工业发展是导致生产者和消费者之间发生分离的原因，尤其是工业革命在生产者和消费者之间打下了一个“楔子”，催生了生产者和消费者的分离，进入后工业社会之后，个人能够越来越多地参与到生产他们所消费的商品和服务中，也减少了生产者和消费者之间的距离。例如托夫勒认为，在20世纪70年代，一些欧洲国家引进的DIY孕期检查工具，就是促成“产消者的崛起”的第一批技术发展之一，由于有了以前只有专业人士才能使用的技术，现在由消费者自己来DIY即可，在后工业社会，产消的流行主要体现为越来越多的“自助性”和“自己动手”。瑞泽尔也认为消费者取代生产者（或部分取代）是一个重要现象，但方式略有不同，瑞泽尔阐释产消概念的出发点是他自己的“麦当劳化”理论，根据他的观点，人们认为他们只是在消费，但实际上他们在消费的同时也参与了与生产有关的活动或生产服务（比如，在麦当劳等快餐店里负责处理垃圾等）。瑞泽尔展示了在过去几十年里，产消的做法越来越普遍，消费者部分已成为积极的生产者，他的例子有很多，从消费者使用银行的自动取款机、超市的自助收银机、酒店和机场的电子服务亭，到宜家的家具组装等，他还特别关注21世纪以来在线用户在实践中发生的转变，即从访问专业生产者制作的内容、到访问其他非专业用户生成的内容、最终到自己生产和分享内容。

值得注意的是，对托夫勒来说，虽然技术发展为个人提供了更大的可能性，能更好地满足人们的需求和改善自己的社会关系和家庭凝聚力，但瑞泽尔同时提醒我们，要注意“智能产消机器”的新风险，这些机器有可能将产消过程的自动化水平提高到一个新的高度，导致人类产消者的彻底消失或消亡，现在已经有很多关于机器取代产消者的例子，如越来越多的可穿戴技术等，在未来，我们会看到越来越多的技术出现，控制人类的产消，然后在没有人类干预的情况下自己产消。这将导致一个后人类和后社会的世界，其特点是社会关系的重要性下降，技术和消费品之间的关系增强。

较之于托夫勒对于产消概念的初步界定，瑞泽尔关于产消的概念界定和描述则有泛化的风险，也存在诸多内在矛盾。具体而言，如果人类的每项活动都是产消（包括工业社会中），那么产消者怎么可能被完全取代？如果像瑞泽尔建议的那样，我们假设在未来会有机器能够完全取代个人的产消活动，那么我们必须假设有一些活动中的个人不是产消者，否则，按照这个逻辑，我们不得不说所有的人类活动都将被机器所取代。然而对瑞泽尔来说，个人总是产消者，无论他们做什么，因为产消也可能涉及心理活动，如对正在阅读的东西产生意义，如果个人的这种精神活动也被包括在他对产消的概念化中，那么人类作为思想产消者就不可能被技术完全取代。此外，这些智能产消机器仍然需要由人类使用、佩戴和启动，如果有必要，还需要关闭，它们是受制于人的。

总体而言，根据最初的产消概念，在未来，我们将见证越来越多的高科技产消者，基于强大的技术扩散到普通人手中，这将使他们能够管理越来越多的自己的需求。对托夫勒和瑞泽尔来说，技术发展在后工业社会的基本作用是双重的：一方面，它促进了生产者和消费者之间界限的模糊化，从而在理论层面打破了生产—消费的二分法；另一方面，它有利于重新定位我们新的经济系统中的产消者形象。

二　产消者概念提出的时代背景

从学界已有的研究成果来看，生产与消费的分离是工业革命带来的，而产消者劳动的提出则带有明显的后工业社会特征，其时代背景发生了一些重大变化。

（一）消费社会的崛起

在发达国家，我们传统上所认为的“物质生产劳动”的重要性日益下降，这导致人们更愿意去质疑“生产主义”的霸权地位，马克思更多地被视为“生产主义”的代表，很多学者认为，我们不应该再接受“生产主义的偏见”，相反，发达国家的经济已经更多地被消费所主导，进入了“消费社会”，鲍德里亚是最重要的消费理论的相关理论家之一。鲍德里亚在早期大量的马克思主义作品中，把生产放在首位，后来，他明显地转向了对消费的关注，再后来他又认为生产和消费之间的区别是一种“人为的断裂”，晚年他从“产消”的角度来思考，而不是从生产或消费角度来思考。晚年，鲍德里亚在思想上的转变，主要受到了后现代主义的深刻影响，后现代主义理论一直尝试解构现代经济学在消费和生产领域之间的明确划分。更广泛地说，后现代主义者反对所有的现代二元对立，并热衷于颠覆它们。

（二）非物质劳动的转变

进入信息化和数字化时代，社会层面发生的生产有可能不是物质的，而是非物质的，就像奈格里和哈特所指出的，这种非物质劳动发生在整个社会，而不仅是在指定的环境中，如传统的工厂。意大利的自治主义者为“生产—消费”提供了一种更综合的联结方法，即非物质劳动，尽管他们没有使用“产消”这个词。这种思想源于这样一个事实，即许多生产已经从工厂的围墙内转移到了整个社会，创造了“社会工厂”或“没有围墙的工厂”。这是因为现在有大量的生产几乎不涉及任何物质劳动，相反，我们现在看到的是越来越多的非物质生产。汽车工人对汽车的实际物质生产，现在已经不如那些在汽车工业中从事非物质生产的人对改善产品的制造、营销或设计那么重要。更广泛地来说，现在有许多行业（软件、营销和广告）主要是关于思想的生产，由于非物质生产发生在思想领域，而这些思想是所谓的“一般智力”的一部分，所以消费者越来越有可能利用知识和信息这样的普遍性资源。当他们利用（或者说消费）这些知识时，他们产生并进一步促进了这些知识的流通，越来越多的消费者也被要求为广告提供创意，其中一些被生产者采用。在“社会工厂”的生产过程中，品牌越来越重要，但消费者在生产品牌的共同意义方面发挥了重要作用；他们并不只是简单接受营销人员和广告商创造的品牌信息。严格而言，品牌效应并不能由生产者强加给消费者，它必须由生产者和消费者共同创造（或产消者创造），产消者不仅免费创造某种剩余（在某种意义上，他们的劳动是免费的），他们在做这件事时也不受资本家的直接控制（他们是相对自主的）。在 Web 2.0 网站中，产消者同时在维基、博客和社会网络媒体上消费和生产思想。从马克思主义的角度来看，资本主义能够从 Web 2.0 网站和其他地方的产消者的无偿物质劳动中提取剩余价值。在福克斯等人看来，他们能够剥削消费者，并在这个过程中获得比剥削工人更多的利润，许多产消者的工作没有任何经济补偿。

（三）服务行业的“DIY”化

“你自己动手”（Do It Yourself），越来越成为服务行业的通例，这使得人们更容易看到生产和消费之间的区别的局限性。例如，长期以来，麦当劳一直是将消费者变成产消者的领导者，这是通过“消除”员工（例如，大多数的服务员）来实现的，如在快餐店中，迫使顾客通过排队点餐并自己把食物搬到餐桌上。一些快餐店的触摸屏的出现是引导麦当劳顾客从事以前由员工完成的工作的最新步骤，但肯定不是最后一步。顾客吃完饭也被引导去“处理”自己的垃圾，顾客将他们的垃圾带走，由他们自己处理。麦当劳的前身（如自助餐厅、超市）也做了一些相同的，或者至少是非常类似的事情。例如，一些自助餐厅没有雇用服务员来接受订单并把食物送到餐桌上。取而代之的是，顾客必须带着他们的托盘在一种流水线上排队，以便在他们经过时取走他们的食物，在一系列的站点中，有各种类型的食物，并由沿线的员工分发给他们。收银员在队伍的末端等待着他们，用餐者在那里为选择的食物付钱。更重要的是，自动餐厅不仅有这样一条自助餐线，还有自助投币机，顾客可以同时选择、支付和取走想要的食物。自助餐厅的顾客用完餐，都被要求收拾自己使用的桌子和清洗自己的餐具，也就是说，他们创造了很多自己的消费体验，虽然食堂很重要，但它们的影响力远不如美国和全球的快餐店或麦当劳。超市也早在快餐店之前就参与了这一过程，而且与自助餐厅不同，它们在全国和全球的影响力可以与快餐店相媲美，例如，消费者主动到自助结账通道，在那里他们需要进行进一步的生产性工作，包括卸下他们的篮子，扫描每件物品，插入信用卡或用现金来支付他们的订单，把食物装进袋子里，并把它们运到车上。

（四）体验式经济的兴起

促进产消者崛起的另一个时代背景是，我们生活在一个体验式经济中，与其说我们在消费“物质产品”，不如说在消费很多“非物质性的体验”。我们确实生活在一个罐装世界里，别人为我们创造了罐装体验的世界，如好莱坞、迪斯尼、拉斯维加斯等“新的世界”，但即使在这些环境中，消费者在生产他们自己的体验方面也发挥着重要和积极的作用。更普遍的是，当我们仔细反思我们的体验，无论是今天的体验还是过去的体验，我们都能意识到它们总是涉及生产和消费。当我们在家里或在餐馆里吃（消费）一顿饭时，我们同时在制造（生产）这顿饭的体验。当我们漫步在一个由迪斯尼世界为我们生产的预制世界时，我们同时在消费迪斯尼的“想象者”希望我们拥有的体验以及我们自己的独特生命体验。虽然体验式经济是新事物，但我们一直都有这样的体验，它们都是生产和消费相结合的产物。在体验的情况下，没有必要对生产和消费进行明确的划分，因为它们的过去和现在总是有机地结合在一起，这种经验是非物质的，因此更容易从生产者传递给消费者。

（五）技术逻辑的演进

自助结账通道的兴起提醒我们，技术逻辑的变化对产消者的兴起起着非常重要的作用。在这种特殊的技术发展之前，工人必须在结账通道上为消费者执行各种任务，而现在，消费者几乎可以自己做所有工作。许多留下来的工人，他们不再从事大量的物质劳动，而是从事大量的非物质劳动，如建议消费者如何使用新的技术并帮助他们解决出现的问题，类似的依靠消费者的技术发展也都反映在了 ATM 机、机场、电影院、酒店等地方的自助服务中。

（六）Web 2.0 时代的来临

Web 2.0 时代的来临，对于消费过程来说越来越重要。我们每天都在使用互联网，但互联网站背后的工作人员我们往往是看不到的，而且很难联系到他们，所以就由互联网上的消费者来完成所有必要的非物质性工作，例如找到一个产品，进行订购、支付与评估产品等。随着越来越多的传统消费转移到互联网上，在那里很难或不可能找到传统工人，越来越明显的是用产消来定义互联网上的大部分劳动。互联网上的大部分内容越来越多地通过用户的上网活动来生成，这就改变了传统 Web 1.0 时代信息传播的单向性，而具有交互性，这被称为 Web 2.0 时代的典型特征。正是在 Web 2.0 的非物质世界中，很难再区分生产者和消费者，在那里，产消者的特征最明显。

三　产消者劳动的特征

（一）时代性

产消者劳动具有大数据的时代性特征，它代表了一种全新的劳动方式和经济形式，在数字化时代，普通互联网用户都成为产消者。在 Web 2.0 时代，数字资本主义的主要目的是获取利润，然而许多网站的用户和所有者之间很少或没有金钱交换，一方面，平台型企业不愿意为普通用户的产消者劳动付费；另一方面，产消者也在“免费”使用各种平台，那么这些网络平台是如何产生利润的？其利润来源主要有以下几种：一是出售用户的信息并生产相关的衍生产品，通常用于广告目的，社交平台的巨大价值，在很大程度上可以追溯这样一个事实，即用户在生产所有数据并持续更新，平台能够根据用户所产生的这些数据为用户建立数字画像，然后用于广告的精准推荐，平台型企业主要通过这种“精准推荐 + 广告”的方式实现利润增长，福克斯是这方面分析的代表。二是发挥品牌效应，Web 2.0 网站的兴起，能够最大化地发挥品牌效应，其品牌效应不一定是为了现在的收益，而可能是为了未来产生的收益。在消费者和产消者资本主义的新世界里，品牌是最重要的，而在早期以生产为导向的资本主义中，目标是创造一个有利可图的产品，希望它反过来能产生一个成功的品牌。现在，情况在很大程度上被颠覆了，品牌是第一位的，盈利的产品将紧随其后，一旦品牌得到了发展，它就会成为一个成功的品牌，也就获得了更大的增值空间。三是保留部分可提供的服务并收费，所谓的“免费”模式，只是对大多数人来说使用其基本功能是免费的，而对另一些人来说，要使用高级功能就必须付费，同时还包含对基本系统的维护、支持和补充收费等。从资本主义的角度来看，Web 2.0 网站具有绝对的竞争优势，那些成功的 Web 2.0 网站将成为（已经成为）一种新形式的资本主义巨头。

（二）自愿性

与传统工厂里的“生产工人”不同的是，数字化时代的产消者似乎感觉不到剥削，甚至喜欢并享受产消劳动。早期的产消者在快餐店的苏打水机上被递给一个空杯子，并被迫一次又一次地装满它，这不仅使他们有可能以同样的价格获得更多苏打水，而且还赋予他们权利，使他们能够决定他们想要多少冰，以及使他们有能力创造各种苏打水口味的独特混合物，我们不能忽视这种个人的收益作为产消崛起的原因。很明显的是，大多数产消者似乎都很享受他们的活动，许多人真的很喜欢扫描自己的杂货、在机场使用自助服务亭、在亚马逊平台上购物。也有人可能会批判说，这一切只是现代版的“虚假意识”，但产消者真的喜欢做这些事情，他们并不是简单地被资本家操纵了这种感觉，因此数字化时代的产消者劳动具有明显的自愿性特点。

（三）非稀缺性

在传统的工业社会中，无论是生产者还是消费者，都是以稀缺性为基础的。但互联网意义上的产消者世界却越来越成为一个丰富的世界。在一个稀缺性的世界里，劳动与消费是基于理性的，也特别注重效率，而在互联网的世界中，几乎可以投入无限的资源去寻找有效的结果。互联网是一个产消者世界的“天堂”，其基础是一个内容丰富且获取免费的系统。在一个丰富的世界中，互联网企业不太关心诸如生产效率最大化和产出数量的问题。当稀缺性被从等式中移除时，内容方面的效率就变得不那么重要了，由于产消者是无偿的，而且他们正在生产这么多产品，Web 2.0 网站并不关心他们的运作效率如何，或者让这么多人把这么多时间投入到这些任务中是多么低效。他们在参与的人数、投入任务的时间、产出等方面，丰富性无处不在，这种丰富性与传统资本主义制度所面临的现实情况形成了鲜明的对比。这种新的资本主义不注重效率，而主要关注有效产品和服务的创造，人们关注的是所生产产品的质量，而不考虑生产产品或服务所需的时间。例如，维基百科是基于一个几乎无限投入的系统，其目的是使一个条目正确且更新到最新，而不管创造该条目的产消者需要付出什么，传统的、以盈利为目的的竞争者是不可能采用这种模式的。

(四) 抵抗的可能性

在 Web 2.0 时代，并不是所有的产消者都对自身的情况感到满意，在某些情况下，他们会进行反抗，特别是反对被要求无偿为社区网站提供服务，这种反抗的根源是明确或隐含的网络自由主义，它源于更多的个人动机和愿望。数字资本主义发展的一个主要障碍，是网络自由主义者的攻击，曾经的互联网，是被许多人视为革命性的和乌托邦的，网络自由主义者是互联网的坚定信仰者，一些人也称之为“数字社会主义”的代表，它与激进的右翼方向非常一致，它的基本前提是自由，与那些试图控制和剥削参与其中的资本主义组织相对立。较之于传统的“生产者时代”和“消费者时代”，资本家貌似没有能力控制当代的产消者，至少一些当代的产消者对资本主义的抵抗会比以往时代都要大，但这也可能只是一种当代幻象而已。

第二节　数字劳动：现代人生存方式的样态变革

数字技术和数字经济的极速发展，已经给我们的理论研究提出了新的要求，也迫切需要新的研究视点，本书选取了一个基础理论的研究视角，力图从三个视点来探究数字化时代生存方式的改变。数字技术的创新性发展和创造性应用已经重塑了我们的生存方式，理解数字化时代生存方式的转变有三个新的视点：一是数字主体的建构，一方面，数字主体经过平台和算法的中介而转化为纯粹的工具理性；另一方面，数字化的“本我”转化为可视化的第三持存。二是社会工厂的布展，数字主体的产生消弭了生产与生活、生产与休闲、生产与消费的边界，导致我们的劳动方式也发生了本质性的更迭。三是“猎心”政治学的发凡，数字技术带来了治理范式的转换，即生命政治学向“猎心”政治学的转换。

一　数字主体的建构

1992年，斯蒂芬森（Neal Stephenson）出版了他的赛博朋克小说《雪崩》，首次提出了“Metaverse”概念，也被翻译为“超元域”或“虚拟实境”①，类比于现在的虚拟空间、赛博空间、全息游戏等，主人公“阿弘”（Hiro）在现实生活中是一名速递员，同时也是一名黑客，在虚拟世界中有一个化身（Avatar－阿凡达），经常穿梭于现实世界与虚拟世界。现实世界与虚拟世界是一种平行空间，它体现在了《阿凡达》《黑客帝国》《头号玩家》等科幻电影中。我们原本以为这些科幻电影和小说所描述的虚拟空间离我们很遥远，但是如今，“Meta”却成为一家超大型互联网企业的名称，扎克伯格在2021年10月宣布“Facebook”改名为“Meta”，它也有了一个新的翻译：“元宇宙”。“元宇宙”牵涉出了诸多重大的理论和实践问题，其中之一便是数字化时代人的存在方式和劳动方式问题，我们确实像《雪崩》中的“阿弘”一样，在现实生活中，我们是“现实的个人”，但我们同时拥有诸多数字化身份，其具象化表达就是诸多“账号”，我们在打游戏、购物

① ［美］斯蒂芬森：《雪崩》，郭泽译，四川科学技术出版社2009年版，第19页。

和看视频时都是以“账号”方式登录的，这些“账号”构成了我们在虚拟世界中的“身份”，于是，一种新的主体诞生了：数字主体（Digital Subject）。

“主体”概念是近代哲学的产物，它构成了近代以来主体性哲学的“阿基米德原点”。在近代以前的哲学中，人是在世界中的存在，人与其他存在物并不构成严格的“对象性”关系，但在近代哲学产生之后，人的主体性地位得到了突出强调，人从世界中摆脱出来进而“凝视”这个世界，“凝视”的最初代表就是贝克莱的“存在即被感知”，对象的存在是由我的“感知”建构起来的，这种经验主义的“向内转向”就把人放在了“凝视”的一边，因此其他存在物也就变成了“对象性”的存在物，这种“我感知故我存在”或“我感知故对象存在”的观点，与笛卡尔的“我思故我在”具有高度一致性。在《第一哲学沉思录》中，笛卡尔通过六个反思和六组反驳，最后确立的就是“我思”的主体性地位，开创了“理性主体”的先河。把“理性主体”向纵深处推进的是康德，在《纯粹理性批判》中，最典型的就是“人的知性为自然立法”，人的认识是怎么具有客观性和普遍性的呢？康德的切入点是“先天综合判断如何可能”，康德分别从先验感性论和先验分析论两大层面展开了分析。在先验分析论中，“我也把这种统一叫做自我意识的先验的统一，以表明从中产生出先天知识来的可能性”①。“在所有的判断中，‘我’总是构成判断的那种关系中的进行规定的主体。但说自我，这个‘我思’，在思维中永远必须被看作主词。”②“先验自我意识”就是康德意义上的“主体”，在《实践理性批判》中则演变为“理性自律”的“主体”（绝对命令）。

“主体”概念并不是单一和封闭的，“理性主体”后来也走向了各

① ［德］康德：《纯粹理性批判》，邓晓芒译，人民出版社2004年版，第89页。

② ［德］康德：《纯粹理性批判》，邓晓芒译，人民出版社2004年版，第293页。

种“分裂”，例如马克思“行动主体”对于传统“理性主体”的分裂，尼采和叔本华也想用“意志主体”来冲破传统“理性主体”的藩篱。精神分析中的“主体界分”也撕裂了“理性主体”的内在统一性，弗洛伊德（Sigmund Freud）的“本我”“自我”“超我”的主体界分为我们理解数字化时代的“数字主体”起到了重要作用。传统的“理性主体”大致对应于弗洛伊德的“自我”概念，“自我就像一个骑在马背上的人，它得有控制马的较大力量”①。弗洛伊德把“自我”比作骑手，而“本我”则是那匹马，“自我”是冰山上的一角，而“本我”则是冰山下的存在，“本我”像马一样，具有原始的冲力。在弗洛伊德看来，“本我”的力比多总是处在“自我”的管辖范围内（就像马被骑手所驾驭一样），一旦“自我”的力量不够大，“本我”则会溢出，造成新的破坏，这种力比多的原欲冲动也被德勒兹（Gilles Louis Réné Deleuze）和加塔里（Pierre – Félix Guattari）视作“精神分裂”，用以抵抗资本主义的各种“配置”②。

在精神分析的“主体”视野中，“本我”的原欲冲动还受制于“自我”和“超我”的驾驭，通常只是发生流溢而已，而没有转为固定化的“第三持存”。“第三持存”（Souvenir Tertiaire）是斯蒂格勒（Bernard Stiegler）在胡塞尔的基础上提出的一个概念，“第三持存指的是在记忆机制中，对记忆的持存的物质性记录”③。第一持存对应于胡塞尔意义上的“感知意向性”，具有直接给予性的特点，第二持存是人的“事后回忆”，而第三持存则是对于前两大持存的“物质性记录”，

---

① ［奥］弗洛伊德：《自我与本我》，车文博译，长春出版社 2004 年版，第 126 页。

② ［法］德勒兹、［法］加塔里：《资本主义的精神分裂：千高原》，姜宇辉译，上海书店出版社 2010 年版，第 737 页。

③ 参见［法］斯蒂格勒：《技术与时间 3：电影的时间与存在之痛的问题》，方尔平译，译林出版社 2012 年版，第 4 页。译文有改动，原译为“第三持留”或者“第三回忆”，但结合近年来学界已有的研究成果来看，本文主要采用“第三持存”的翻译方式。

简单而言，“我昨天看到了一只白天鹅，”我昨天在“凝视”这只白天鹅时，就发生了“感知意向”的第一持存，我今天再来回忆“我昨天看到了一只白天鹅”时，则是第二持存，第二持存往往会对第一持存进行“遴选”，其结果就是“‘遴选’发生了异化。意识不会抓住所有一切”①，但第三持存是对于第一持存和第二持存的物质性记录和长久存留，例如我昨天用摄像机拍下了我昨天看到白天鹅的场景，即使第二持存发生了“遴选”层面的异化，第三持存仍然会保有它的“真理性”（斯蒂格勒语）。

那么在“主体”裂变和第三持存的问题谱系中，“数字主体”究竟是一种什么样的存在？我们可以从两个层面来对其进行分析。第一个层面是“现实主体”或“理性主体”在虚拟空间中裂变为“数字主体”，转化为“工具理性”。“数字主体”是我们在虚拟空间中的“身份”，但这种“身份”是通过各种算法建构起来的，我们原本以为现实生活比虚拟生活更重要，或者更进一步，我们承认现实世界与虚拟世界是“平行空间”，现实的“我”（现实主体）要优于（或等于）虚拟世界中的“我”（数字主体）。但现实情况却是，数字主体要优先于现实主体，尤其是在新冠肺炎疫情肆虐全球的大背景下，我国政府推行的“健康码”，理想化的状态是，一个现实主体就对应于一个“健康码”（“健康码”就是我们的数字身份），两者是高度匹配的，但现实情况却是，没有“健康码”（数字身份）就寸步难行，我们的数字身份反而优先于现实主体，那么我们的数字身份是怎么确立的？它依赖于各种平台和算法，平台和算法会计算我们的行动轨迹，把我们的真实生活全部量化为可以计算的数据，而“可以量化的数据”就是自卢卡奇（Georg Lukács）和法兰克福学派以来所批判的工具理性。当我们

① ［法］斯蒂格勒：《技术与时间3：电影的时间与存在之痛的问题》，方尔平译，译林出版社2012年版，第20页。

在购物、打游戏和浏览视频时，无不是以“账号”方式登录的，这些数字化身份经过算法计算之后，就成为数字主体，我们作为数字主体，原本是具有“理论理性”的，是“自我”的表征，“我”可以确定是“我”在购物、打游戏和浏览视频，而且可以随时退出平台，“我”可以高度肯定“我所购买的物品是我想买的”“我所浏览的视频是我想看的”，但我们在数字化平台中的“所思所想”真的就是康德意义上的“理性主体”吗？其实并不尽然，各种平台都会有各种各样的个性化推荐，而且所推荐的经常就是我们“想要”和“想看”的，在这种“想要”的或“想看”的背后，就是被平台和算法建构起来的“数字主体”，例如当我在“淘宝”里搜索“电饭煲”时，假若搜索结果的前四个都是低于300元，那么我很可能就被“淘宝”识别为“低收入群体”，这就是数字平台给我们的“数字画像”。“数字画像”有失真的时候，但通常很准确，它的本质只是被算法建构起来的具有工具理性的“数字主体”而已。

思考数字主体的第二个层面：“本我”的流溢转化为可视化的第三持存。在弗洛伊德的理论视野中，“本我”的这匹马通常还受到“自我”的驾驭，在德勒兹等人看来，“本我”的游牧式流溢也构成了对于资本主义的抵抗，但在数字化时代，随着“数字主体”的建构，“本我”往往超出了“自我”的驾驭，而且并不是以游牧式的方式存在，而是转化为数字化时代的第三持存。“自我”具有自我意识，“本我”则是一种原欲，当我们打游戏时，我们原计划打十分钟（受自我意识的管控），但不经意间就打了两个小时（本我的驱动），看视频、购物都是如此，“本我”的原欲超出了“自我”的限制，但它们不是以游牧式的方式存在的，我们打了多长时间的游戏、使用了哪些装备、在网上购买了哪些手办、在哪些视频上停留了多长时间等，这些都能够转化为各种数据，而这些数据就是平台和算法建构起关于我们的

“数字主体”的基本依据，这些依据可以随时调取，能够进行各种复制、提取和分析，成为永久性的第三持存，因此，在大数据时代，“本我”的流溢经过平台和算法的中介，转化为可视化的“第三持存”，各种平台和算法对于数字化“本我”的了解和掌握更甚于我们的“自我”。

二 “社会工厂”的布展

当“本我”的流溢被平台和算法转化为可视化的第三持存，而且不受“自我”控制的时候，我们的生活方式就发生了本质性更迭。在马克思的原始语境中，生活与生产是两个不同的概念，在《德意志意识形态》中，生活包含生产，“现实的人”的生活包含从事物质生产、有现实性需要、有意识等多重规定①，“从事物质生产”构成了生活的一个部分，但是在《资本论》及其手稿中，生活侧重于在休闲时间的生活，所耗费的是生活资料，包括工人自己及其家庭所需要的生活资料②，但为了获得这些必备的生活资料，普通工人就必须“自由”地出卖劳动力，去从事社会必要劳动，工人在进行物质生产活动时必须用到生产资料，“劳动资料和劳动对象二者表现为生产资料”③。而生产资料主要归资本家所拥有。因此，从马克思中后期的思想发展来看，生活并不包含生产，生产与生活、生产与休闲、生产与消费代表了不同的领域，工人所消费的是生活资料，而工人所生产或借以生产的则是生产资料。但也有例外的时候，马克思区分开了两种消费，一种是个人消费，另一种是生产资料的消费④，对于后一种消费，马克思就把它定义为“生产性消费”，“生产行为本身就它的一切要素来说也是消

① 《马克思恩格斯文集》第1卷，人民出版社2009年版，第531—532页。
② 《马克思恩格斯文集》第5卷，人民出版社2009年版，第119—120页。
③ 《马克思恩格斯文集》第5卷，人民出版社2009年版，第211页。
④ 《马克思恩格斯文集》第8卷，人民出版社2009年版，第14页。

费行为”[1]。而对于前一种消费，马克思认为生产与消费还是代表了两个不同的领域。

当现实主体拥有了“数字主体”的“分身”之后，就“个人消费”而言，生产与消费、生产与生活、生产与休闲之间的边界好像被打破了，在产生“数字主体”之前，我们在超市购买一件商品，然后把购买回来的商品消费掉，消费与生产是分离的，消费构成了整个流通过程的完结，但是在“数字主体”产生之后，我们成为“产消者”[2]，也出现了“玩劳动”（Play - labor、Playbor）[3]。在我们在网上购买一件商品时，在我们消费掉这件商品之后，整个流通过程并没有完结。我们在购物时或购物之后，在各种平台上留下了大量的数据，这些数据经过算法的提取和分析之后，成为“一般数据”[4]。“一般数据”就是一种分析模型，它是建构我们“数字身份”的重要根据。但从其本质层面来看，普通人是无法接触到平台背后的算法和数据的，但这些数据又是普通用户所生产出来的，是我们消费行为的“结果”，因此我们在互联网上的购物行为就成为“生产性消费”，我们的消费直接就是一种生产性劳动，即数字劳动。除了网上购物外，我们打游戏、浏览视频等都是如此，只要经过平台的中介，都会直接转化为“产消一体”的数字劳动，但普通互联网用户的数字劳动只是数字劳动的一种，另一种就是互联网中专业劳动者的数字劳动，如程序员的劳动，他们是建构算法系统的主体性力量，他们与各种平台之间通常存在某种形式的雇佣关系，因此，现在商品价值的构成方式就发生了重大转

① 《马克思恩格斯文集》第8卷，人民出版社2009年版，第14页。

② ［英］福克斯：《数字劳动与卡尔·马克思》，周延云译，人民出版社2020年版，第324页。

③ Trebor Scholz, “Why Does Digital Labor Matter Now?”, in *Digital Labor: The Internet as Playground and Factory*, Routledge, 2013, p. 36.

④ 蓝江：《数字资本、一般数据与数字异化——数字资本的政治经济学批判导引》，《华中科技大学学报》（社会科学版）2018年第4期。

变，在马克思的“工厂”叙事中，商品价值的总公式为 W = C + V + M，但现在的公式却演变为 W = C + V1 + V2 + M1 + M2，其中 V1 是互联网中专业劳动者（如程序员）的劳动，他们创造的剩余价值是 M1，对于这部分劳动和剩余价值的分析仍然适用于马克思的工厂叙事的总公式，但普通互联网用户的数字劳动 V2 及其所创造的剩余价值 M2，却是数字化时代的崭新要素，这部分内容主要表现为普通互联网用户在各种平台中所留下的各种数据，这些数据经过算法计算之后就具有了价值和使用价值，但这一部分的剩余价值却被平台背后的资本家全部无偿占有，这也是一种彻底的“剥夺性积累”（大卫·哈维语）。

随着“数字主体”的算法建构和互联网用户的指数级增加，我们逐渐步入了“社会工厂”时代。马克思的政治经济学研究，其时代背景经过了“工场手工业”向“机器大工业”的转变。在工场手工业阶段，人的“活劳动”还具有本体论的地位，但在机器大工业时代，机器成为“自动机”，“自动机本身是主体，”① 这就是马克思所论述的“工厂社会”，但步入数字化时代，在普通互联网用户的日常生活都脱离不开各种数字平台之后，也就意味着我们的生产与消费、生产与休闲、生产与生活都已经没有了明显的边界，我们正处于进入“社会工厂”时代，正如奈格里所言：“所有涉及生产过程中的一切在这里就构成了那从手工业到大工业再到社会工厂的过渡的基础。”② 那么在“社会工厂”时代，与马克思意义上的“工厂社会”有什么差异呢？“劳动过程的简单要素是：有目的的活动或劳动本身，劳动对象和劳动资料。”③ 在马克思政治经济学的研究中，一般的劳动过程包含劳动者、劳动对象、劳动资料三个要素，数字化时代的数字劳动在三个层面都

① 《马克思恩格斯文集》第 5 卷，人民出版社 2009 年版，第 483 页。

② Antonio Negri, *Marx Beyond Marx*, trans. Harry Cleaver, London: Pluto Press, 1991, p. 114.

③ 《马克思恩格斯文集》第 5 卷，人民出版社 2009 年版，第 208 页。

发生了本质性更迭。

在劳动者层面，广大的产业后备军裂变为“数字工人”（Digital Worker）。“资本有机构成的不断提高必然造成过剩人口，形成庞大的产业后备军，”[①] 在马克思政治经济学的研究中，产业后备军包括童工、妇女等，这些产业后备军在一年里有一部分时间被迫从事劳动，但另一部分时间里则没有工作[②]，这类似于现在的“零工”。在数字化时代，互联网中专业劳动者的劳动也发生了变化，很多程序员与各种平台之间并不具有严格意义上的雇佣关系，他们是以“绩效”（而不是“工资”）的方式参与到平台劳动，他们的工作方式更加灵活，不局限于固定的工厂，他们也可以在咖啡馆、家里工作，因此他们的劳动也具有“零工”性质，他们把“工厂”真正带入了社会。但在数字化时代，真正发生本质性更迭的是普通互联网用户的数字劳动，这是劳动者层面的质变。一般的普通互联网用户就是马克思意义上的产业后备军，但在这些产业后备军的日常生活都必须经过数字平台的中介之后，他们的生活、休闲和娱乐才会具有“生产性”，创造了一般数据的使用价值和价值，因此也成为“数字工人”（数字主体）。这种“数字工人”就成为数字化时代的“社会工人”（Social Worker），正如奈格里所言：“这涉及‘社会工人’，即‘大众工人’向资本的社会再生产领域的延伸。”[③] “大众工人”主要是指在工厂里面的工人阶级，他们进行的是直接生产，而“社会工人”则主要把整个社会隐喻为工厂，即社会工厂，他们进行的是社会再生产，正如广大互联网用户所做的那样。这种数字化时代的“数字工人”或“社会工人”，他们不同于传统工人阶级的一点在于他们没有组织性的基础，缺乏身份性的认同，

① 《马克思恩格斯文集》第5卷，人民出版社2009年版，第4页。

② 《马克思恩格斯文集》第5卷，人民出版社2009年版，第550页。

③ Antonio Negri, *Marx Beyond Marx*, trans. Harry Cleaver, London: Pluto Press, 1991, p. XII.

奈格里想建构这种认同，因此提出了“诸众”（The Multitude）联合的革命策略，“诸众的生命政治生产倾向于动员其共同的东西和共同生产的东西来对抗全球资本的帝国力量”[1]。

在劳动对象层面，普通互联网用户的数字劳动结果构成了互联网专业劳动者的数字劳动对象，一般数据的生产构成了数字化时代在劳动对象层面的本质更迭。普通互联网用户在各种平台上的留痕，产生了海量数据，这些数据是具有使用价值的，使用价值要向价值进行转换，就必须经过数字劳动的中介，这就依赖于互联网专业劳动者的数字劳动，他们给算法赋权，对于数据进行收集、分类、提取和分析，最后提取出了“有用”数据，再把这些“有用”数据作为商品卖给广告公司之后，广告公司就根据这些“有用”数据对普通互联网用户进行数字画像，进而进行个性化的精准推荐，由此，数据才完成了商品化过程。很明显，这种数据商品不同于传统的物质产品，数字产品具有海量性、可复制性、非稀缺性、易逝性等特点。

在劳动资料层面，数字化时代劳动资料的显著改变就是平台经济的快速崛起，也有学者把它命名为“平台资本主义”（Platform Capitalism）[2]，尤其是普通的互联网用户，在手机和网络建构了我们的生活方式之后，我们的日常生活则离不开各种平台，这就包括购物平台、游戏平台、社交平台、视频平台等，原本工厂的生产平台独立于我们的生活，但我们现在的生活也被平台化，平台直接融入或者建构了我们的日常生活，让每一个“联网人”都成为数字工人或社会工人，而那些陷入数字鸿沟并被排除在数字工人之外的人，则被还原为史坦丁意义上的“流众”（The Precariat）[3]。

① Michael Hardt and Antonio Negri, *Multitude: War and Democracy in the Age of Empire*, New York: The Penguin Press, 2004, p. 101.

② ［加］斯尔尼塞克：《平台资本主义》，程水英译，广东人民出版社2018年版，第8页。

③ Guy Standing, *The Precariat*, London: Bloomsbury Academic, 2011, p. 2.

三 “猎心”政治学的发凡

随着“数字主体”的建构，整个社会演变为“社会工厂”，与之相耦合的治理模式或治理技术也发生了深层次更迭，这主要体现为生命政治学向“猎心”政治学的转变。

生命政治学发凡于福柯（Michel Foucault），后来经过阿甘本（Giorgio Agamben）、奈格里等人的改铸，现在逐渐成为一门显学。福柯在晚年的法兰西课程中提出了生命政治学（Biopolitics）和生命权力（Bio－power）的概念。在1974—1975年的演讲中，福柯分析了“不正常的人”的谱系，主要包含畸形人、同性恋者、残疾人、精神病人等[①]，但福柯关注的并不是“不正常”的病理学结构，而是判定“正常”与“不正常”的社会化标准。那么西方社会是怎么治理“不正常的人”的呢？福柯在1976年的演讲中论述了治理方式的转变，即“统治权”向“生命权力”的转变，传统的君王拥有“使人死和让人活”的“统治权”，对于“不正常的人”的“肉体”进行规训与惩罚，也被称为“肉体人的解剖政治学”[②]，而在19世纪之后，治理技术的一大改变就是“使人活和让人死”[③]，死亡的权利归还给了普通民众，生命权力的治理重点变成了“使人活”，而且是使多数人活得更好，但“使人活”的方式并不是针对个体，毋宁说是针对“类别的人”[④]，这就是“生命政治学”的原初内涵。它是指一种新的权力技术或治理技术，它所治理的对象是作为类别的“人口”，它所干预的是出生率、死亡率等“人口”现象，是使群体的人活得更好。在1977—1978年的演讲中，福柯进一步区分了生命政治学的三个阶段，第一个阶段是传统的统治权力，

① ［法］福柯：《不正常的人》，钱翰译，上海人民出版社2018年版，第6页。
② ［法］福柯：《必须保卫社会》，钱翰译，上海人民出版社2018年版，第266页。
③ ［法］福柯：《必须保卫社会》，钱翰译，上海人民出版社2018年版，第264页。
④ ［法］福柯：《必须保卫社会》，钱翰译，上海人民出版社2018年版，第266页。

它以允许和禁止为二元法则；第二个阶段是针对个体肉体的规训政治学和解剖政治学；第三个阶段是新自由主义产生之后，对于整体“人口”的治理（它不是针对于某个人），这个阶段的生命政治学构成了福柯的研究重点。① 在其后的《生命政治学的诞生》中，福柯直接把生命政治学等同于新自由主义的治理术。

阿甘本和奈格里从不同的方向发展了生命政治学。阿甘本在《神圣人》系列中，重点论述了生命政治学所产生的赤裸生命和例外状态，阿甘本借用了古希腊语中的两个概念：“bios”和“zoē”。“bios”是指城邦中“有质量的生命”②，即政治生命或社会生命；而“zoē”则是指“纯粹的生物性生命”或“简单的自然生命”③，赤裸生命或例外状态就处在“bios”和“zoē”中间的灰色之“槛”（Threshold）上，当一个人的政治生命或社会生命被“至高权力”（Sovereign Power）所取消（被放逐），他就成为“神圣人”（Homo Sacer），从其结果层面来看，“神圣人”与“zoē”无异，但实际上又还处在“至高权力”的支配中，由此可见，阿甘本所关注的主要是生命政治学的消极一面。奈格里虽然也看到了例外状态和赤裸生命“构成了新的帝国权力的坚实内核和它的核心成分”④，但奈格里想要建构一种“新范式的生命政治”来反抗“帝国”⑤。

在生命政治学的谱系中，包含三对基本关系：权力与民众、正常

① ［法］福柯：《安全、领土与人口》，钱翰、陈晓经译，上海人民出版社 2018 年版，第 9 页。

② ［意］阿甘本：《神圣人：至高权力与赤裸生命》，吴冠军译，中央编译出版社 2016 年，第 3 页。

③ ［意］阿甘本：《神圣人：至高权力与赤裸生命》，吴冠军译，中央编译出版社 2016 年，第 3 页。

④ ［美］哈特、［意］奈格里：《帝国——全球化的政治秩序》，杨建国、范一亭译，江苏人民出版社 2008 年版，第 27 页。

⑤ ［美］哈特、［意］奈格里：《帝国——全球化的政治秩序》，杨建国、范一亭译，江苏人民出版社 2008 年版，第 65 页。

与例外、治理与反抗。但是在数字化时代，随着数字主体的建构和社会工厂的布展，这三对关系都发生了重大变化，治理权力的主体已经让渡给了平台和算法（及其背后的资本力量），“民众”也不再是“无产阶级”的联合，而成为“诸众”，被排除在数字化平台之外的人则成为“例外状态”的“流众”，而且这些“诸众”与“流众”根本没有办法反抗平台和算法对于他们的治理。但数字化时代的一个更深层次改变在于，由传统的“身体”治理转向现在的“猎心”政治学。无论是传统的规训政治学还是生命政治学，他们关注的重点都是个人或群体的“身体”，对于人的身体进行规训和配置，但在大数据时代，更多地转向了对于个人或群体“心灵”的猎取。

韩炳哲（Byung－Chul Han）认为由福柯所肇始的生命政治学已经不能解释数字化时代的新自由主义，必须转向“数字化的精神政治学”分析，“新自由主义精神政治学是一种统治技术，它通过设定心理上的程序，开展心理上的操控，来维持统治系统的稳定运行”①。“大数据是十分有效的精神政治的工具，它可以全面地获知关于社会交际的动态。这种认识是一种统治认知，可以介入人的精神，对精神在前反思层面施加影响。”②“精神政治学”的表述有精神分析的理论支撑，对于一般的中国学者而言，还具有比较强的疏离感，一种更好的中国式表述就是“猎心”政治学，传统的规训政治学和生命政治学更多的是一种“猎身”政治学，着重于对人的身体（个人的肉体或群体性的人口）进行捕获和猎取。随着“数字主体”的诞生，人的“本我”在各种数字平台中到处流溢并转化为可视化的第三持存，从而陷入了所谓的“监视资本主义”（Surveillance Capitalism）③，也是一种新的“数字

① ［德］韩炳哲：《精神政治学》，关玉红译，中信出版社 2019 年版，第 107 页。

② ［德］韩炳哲：《精神政治学》，关玉红译，中信出版社 2019 年版，第 16 页。

③ Shoshana Zuboff，*The Age of Surveillance Capitalism：The Fight for a Human Future at the New Frontier of Power*，New York：Public Affairs，2019，p. 14.

化的全景敞视监控”。就普通互联网用户的角度而言，我们的心灵被猎取既包含被动层面，也包含主动层面。被动层面是指我们在互联网中的各种“前意识”或“潜意识”行为都被数据化了，例如我们在网络中的购物、打游戏、浏览网页等，这些行为产生了诸多数据（很多人并没有意识到这一点），并经过算法的中介转化为一般数据，进而成为互联网企业对普通互联网用户进行精准数字画像的基本依据，因此，在数字化时代，互联网平台能够技术性地通过我们的被动留痕而实现对我们心灵的猎取。但当普通的互联网用户在各种平台上表现得更加活跃（而不是被动留痕），进而成为韩炳哲意义上的“优绩主体”时，① 我们就主动地留痕了（例如我们主动发朋友圈），各种平台对我们心灵的捕获和猎取就达到了一个新的高度，转换为对“自我意识”层面的捕获和猎取。

四 检视与前瞻

（一）研究检视

“我们开始要谈的前提不是任意提出的，不是教条，而是一些只有在臆想中才能撇开的现实前提。这是一些现实的个人，”②“现实的个人”构成了历史唯物主义的理论前提，当“现实的个人”与周遭的电子设备处于“上手之物”的关系时，实际上也改变了“现实的个人”的存在境遇。

其一，数字主体的诞生。近代以来主体概念的演变实际上经历了否定之否定的辩证发展过程，首先，单一的理性主体概念得以确立，以笛卡尔、康德、黑格尔等人为代表；其次，多元主体对于理性主体的否定和反抗，以尼采、弗洛伊德、德勒兹等人为代表；最后，数字

① ［德］韩炳哲：《倦怠社会》，王一力译，中信出版社 2019 年版，第 17 页。
② 《马克思恩格斯文集》第 1 卷，人民出版社 2009 年版，第 516—519 页。

主体的诞生，实际上是对传统主体概念的再次否定，这主要表现在两个方面，一方面，传统的“现实主体”或“理性主体”在虚拟空间中裂变为“数字主体”，转化为“工具理性”，另一方面，被弗洛伊德、德勒兹等人视为“原欲冲动”的“本我”概念，原以用来对抗资本逻辑的一种可能性手段，但现在却转化为齐一化和可视化的第三持存，各种平台和算法对于数字化“本我”的了解和掌控更甚于我们的“自我”。

其二，社会工厂和社会工人的演变。在工场手工业时期，劳动者还居于主体地位，而在机器大工业时期，“自动机”成为真正意义上的主体，人与机器的关系发生了颠倒。进入数字化时代，“现实的个人”成为“产消者”和“玩劳动者”，生产与生活的界限被进一步打破，整个社会裂变为社会工厂，广大的产业后备军裂变为数字工人。数字工人被各种数字化平台充分吸纳，成为平台资本主义的“内部”，而处于平台资本主义“外部”的人则被还原为“流众”或新型“神圣人”。

其三，治理术的更迭。对于新自由主义治理术的批判发凡于福柯。“生命政治”与“生命权力”是其具有标识度的核心概念，后经过阿甘本、奈格里等人的发展和改铸，现如今发展成为一门“显学”，但数字化时代的治理术已经发生重大变化，即由生命政治学向“猎心”政治学的转换。生命政治学的治理对象主要是人的身体，但“猎心”政治学的治理对象主要是人的心理、潜意识、欲望等；生命政治学仍然保有“使人活”的权力，但数字化时代的“猎心”政治学鼓励人们自己成为主动的“优绩主体”，实现了真正意义上的“全景敞视监控”。

“现实的个人”在数字化时代的生存方式发生了本质性更迭，我们已经离不开各种各样的电子设备和平台，而且我们与这些电子设备和平台通常处于“上手之物”的关系，而缺乏“现成在手”的对象性反思。本书所做的就是类似于对象性反思的研究，把数字化的生存方式作为我们的“对象”来“批判”，从而也好像把自己放在了主体的位置，但这又会进一步造成“虚假主体性”的问题。一旦我们对自己的研究工作进行这种检视，就会发现这种背反逻辑，一方面，我们是站在主体位置来批判外在的对象，好像与外在对象处于一种彼此疏离和陌生的关系；另一方面，从其实然层面来看，我们与这种外在对象又恰好融为一体（构成了一种“上手之物”的关系），质言之，从其存在论层面来看，我们都只是这种数字化生存方式中的一粒尘埃而已，理论层面的批判并不会改变其存在论的基本事实。

（二）研究前瞻

在阿尔都塞、齐泽克（Slavoj Zizek）等人看来，主体概念只是意识形态“质询”和“建构”的结果，齐泽克甚至把“主体”概念理解为一种意识形态操控的“客体”或“对象”，从而解构了主体概念的原初含义，但本书所提出的“数字主体”概念，仍然保有一种人文主义的诉求，即使“现实的个人”拥有数字化的分身，并发生了关系的错置，但我们仍然把它定义为一种“主体”（而非“客体”），毋宁说，也是渴求用来突破数字化困境的一种可能性方案。

其一，生产力层面的改变。在马克思政治经济学的研究视域中，资本的有机构成（C/V）是不断提高的，生产力的发展水平也会越来越高，以至于一些学者认为资本主义生产力的加速发展（加速主义），也可能会走向它的反面，即“资本主义必然灭亡”，如罗萨、斯尔尼塞克等人就持有这种观点，但这种“加速主义的宣言”带有明显的“异托邦”想象特质。从本书所析出的“数字主体”概念来看，C/V 的资本有机构成公式可以改变为 C/(V1 + V2)，V1 是平台经济中雇佣劳动者的数字劳动，V2 是普通互联网用户的“产消劳动”和“玩劳动”，而恢复和重视 V2 部分劳动者的主体性地位，便成为一项重要任务。从其生产力层面来看，区块链的底层技术有可能构成一种突破平台资本主义逻辑的有效手段（元宇宙的构想就是以区块链为底层技术的），区块链的底层技术强调“去中心化”（Decentralization），它依赖于加密算法，其本质是一种链式数据结构，数据的存储、流通和验证都具有高度可溯性，而且具有不可篡改性，区块链技术保证了数据结构的独立性，避免了主观人为的数据变更，尤其是在已经缔结智能合约的情况下，数据的节点具有不可篡改性，同时，NFT（Non – Fungible Token，即非同质化代币或非同质化通证）技术构成了区块链的物权逻辑，其典型特征在于“非同质性”，NFT 技术无须中心化的认证机构、发行机构和背书机构，当个人作品被 NFT 技术印证时，就成为独特性的标识，其归属权和用益权已经得到了确证。从这种技术场景中来看，区块链技术有可能保护普通互联网用户的劳动者主体地位，但也有可能只是资本逻辑创造出来的一种幻象而已。

其二，生产关系层面的改变。从生产力角度来看，马克思肯定了“资本的伟大的文明作用”[①]，他认为“资产阶级在它的不到一百年的阶级统治中所创造的生产力，比过去一切世代创造的全部生产力还要多，还要大”[②]。但从生产关系角度来看，“资本来到世间，从头到脚，每个毛孔都滴着血和肮脏的东西”[③]。马克思认为资本主义私有制是造成罪恶的根源。进入数字化时代，各种平台和算法对于普通互联网用户的剥削也是依赖于平台背后根深蒂固的私有制，平台对于民众的充分吸纳也被称为“数字圈地运动”。从马克思的分析框架来看，改变平台经济背后的私有制关系就成为破解数字化困局的一把钥匙，我们可以从生产关系角度来改变一般数据的占有方式，例如有学者提出我

---

① 《马克思恩格斯文集》第 8 卷，人民出版社 2009 年版，第 90 页。
② 《马克思恩格斯文集》第 2 卷，人民出版社 2009 年版，第 36 页。
③ 《马克思恩格斯文集》第 5 卷，人民出版社 2009 年版，第 871 页。

们要建构“数字公地”，要向“数字工人主义”（Digital Workerism）、“数字社会主义”（Digital Socialism）和“数字共产主义”（Digital Communism）迈进，打造互联网时代的“后稀缺性”“后匮乏性”“后市场性”“后交换性”等，以用来突破数字资本的统治。①

第三节　数字劳动的概念界定、不同样态及其结构性分析

“物质生产活动”是历史唯物主义的基础性范畴，它也构成了历史唯物主义的基础性逻辑：生产逻辑②，但物质生产的基础性逻辑在当代也遭遇了诸多挑战，尤其以“数字劳动”的挑战为代表，数字劳动代表一种崭新的劳动方式，但结合国内外学界已有的研究成果来看，关于数字劳动的研究目前仍处于初步探索阶段，在很多关键性的问题上还存在诸多争议。

一　数字劳动的概念界定

“Digital Labor”有两种翻译方法，在传播政治经济学的视野中，它通常被翻译为“数字劳工”（名词形式），但在一般的政治经济学或哲学研究中，它通常被翻译为“数字劳动”（兼有动词意味），当前国内外学界关于数字劳动的研究有不同的概念界定。

（一）国外学界关于数字劳动的概念界定

当前，国外学界关于数字劳动的概念界定有两种不同进路，一是

① Christian Fuchs，“The Utopian Internet，Computing，Communication，and Concrete Utopias”，*TripleC*：*Communication*，*Capitalism & Critique*，Vol. 18，No. 1，2000，pp. 146 – 186.

② 王让新、李弦：《马克思资本研究的逻辑演进与哲学透视》，人民出版社2020年版，第92页。

非物质劳动的进路，主要把数字劳动理解为一种非物质劳动；二是物质劳动的进路，主要把数字劳动理解为一种物质劳动。

"非物质劳动"是意大利自治主义学派的一个重要概念，"自治主义的马克思主义"（Autonomist Marxism）"原产"于意大利的"工人主义"（Operaismo / Workerism），当前在英美学界也很流行，主要以奈格里、哈特、维尔诺、拉扎拉卡等人为代表，该学派有很多核心概念，如帝国、后福特制、社会工厂、诸众等。"非物质劳动"也是该学派的一个重要概念，他们认为当代的劳动方式已经发生了根本转变，即由"物质劳动"向"非物质劳动"的转变。拉扎拉卡最早提出了"非物质劳动"的概念，非物质劳动是指"生产商品信息和文化内容的劳动"①，后来的奈格里和哈特对于"非物质生产"概念也进行了改进，他们主要从三个层面界定了"非物质劳动"：一是信息通信劳动，二是分析象征的劳动，三是情感劳动。②"非物质劳动"在劳动的范围方面已经明显扩大，把整个社会当成了"社会工厂"，所有人也都成为工人。

从"非物质劳动"的角度来理解数字劳动也构成了西方学界的一个主要思路，意大利学者泰拉诺瓦就是典型代表，她认为"网奴不仅仅是互联网上的一种典型劳动形式；它们同时也体现了一种复杂的劳动关系，这种关系在晚期资本主义社会很普遍"③，这种互联网的劳动就是一种"非物质劳动"。舒尔茨在《为什么数字劳动在现在变得很重要》一文中，阐明了当前的劳动力市场正在向互联网发生转移，他还

---

① ［意］拉扎拉托：《非物质劳动》，载《帝国、都市与现代性》，许纪霖主编，江苏人民出版社2006年版，第139页。

② ［美］哈特、［意］奈格里：《帝国——全球化的政治秩序》，杨建国、范一亭译，江苏人民出版社2008年版，第32页。

③ Taziana Terranova，"Free labor：Producing Culture for the Digital Economy"，*Social text*，Vol. 18，No. 2，2000，pp. 35－38.

以脸书为例，重点分析了大数据公司对于个体数据的采集，这种采集过程也是一种新的剥削方式，他认为发生在互联网上的“时间盗窃”（Time Theft）就是一种非物质劳动。①

与从“非物质劳动”角度来定义数字劳动不同，福克斯是从“物质劳动”角度来定义“数字劳动”的典型代表。他首先对马克思的“劳动”（Arbeit）概念进行了词源学的考察。在英文中，这个概念有时被翻译为“Labor”，有时又被翻译为“Work”，英语学界通常是在不加区分的意义上来使用，但福克斯依据恩格斯对于《资本论》的解读②，认为“Work”主要对应于创造商品使用价值的活动，具有“质”的规定性，能够确证人的本质力量，而“Labor”主要对应于生产商品的抽象劳动，是一个“量”的范畴，是异化的主要表现形式。③ 马克思的“劳动”过程有三因素，即劳动者、劳动对象和劳动资料，福克斯根据这三因素分析了“数字劳动”的基本过程，它也包含了三个因素，即认知、交流、合作，它以脸书为例具体分析了“数字劳动”的基本过程，尤其是在交流与合作层面，已经具有明显的“物质属性”④。

（二）国内学界关于数字劳动的概念界定

总的来看，国内学界关于数字劳动的研究还处在起步阶段，国内学界关于数字劳动的概念界定主要表现为在国外学者已有研究成果的译介上，进行更细致的归类。例如有学者认为互联网用户在社交媒体

---

① Trebor Scholz, “Why Does Digital Labor Matter Now?”, in *Digital Labor: The Internet as Playground and Factory*, Routledge, 2013, p. 10.

② 参见《马克思恩格斯文集》第5卷，人民出版社2009年版，第61页。

③ Christian Fuchs, *Digital Labour and Karl Marx*, New York and London: Routledge, 2014, p. 25.

④ Christian Fuchs, *Digital Labour and Karl Marx*, New York and London: Routledge, 2014, p. 277.

上的活动是数字劳动的一种典型形式，具有产消合一性的基本特点，也是一种新的剥削形式。[①] 有学者从广义和狭义两个维度界定了数字劳动的基本内涵[②]，并从受众劳动、非物质劳动、物质劳动三个层面比较系统地梳理了国外学界关于数字劳动研究的不同路径。[③] 有学者概括了目前国内关于数字劳动的三种不同的定义视角，即后结构主义者的文化研究视角、批判政治经济学的研究视角、技术决定论的研究视角。[④] 有学者主要参照了福克斯关于数字劳动的定义，认为数字劳动既指涉我们的一般智力所形成的数据商品，也指涉与之密切相关的农业、工业等活动[⑤]，他们还从复杂劳动、信息劳动、形式多样性三个维度具体探讨了数字劳动的概念。[⑥] 也有学者认为，数字劳动就是马克思劳动概念的当代延伸。[⑦]

（三）数字劳动的基本内涵

国内外学界关于“数字劳动”的概念界定其实充满了争议，这也是数字劳动的研究在其起步阶段必然遭遇到的，但为了更进一步讨论数字劳动的不同样态并对其进行结构性分析，所以本书尝试对数字劳动进行定义。

从其广义角度来看，数字劳动是指在互联网时代，数字劳动者在

---

① 周延云、闫秀荣：《数字劳动和卡尔·马克思——数字化时代国外马克思劳动价值论研究》，中国社会科学出版社2016年版，第261页。

② 燕连福、谢芳芳：《福克斯数字劳动概念探析》，《马克思主义与现实》2017年第2期。

③ 谢芳芳、燕连福：《“数字劳动”内涵探析——基于与受众劳动、非物质劳动、物质劳动的关系》，《教学与研究》2019年第12期。

④ 黄再胜：《数字劳动与马克思劳动价值论的当代阐释》，《湖北经济学院学报》2017年第11期。

⑤ 吴欢、卢黎歌：《数字劳动与大数据社会条件下马克思劳动价值论的继承与创新》，《学术论坛》2016年第12期。

⑥ 吴欢、卢黎歌：《数字劳动、数字商品价值及其价格形成机制——大数据社会条件下马克思劳动价值论的再解释》，《东北大学学报》（社会科学版）2018年第3期。

⑦ 刘璐璐：《数字经济时代的数字劳动与数据资本化——以马克思的资本逻辑为线索》，《东北大学学报》（社会科学版）2019年第4期。

雇佣与非雇佣关系中，通过数字平台所进行的各种有酬和无酬的“生产性”劳动；从其狭义角度来看，数字劳动就是指在 Web 2.0 时代，互联网用户在非雇佣关系中，通过数字平台所进行的各种无酬的“生产性”劳动。我们可以很明显地看出这两种定义方式的差异性和共性。

就其差异性而言：其一，广义数字劳动的时代背景是“互联网时代”，它其实包含了 Web 1.0 和 Web 2.0 两个时代，Web 1.0 时代的基本特征是信息的单向传递，其主要内容是由网站（雇员）所主导生成的，而 Web 2.0 时代的基本特征是信息的多向传递，其主要内容是由互联网用户所主导生成的①，而狭义数字劳动的时代背景主要是指 Web 2.0 时代；其二，广义数字劳动的主体是一般的数字劳动者，既包含了互联网中的专业劳动者，也包含了一般的互联网用户，而狭义数字劳动的主体则指互联网用户；其三，广义数字劳动既包含了雇佣关系，也包含了各种形式的非雇佣关系，而狭义数字劳动则主要是指一种“非雇佣关系”；其四，广义数字劳动包含了有酬劳动与无酬劳动两种形式，而狭义数字劳动则主要是指无酬劳动。

就其共性而言：其一，广义数字劳动和狭义数字劳动都必须借助于各种数字平台，进而形成一种新型的“平台经济”（零工经济），数字平台在其中发挥了重要作用，而且数字平台往往与金融资本、产业资本、技术资本、广告商等实现了内在的勾连；其二，广义数字劳动和狭义数字劳动都是一种“生产性”活动，这里的“生产性”之所以打引号，是因为数字劳动中的“生产”已经不同于物质生产活动中的“生产”，而且这也是当前国内外学界关于数字劳动的一个争议焦点。

① 现在也有人在 Web 2.0 的基础上，划分出 Web 3.0 时代，即在用户与平台之间融入人工智能、关联数据、算法推荐等，但我们总体上并未在 Web 2.0 和 Web 3.0 之间做出严格区分，而是把它们视为一个整体。

二　数字劳动的不同样态

根据关于数字劳动的概念界定，数字劳动可以划分为不同样态。

（一）从其时代背景来看，它分为信息单向传递的数字劳动和信息多向传递的数字劳动

其一，信息单向传递的数字劳动主要是指 Web 1.0 时代的数字劳动，其主导内容的生成依赖于各种网站，它的基本模型是“网站—人”，网络信息通过网站传递给人，因此这里的数字劳动者主要是指互联网的雇佣劳动者，而广大用户则主要是指消费者（传播政治经济学也称之为受众劳动）。其二，信息多向传递的数字劳动主要是指 Web 2.0 时代的数字劳动，其主导内容的生成依赖于一般的互联网用户，它的基本模型是“人—网站—人”，这里的“网站”还融入了人工智能、算法推荐等，这里的“人”不仅构成了数字劳动的起点，还构成了数字劳动的归宿，因此，广大互联网用户不仅是互联网内容的“消费者”，更是互联网内容的“生产者”，即“数字劳动者”。

（二）从其劳动主体来看，它分为互联网中专业劳动者的数字劳动和一般互联网用户的数字劳动

其一，互联网中的专业劳动者的数字劳动是比较容易理解的，它也是一个比较宽泛的概念，主要分为三种类型，一是互联网中的专业技术人员的数字劳动，包括网站平台的开发人员、运营人员、维护人员的数字劳动等，这些数字劳动需要比较高的专业技术要求，如程序员、工程师等；二是互联网数字平台中的“微劳动”，不同于前一点的专业劳动，在互联网的数字平台中，还有很多从事“微劳动”的人，如刷单、发布风评等；三是借助互联网平台的“自我雇佣”劳动，如网约车司机等，它们与各种平台并不具备严格的雇佣关系，实质上是

一种“自我雇佣”关系，但他们还必须借助各种各样的数字平台，在数字平台中发生的劳动就是一种数字劳动，总的来看，这三种类型的劳动都是互联网中比较专业的数字劳动。其二，一般互联网用户的数字劳动，一般互联网用户在网上的各种“活动”也被定义为一种数字劳动，它通常没有专业性的要求，但理解这种数字劳动却是一个难点，它至少包括多种类型的数字劳动，如互联网用户浏览各种网站、在各种社交媒体上所进行的交流活动等，这些数字劳动通常无须太多的专业性知识。

（三）从其雇佣关系来看，它分为雇佣关系下的数字劳动和非雇佣关系下的数字劳动

其一，雇佣关系下的数字劳动包括我们在前一点中所指出的互联网中专业技术人员的数字劳动、“微劳动”等，但这里还有一个争议的焦点，即借助数字平台的“自我雇佣”劳动到底是不是一种雇佣关系，如网约车司机和一些外卖商家借助数字平台的各种劳动，从其“物质性”的一面来看，他们的劳动是“自我雇佣”的，自负盈亏，因此好像并不是一种雇佣关系，甚至不是数字劳动，但从其必须借助“数字平台”这一点来看，它们的劳动又是一种数字劳动，如网约车司机和外卖商家都必须借助数字平台来接单等，而这种数字劳动必须支付给平台以相应的费用，这种费用的支出就构成了一定的雇佣关系，因此我们仍然认为这种数字劳动并没有摆脱雇佣关系。其二，非雇佣关系下的数字劳动，即一般互联网用户的数字劳动，如浏览各种网站、对于社交媒体的使用等，这些数字劳动就是一种典型的非雇佣劳动，它也构成了当前国内外学界的一个探讨重点。在 Web 2.0 时代，我们关于一般互联网用户数字劳动的分析，实际上在某种程度上是要超脱出马克思“雇佣关系”（资本雇佣劳动）的分析框架的。

（四）从其是否有报酬的角度来看，它分为有酬的数字劳动和无酬的数字劳动

其一，有酬的数字劳动主要是指互联网中专业劳动者的数字劳动，它通常存在一种雇佣关系，这种数字劳动可以用马克思雇佣关系的分析框架去分析它，但在 Web 2.0 时代，它也涌现出一些新的特征，如劳动场所的变化、劳动方式的灵活性、劳动时间的延长等，但依然可以用马克思的社会必要劳动时间、剩余劳动、剩余价值的分析框架去分析它，但总的来看，当前国内外学界关于数字劳动的研究，其重心并不是有酬的数字劳动，而是一种无酬的数字劳动。其二，无酬的数字劳动主要是指一般互联网用户的数字劳动，包括浏览各种网站、使用社交媒体等劳动，这种数字劳动并不存在雇佣关系，但它构成了当前国内外学界的一个研究重点。

总体而言，我们可以根据数字劳动的概念界定，从四个大的维度为数字劳动划分出不同样态，但这些不同样态的数字劳动依然有两个共性，一是必须借助各种数字平台，因此，国内外学界也涌现出一些关于“平台经济”的最新研究成果，但这种研究必须充分借助定量化的研究方法，在这一点上国外学界做得不够，反观国内学界，关于具体数字劳动的定量化研究，已经取得了一些比较新的研究成果，例如有些学者分别以支付宝的年度账单①、平台经济下外卖送餐员的工作状况②、自媒体粉丝群体的商品化③等对数字劳动进行了定量化研究。二是这些不同样态的数字劳动都是一种“生产性”劳动，雇佣关系下的

① 郭倩：《数字经济时代下的数字劳动与受众商品化——以支付宝年度账单及 2017 年账单“被同意”事件为例》，《海南大学学报》（人文社会科学版）2018 年第 4 期。

② 孙萍：《“算法逻辑”下的数字劳动：一项对平台经济下外卖送餐员的研究》，《思想战线》2019 年第 6 期。

③ 黄再胜：《网络平台劳动的合约特征、实践挑战与治理路径》，《外国经济与管理》2019 年第 7 期。

互联网专业技术人员的数字劳动，也是一种典型的“生产性”劳动，在这一点上并没有多大争议，争议的焦点在于非雇佣关系下的一般互联网用户的数字劳动是不是一种“生产性”劳动？我们的答案是肯定的，假若在这一点上没有取得共识，我们关于数字劳动的研究是无法往前推进的。

三　数字劳动的结构性分析

（一）概念的结构性分析

在马克思的原始语境中，物质生产活动其实是一个复杂的结构，它包含三大重因素，即劳动者、劳动资料、劳动对象，简言之，劳动就是指劳动者运用劳动资料生产劳动对象的过程，这里就涉及如何运用生产资料的问题，而这个问题实际上就是一个生产关系问题，阿尔都塞对这种劳动过程进行了结构性的解读，他根据马克思的论述，把生产过程归为三个要素的结合，即“劳动者、劳动对象、劳动资料”①，但与一般的线性思维不同，阿尔都塞把生产关系看成一个区域性的结构，而这个结构就在于它所表现出来的功能，劳动者（人）只是这个功能的承载者，这个结构本身才是功能的分配者和规定者，“生产关系的结构决定生产当事人所占有的地位和所负担的职能，而生产当事人只有在他们是这些职能的‘承担者’的范围内才是这些地位的占有者”②。阿尔都塞由此得出真正的结论：“真正的‘主体’是这些规定者和分配者：生产关系。”③ 这就实现了传统主客体

① ［法］阿尔都塞：《读〈资本论〉》，李其庆、冯文光译，中央编译出版社 2017 年版，第 191 页。

② ［法］阿尔都塞：《读〈资本论〉》，李其庆、冯文光译，中央编译出版社 2017 年版，第 202 页。

③ ［法］阿尔都塞：《读〈资本论〉》，李其庆、冯文光译，中央编译出版社 2017 年版，第 202 页。

关系的完全颠倒，真正的主体不再是劳动者，而是生产关系（生产资料的所有制关系）。当然，阿尔都塞的结构主义思想本身还要复杂得多，他还论述了政治和意识形态的结构主义思想，认为社会的总体性结构是由经济事实、生产关系、政治和意识形态等区域性结构组成的，各个区域性结构具有相对自主性，而且在一定条件下都能发挥“决定性的作用”，这也是他的“多元结构决定论”的思想，并认为生产关系的区域性结构在社会总体结构中发挥着“普照的光”的作用。

从宏观层面来观照数字劳动，它包含三方面的结构性因素，即数字劳动者、数字劳动的生产资料、数字劳动的劳动对象。有了这种结构性的视野之后，我们就可以看出互联网专业劳动者的数字劳动与一般互联网用户的数字劳动之间的差别，互联网专业劳动者的数字劳动仍然处于一种雇佣关系中。从劳动者的角度来看，它需要一定的专业性知识；从生产资料的所有制角度来看，生产资料仍然归资本家所有；从劳动对象的角度来看，它们的主要劳动对象是普通用户通过数字平台所生成的一般数据，简言之，互联网专业劳动者的数字劳动，就是指具有专业性知识的数字劳动者，通过不属于它们的生产资料来加工普通用户所生成的数据的劳动过程。而互联网用户的数字劳动则游离于雇佣关系之外，从劳动者的角度来看，无须太多专业性的知识；从生产资料的所有制关系来看，一般互联网用户所运用的生产资料往往都是自己的经验、情感、注意力等，数字平台只是互联网用户数字劳动的劳动对象，简言之，互联网用户的数字劳动就是指一般的互联网用户，运用自己所特有的生产资料来作用于数字平台的劳动过程。如一个人把自己的学习心得发在微信朋友圈，或者一个人把自己的注意力集中到某一个购物网站上。

根据阿尔都塞关于马克思劳动过程的结构性分析我们知道，在一般的理解中，我们通常认为劳动者是劳动的主体，但阿尔都塞实现了一个根本颠倒，认为结构性的“生产关系”才是真正的主体，因此也改变了传统的主客体关系，但我们发现数字劳动的过程更复杂，仅从互联网中专业劳动者的数字劳动来看，我们可以借用阿尔都塞的这种“颠倒”，即在这种数字劳动中，真正的主体仍然是平台经济背后的所有制关系，其人格化的代表就是拥有这些数字平台的资本家，它们会通过榨取互联网专业劳动者的剩余数字劳动来获得剩余价值，但这种剩余价值的获得并不占主导（并不构成其主要利润的来源），其剩余价值的主要来源是一般互联网用户的数字劳动，但在这种狭义的数字劳动中，会有一个明显的“悖论”，即主体与客体仿佛并没有发生颠倒，我们作为一般的互联网用户，在网上购物、把旅游经历分享在社交平台中，恰好是我们主体性和能动性的体现，但就是在这种明显的“悖论”中，我们可以看到数字劳动实现了对于一般互联网用户数字劳动更深层次的盘剥。

（二）特征的结构性分析

在马克思的原始语境中，关于物质生产劳动的论述主要还是一种“工业叙事”，但关于数字劳动的论述已经转变为一种“后工业叙事”，数字劳动具有崭新的结构性特征，它主要表现在以下几个方面：

其一，数字劳动的过程已经发生了结构性变化。在马克思的“工业叙事”中，劳动者通常是指从事具体物质生产活动的工人（产业后备军通常被排除在了“劳动者”之外），而劳动资料和劳动对象通常具有“物质性”，劳动场所和劳动时间都相对固定。但在数字劳动的过程中，已经发生了向“后工业叙事”的转变，这是结构性的转变。从其劳动者的角度来看，数字劳动者不仅包括互联网中的专业劳动者，也包括一般的互联网用户，尤其是互联网用户（如妇女、儿童等），在传统的“工业叙事”中通常被排除在“生产者”之外（只是产业后备军），但在数字劳动的过程中，这些“产业后备军”却成为“生产性劳动”的主力，这是劳动者层面的改变。从其劳动资料和劳动对象的角度来说，数字劳动都具有非常强的“非物质性”，这一点在前文中已经阐明。除此之外，数字劳动的过程中还发生了两个重要改变，即劳动场所与劳动时间的改变，但这种改变充斥着一种悖论。从表面上来看，正因为劳动方式发生了根本改变，所以数字劳动的过程更加灵活。对于数字劳动者而言，劳动场所已经不完全是一个固定场所，如咖啡店、家里都成了新的工作场所，而且劳动时间更加自由，在某种程度上也不再遵从传统的“工作日”的规定，因此“数字劳动”的过程应该是一个主体性明显增强的过程。但我们根据马克思的分析框架可以看出，这种主体性增强的过程恰恰意味着数字资本对于数字劳动者的更深层次的盘剥。从“绝对剩余价值”的角度来看，数字劳动者的剩余劳动时间明显延长，而且正因为劳动者和劳动场所的变化，数字资本对于数字劳动者的剥削广度大幅提升，在马克思的原始语境中，在劳动时间与自由时间之间还存在明显的边界，而且“自由时间”也是马克思用来突破资本逻辑统治的重要手段，但在数字劳动的过程中，这种“自由时间”却逐渐转变为劳动时间，这也是数字劳动过程的一个残酷真相。

其二，生产与消费之间边界的消弭，这是数字劳动过程的一个崭新特征。生产与消费之间的关系也是马克思的一个探讨重点，在《1857—1858 年经济学手稿》中，马克思从三个方面论述了“生产”与“消费”之间的“同一性”关系①，但在马克思看来，不应该把生产与消费截然对立起来，它们之间应该是一种辩证关系，但同时，马克思又不赞成把生产与消费直接等同，马克思认为这是一个黑格尔式

① 《马克思恩格斯文集》第 8 卷，人民出版社 2009 年版，第 16—17 页。

的论述[1]，“生产活动是实现的起点……消费表现为生产的要素。”[2] 结合马克思后来的论述可以知道，马克思主要肯定了“生产”的基础性作用，而古典政治经济学则主要从消费领域来展开研究，因此就“剩余价值”的“生产”而言，古典政治经济学家们只能停留于关于利润、地租等的分析，而马克思则从生产领域（尤其是劳动的二重性角度）实现了对于剩余价值的穿透性理解。

具体到数字劳动的过程，互联网专业劳动者的数字劳动，其生产与消费之间的关系仍然存在比较明显的边界，也可以用马克思雇佣劳动的分析框架去分析它，但这里的难点在于，在一般互联网用户的数字劳动过程中，其生产与消费是直接等同的，这与马克思的分析框架存在一定的区别，马克思分析了两种“消费”，即生产性消费和个人性消费。生产性消费在“生产”与“消费”之间具有“同一性”是比较容易理解的，生产资料的消费同时也是一种社会生产的过程，但个人性消费与“生产”之间的关系则比较复杂，个人性消费具有消耗性，它并不构成一种社会生产活动，但它同时又在“生产”个人的生命等，而对于个人生命的生产还只是一种“可能性”的社会生产，因此就个人性消费而言，由于消费产品的特殊性，从“物质生产活动”的角度来看，“生产”与“消费”之间还是存在比较明显的边界。

在互联网用户的数字劳动过程中，生产与消费的边界逐渐消弭，我们可以简单地描述一下互联网用户的数字劳动过程，如一个互联网用户在某购物网站上多次搜索他想买的一件商品，最后成功下单，从表面来看，这位用户最后所消费的对象就是那件商品，但这种消费其实至少包含了这位用户在购物网站上所进行的各种搜索活动和购物活动，而用户所进行的这些搜索和购物活动最后都会在数字平台中留下

① 《马克思恩格斯文集》第 8 卷，人民出版社 2009 年版，第 17 页。
② 《马克思恩格斯文集》第 8 卷，人民出版社 2009 年版，第 18 页。

大量“数据”，而这些“数据”却被各种平台、各种大数据公司所无偿占有，他们会根据特定的算法对这些数据进行清洗和分析，最后实现对普通用户的精确把握和精准推荐。就这个角度而言，一般的互联网用户在各种平台上的消费活动却转变为一种生产性的活动，它不仅“生产”着我们自身（可能性的社会生产），还构成了一种“社会生产”（现实性的社会生产），这就是数字劳动过程的一个崭新变化，一般的互联网用户则拥有一个新的角色：产消者。

其三，生产与休闲、娱乐之间边界的消弭。劳动的二重性是理解马克思政治经济学的枢纽，其中的抽象劳动包括必要劳动和剩余劳动两个层面的内容，而剩余劳动则是剩余价值的主要来源，因此为了降低剩余价值，一个必要的途径就是减少剩余劳动，即减少剩余劳动时间来增加自由劳动时间，而这部分自由劳动时间就可以用来自由安排自己的活动，如“下午打猎”“晚上从事批判”等，这是马克思原有的分析框架，我们在前文中已经指出，马克思的叙事方式主要是一种“工业叙事”，到了数字化时代，我们的“劳动时间”已经发生了重大改变。就互联网中的专业劳动时间而言，其劳动时间已经明显延长，而从一般的互联网用户的“劳动时间”来看，情况更复杂，前一点已经指明，互联网用户的生产与消费之间的边界逐渐消弭，其个人性的消费也直接成为一种社会性的生产，那么“社会必要劳动”与“自由时间”之间的边界也逐渐消除，其直接性的后果就是我们的生产与休闲、娱乐之间的边界逐渐消弭。在传统的“工业叙事”中，我们的劳动时间与自由时间、生产与休闲娱乐之间还存在比较明显的边界，简言之，我们的上班时间与下班之后的休闲时间还区分得比较开，但在互联网用户的数字劳动的过程中，我们在下班之后的休闲时间中所进行的各种休闲和娱乐活动，如网上的购物活动等，也俨然成为一种生产性劳动，而且构成了剩余价值的新来源。

总的来看，尽管数字劳动的过程、生产与消费之间的关系、生产与休闲娱乐之间的关系已经发生了明显变化，这些变化貌似超脱出了马克思的原始语境，但必须指出的是，马克思的分析框架对于我们分析数字劳动的过程依然具有重要作用，如我们所使用的生产性劳动、劳动的二重性、劳动时间、剩余时间、剩余价值等概念，这些概念仍然具有时代的穿透力，正如马克思在《共产党宣言》中所阐明的，“这个《宣言》中所阐述的一般原理整个说来直到现在还是完全正确的”①。

① 《马克思恩格斯文集》第2卷，人民出版社2009年版，第5页。

第三章　数字劳动的学理透视及其批判性分析

历史唯物主义不同于一般实证性分析框架的地方在于，它具有非常强的批判性，这也是马克思主义理论的突出特质，因此，我们在廓清了数字劳动的概念界定、不同样态及其结构性分析之后，紧接着就要用历史唯物主义的分析框架来批判性地审视数字劳动。

第一节　数字劳动的迭代效应探赜

2021 年 10 月，习近平总书记在中共中央政治局第三十四次集体学习时强调："数字技术、数字经济是世界科技革命和产业变革的先机，是新一轮国际竞争重点领域，我们要抓住先机、抢占未来发展制高点。"[①] 同年 12 月，习近平总书记在中央经济工作会上指出："社会主义市场经济中必然会有各种形态的资本，要发挥资本作为生产要素的积极作用，同时有效控制其消极作用。要为资本设置'红绿灯'。"[②]

---

① 《把握数字经济发展趋势和规律　推动我国数字经济健康发展》，《人民日报》2021 年 10 月 20 日第 1 版。

② 《中央经济工作会议在北京举行》，《人民日报》2021 年 12 月 11 日第 1 版。

数字技术和数字经济已经成为发展现代化经济的重要引擎，而数字技术和数字经济的发展离不开背后的数字劳动，较之于传统的“物质生产劳动”，数字劳动已经升级迭代，我们既要从积极层面来理解数字劳动的迭代效应，同时也要控制其消极作用。我们可以以马克思主义政治经济学为理论支撑，从三个层面来透视数字劳动的迭代效应：一是生产性消费的崭新内涵，随着互联网企业的快速兴起，广大互联网用户成为“产消者”和“玩劳动者”，促成了“数字帝国”的诞生；二是非物质劳动的理解进路，“数字劳动”作为一种“非物质劳动”，其所创造的价值要远远大于传统的“物质生产劳动”，但这种理解进路需要学理性的澄清；三是总体工人的参照视域，大部分普通互联网用户都作为“总体工人”的一个环节参与了价值创造，但却没有参与到剩余价值的分配。

一 数字化时代的“生产性消费”

2019 年 10 月，党的十九届四中全会首次提出要把“数据”作为一种生产要素①，2020 年 3 月，中共中央、国务院发布了《关于构建更加完善的要素市场化配置体制机制的意见》，在土地、劳动力、资本和技术等生产要素之外，明确提出要“加快培育数据要素市场”②，“数据成为一种生产要素”既是一种“实然”层面的描述，也是一种“应然”层面的要求，但我们必须厘清问题的根本：“数据”何以成为一种生产要素？

（一）“数字帝国”的诞生

2021 年 8 月，美国《财富》杂志公布了最新的世界 500 强企业的

① 《中共中央关于坚持和完善中国特色社会主义制度　推进国家治理体系和治理能力现代化若干重大问题的决定》，《人民日报》2019 年 11 月 6 日第 1 版。

② 《中共中央　国务院关于构建更加完善的要素市场化配置体制机制的意见》，《中华人民共和国国务院公报》2020 年第 11 期。

排行榜①，受新冠疫情影响，大多数企业的营业收入和利润都有大幅跌落，但总体运行态势平稳，实体企业和金融企业仍然占据排行榜的主要位置，但有几个指数比较特殊，共有 7 家互联网企业进入了排行榜。从总营业收入来看，Amazon 排在第 3 位，谷歌的母公司 Alphabet 排在第 21 位；从总利润额来看，Alphabet 排在第 7 位，Facebook（已改名为“Meta”）排在第 10 位；从利润率来看，Facebook（Meta）排在第 3 位，腾讯排在第 4 位。中国的 4 家互联网企业分别是京东、阿里巴巴、腾讯和小米，总营业收入的排名都有大幅提升。但这些互联网企业成立的时间距今也才二十余年（或不到二十年），较之于传统的实体企业和金融企业，这些互联网企业的雇佣人数也较少，那么按照马克思的“劳动价值论”和“资本积累理论”，这些互联网企业是如何在短时期内就成长为今天的“资本帝国”的呢？

这些互联网企业的主营业务有所差异，但有一个共性，即建构了新的平台，如社交平台、购物平台、零售平台、游戏平台、视频平台等，因此又被称为平台经济（Platform Economy），各种平台其实并不直接从事具体的物质生产，可以借用一句广告词来形容平台的作用：“我们不生产水，我们只是大自然的搬运工。”平台主要起“搬运工”的中介作用。其“可视化”的主要利润来源为：一是平台的收租，如 Amazon、美团、滴滴、淘宝等平台，他们只提供平台，但也借助平台抽成②；二是平台的广告收益，如 Facebook（Meta）、Twitter 等社交平台③，“可视化”的主要利润来源是从流通领域内来看的，但按照马克

① 美国《财富》杂志排行榜可参见网址：https：//fortune. com/fortune500/2021/search/；《财富》杂志中文网可参见网址：https：//www. fortunechina. com/fortune500/c/2021-08/02/content_ 394571. htm。

② 据清华大学社科院发布的《中国一线城市出行平台调研报告》来看，2021 滴滴平台的抽成比例，其样本均值为订单收入的 24.9%，参见网址：https：//www. sohu. com/a/465817927_ 483389。

③ Facebook（Meta）的广告收益常年维持在总营业收入的 96%—98%。

思政治经济学的基本思路，我们还必须回到隐匿的生产领域去透视平台利润的生产。从隐匿的生产领域来看，其主要利润来源有两个，一是平台中的“雇佣工人”或“零用工人”，平台以“工资”或“绩效”的方式剥夺他们的剩余价值（获取利润），我们可以用马克思“资本雇佣劳动”的经典分析框架来分析这部分劳动；二是广大的互联网用户（平台用户），平台的广告收入为什么能够实现？其中一个根本原因就是依赖于广大的互联网用户，但关于广大互联网用户的各种活动的分析却恰好构成了当前研究的一个短板。

平台型经济的一个重要特质就在于“精准推荐”或“个性化推荐”，进一步而言，就是“广告”，但这种“广告”明显不同于传统的单向广告，而是 Web 2.0 时代的双向或多向广告，Facebook（Meta）等社交媒体就是以此为生，从而建构起庞大的“资本帝国”。较之于传统的广告（如电视广告、报纸广告等），平台经济背后的广告商充分了解他们的消费者，因为他们拥有关于消费者完整的“数字画像”。“数字画像”的建构是互动的和双向的，其根本依据就是广大互联网用户在各种平台中留下的海量数据。平台能够根据用户的既往购物经验（数据）完成了对于自我的“数字画像”，如收入状况、性别、喜好等，用户在数字世界中已经有了一个“数字孪生体”（Digital Twin），这种“广告”的成功就在于它的预测性和精准性，“大数据的核心就是预测”①。因此，在平台经济中，“数据”已经成为最重要的生产要素，它是广告商愿意支付广告费用和这些互联网企业成长如此之快的重要原因，正如斯尔尼塞克所言：“我们应该把数据作为必须提取的原材料，用户的活动是这种原料的天然来源。就像石油一样，数据是一种

① ［英］迈尔-舍恩伯格：《大数据时代》，盛杨燕、周涛译，浙江人民出版社 2013 年版，第 16 页。

被提取、被精炼并以各种方式被使用的物质。”① “数据”已经成为数字化时代的“新石油”，互联网企业的“资本帝国”，其本质乃是“数字帝国”（数据帝国）。

（二）普通互联网用户的“生产性消费”

普通互联网用户的角色在平台经济中的分析中最容易被忽视，当前的经济学研究更多地侧重于流通领域的分析（如收租和广告），也有学者从马克思主义政治经济学视域来研究互联网中专业劳动者（如程序员）的数字劳动，认为这些专业劳动者的数字劳动才是生产性劳动，而普通互联网用户则被排除在了“数字劳动”之外。② 前一种经济学分析正是马克思所批判的古典政治经济学的研究思路，即寓于流通领域来解释利润（剩余价值）的生产，这明显是表层化的分析，马克思是想从生产领域来透视资本主义剩余价值生产的秘密；后一种分析虽然回归了马克思政治经济学的分析语境，但明显没有办法解释，为什么当前的互联网企业在雇佣人数如此之少的情况下，能够获得如此之大的利润增长？一个可能性的回答就在于普通互联网用户其实并没有游离于“数字劳动”之外，恰好构成了“数字劳动”的重要主体，并构成了新兴互联网企业最重要的盘剥对象。

“产消者”③ 是托夫勒和福克斯提出的重要概念，它意味着对于普通的互联网用户而言，生产与消费是直接同一的，玩与劳动也是同一的（玩、劳动：Play－labor、Playbor），正如福克斯所指出的：“在企业

---

① ［加］斯尔尼塞克：《平台资本主义》，程水英译，广东人民出版社2018年版，第46页。

② 如有学者从马克思主义政治经济学出发，认为数据工程师的劳动才算生产性的数字劳动，参见陆茸《数据商品的价值与剥削——对克里斯蒂安·福克斯用户“数字劳动”理论的批判性分析》，《经济纵横》2019年第5期；夏玉凡：《传播政治经济学视域中的数字劳动理论——以福克斯劳动观为中心的批判性探讨》，《南京大学学报》2018年第5期。

③ “产消者”是“生产者”（Producer）与“消费者”（Consumer）组合而成的一个新词，不是“产销者”。

社交媒体平台诸如‘脸书’（Facebook）、‘推特’（Twitter）和YouTube、谷歌上，用户不只是信息的消费者，而是生产者——生产性消费者。”① “‘脸书’（facebook）所有者的财富和公司的利润都是基于剥削用户的劳动，而这是无偿的……数字劳动是被剥削的，尽管这种剥削在社交媒体上并不会让人感觉像是剥削——因为数字劳动是一种玩劳动，它隐藏了在与其他用户联系和接触的乐趣背后的剥削的现实。”② 也有很多国外学者对福克斯的观点进行了批判，认为福克斯的“生产性消费”是一种“泛劳动论”，认为普通互联网用户的消费是“非生产性的”，只是“实现”了价值而不是“创造”了价值，针对这些观点，福克斯进行了全面回应。③

马克思关于“生产性消费”有过明确的论述，在《资本论》中，马克思区分了两种消费，一种是个人消费，所消费的是“生活资料”，主要是为了自己的生存和进行“再生产”，消费结果属于自己；另一种就是生产性消费，例如工人在工厂里进行生产时，必须消费很多原材料，这种消费就是直接生产，两者是高度统一的，这种消费的对象是“生产资料”，其“目的”是为进行“直接生产”和为资本家创造剩余价值，消费结果也归属于资本家。④ 马克思提出“生产性消费”概念的原初语境主要是针对社会生产层面的，从个人消费层面来看，生产与消费分属于不同的领域，当普通工人消费所购买的生活资料时，整个生产和流通的过程就完结了，这也是一些学者依据马克思的原初观点来反对数字化时代“产消一体”观点的缘由。但我们必须认识到，

① ［英］福克斯：《数字劳动与卡尔·马克思》，周延云译，人民出版社2020年版，第369页。

② ［英］福克斯：《数字劳动与卡尔·马克思》，周延云译，人民出版社2020年版，第371—372页。

③ 李弦：《数字劳动的研究前沿——基于国内外学界的研究述评》，《经济学家》2020年第9期。

④ 《马克思恩格斯文集》第5卷，人民出版社2009年版，第659页。

数字化时代的劳动方式和消费方式已经升级迭代，当我们在网上购买一件商品并把它消费掉时，我们的生产和流通过程并未完结，而是产生了新的商品：数据商品（Data Commodity），这部分商品毫无疑问就是被广大互联网用户创造出来的，当这部分数据商品被平台出售给广告公司时，其使用价值和价值属性就会凸显出来。

在马克思看来，“生产性劳动”的本质特征是“创造剩余价值”，“生产劳动的概念缩小了。资本主义生产不仅是商品的生产，它实质上是剩余价值的生产”①，数字化时代的商品形式（如数据商品）、劳动方式、消费方式显然已经发生了本质性更迭，我们的消费、娱乐、休闲本质上也演变成一种“生产性劳动”，因为普通互联网用户不仅创造出“数据商品”，而且这部分商品（及其剩余价值）全部被平台及其背后的资本家据为己有（只是我们没有意识到而已）。假若我们还是完全按照机器大工业时代“资本雇佣劳动”（存在雇佣关系）的分析框架来分析平台经济，认为与平台之间具有雇佣关系的专业劳动者的数字劳动，才是创造价值和剩余价值的唯一来源，那么我们就窄化了马克思的劳动价值论，就无法解释为什么很多新兴的互联网企业在雇佣人数不是很多的情况下（较之于拥有较长发展历史的实体企业和金融企业），还能获取如此之高的利润总额（剩余价值总额）。究其根本原因就在于普通互联网用户的“产消一体性”，他们在互联网中的各种活动也是创造剩余价值的“生产性劳动”，只是变得更加“不可见”而已。

二　非物质劳动的理解进路

“生产性消费”主要是从普通互联网用户的角度来说的，从整个生产领域来看，互联网中专业劳动者、零工劳动者和普通互联网用户都是数字劳动的主体。也有很多学者把“数字劳动”理解为一种“非物质劳

① 《马克思恩格斯文集》第5卷，人民出版社2009年版，第582页。

动”，尤其是在ICT、大数据、物联网等新兴技术快速发展的大背景下，认为“非物质劳动”所创造的价值要远远大于传统的“物质生产劳动”。

（一）“非物质劳动”（Immaterial labor）概念的缘起

“非物质劳动”的概念最早是由意大利的“自治主义者”拉扎拉托提出的，他把“非物质劳动”定义为“生产商品的信息和文化内容的劳动”①，“生产信息内容的劳动”是指第二产业和第三产业中从事信息操作的劳动，如信息工人的劳动；“生产文化内容的劳动”是指从事艺术、时尚、消费者规范的劳动。拉扎拉托认为，工业革命在21世纪初发生了本质性更迭，即第二次工业革命向第三次工业革命、第二产业向第三产业、福特制生产向后福特制生产的转变，福特制生产主要把人“降格”为“劳作动物”，标准化的生产决定了消费；但后福特制却是“‘生产’了生产者”②，即消费决定了生产，如“一辆汽车只有在销售网络中被订购了之后才会被投入生产”③。奈格里和哈特在拉扎拉托的基础上进一步发展了“非物质劳动”概念，其理论背景仍然是信息化的第三次工业革命的兴起。奈格里和哈特最初主要是从“劳动产品”的角度来界定“非物质劳动”概念的，“非物质劳动——生产一种非物质商品的劳动”④，他们区分开了三种类型的“非物质劳动”，一是信息化的生产方式，其中的物质劳动与非物质劳动交织在一起；二是分析和象征性的劳动；三是情感和身体模式的劳动。⑤ 在随后的

① ［意］拉扎拉托：《非物质劳动》，载《帝国、都市与现代性》，许纪霖主编，江苏人民出版社2006年版，第139页。

② ［意］拉扎拉托：《非物质劳动》，载《帝国、都市与现代性》，许纪霖主编，江苏人民出版社2006年版，第12—13页。

③ ［意］拉扎拉托：《非物质劳动》，载《帝国、都市与现代性》，许纪霖主编，江苏人民出版社2006年版，第146页。

④ ［美］哈特、［意］奈格里：《帝国——全球化的政治秩序》，杨建国、范一亭译，江苏人民出版社2008年版，第284页。

⑤ ［美］哈特、［意］奈格里：《帝国——全球化的政治秩序》，杨建国、范一亭译，江苏人民出版社2008年版，第286页。

《诸众》中，奈格里基本上舍弃了第一种“信息化生产方式”的概念，主要是从“智力劳动”和“情感劳动”两个层面来论述的。①

“智力劳动”（Intellectual labor）的概念是意大利自治主义学派在马克思《1857—1858年经济学手稿》（简称《大纲》）的基础上提出的。“固定资本的发展表明，一般社会知识，已经在多么大的程度上变成了直接的生产力，从而社会生活过程的条件本身在多么大的程度上受到一般智力（General Intellect）的控制并按照这种智力得到改造。”②马克思在德语版的《大纲》中使用了一个英语概念：“一般智力”（General Intellect），这个概念被奈格里、维尔诺、哈特等人“创造性”地解释为“智力劳动”（Intellectual Labor）。智力劳动主要表现为认知和脑力劳动，是信息化时代的主要劳动方式和创造价值的主要来源。目前，中国学界主要是从“智力劳动”的角度来理解奈格里、维尔诺等人的“非物质劳动”概念的，但我们必须注意到，奈格里与拉扎拉托有一个显著差异，奈格里和哈特尤其重视“非物质劳动”中的“情感劳动”，奈格里认为“情感劳动”（Affective Labor）还不同于“情绪反映”（Emotional Response），“情感劳动”包含“身体”和“心灵”两个部分，如空姐和快餐店员工，他们的工作中都包含了大量的“情感劳动”③。哈特更是直接指出：“情感劳动是我所说的‘非物质劳动’

---

① Michael Hardt and Antonio Negri, *Multitude: War and Democracy in the Age of Empire*, New York: The Penguin Press, 2004, p. 108.

② 《马克思恩格斯文集》第8卷，人民出版社2009年版，第198页。

③ 参见 Michael Hardt and Antonio Negri, *Multitude: War and Democracy in the Age of Empire*, New York: The Penguin Press, 2004, p. 108. 奈格里其实并没有区分开“情绪劳动”（Emotional Labor）和“情感劳动”（Affective Labor），他所指的“空姐”的“情感劳动”其实对应于后来美国社会学家霍赫希尔德的“情绪劳动”概念，霍赫希尔德指出：“我使用‘情绪劳动’（Emotional labor）一词是指对情感的管理，以创造一个公众可观察到的面部和身体展示。”“情绪劳动”是一种外在的表演，可以控制和量化，但“情感劳动”往往是一个内在化的概念。参见 A. R. Hochschild, *The Managed Heart: Commercialization of Human Feeling*, University of California Press, 2012, p. 7.

的一个方面，相对于全球资本主义经济中的其他劳动形式而言，它已经占据了主导地位。”① 从目前国内已有的研究成果来看，传播政治学已经注意到了情感劳动在数字经济中的重要作用，并进行了很多实证性研究，而从马克思主义政治经济学的角度研究情感劳动的研究成果还比较少，这也构成了今后的一个重要研究方向。

（二）把数字劳动理解为一种非物质劳动

从意大利自治主义学派所提出的“非物质劳动”概念来看，他们主要侧重于第三次工业革命（信息化革命）及其带来的劳动方式的改变，其探讨重点是“雇佣关系”中的智力劳动、情感劳动等，他们还没有深入到如今的数字化时代（也有学者称之为第四次工业革命）。泰拉诺瓦是最早从非物质劳动的角度来定义互联网中的数字劳动的，她一方面吸收了意大利自治主义学派的“非物质劳动”概念，另一方面又借鉴了加拿大传播政治经济学的“受众劳动”理论，她把数字劳动定义为“建立网络、修改软件包、阅读和发邮件以及建立虚拟空间”的活动，② 显然，泰拉诺瓦的侧重点是互联网中普通用户的数字劳动，她用了“Free Labor”这个双关语来形容普通互联网用户的数字劳动，一方面是“自由”的（准入和享用的自由），另一方面又是“无偿”的，在“无偿”的方面，泰拉诺瓦用了“网奴”（Net Slaves）来形容。

在泰拉诺瓦之后，国外学界关于数字劳动的研究就有了不同的侧重点，有学者侧重于数字化时代雇佣劳动者在劳动方式层面的改变，如丹·席勒（Dan Schiller）的《数字资本主义》等；也有学者从互联网中普通用户的角度来研究数字劳动，如舒尔茨和福克斯等，舒尔茨

① Michael Hardt, “Affective Labor”, *boundary*, Vol. 26, No. 2, 1999, pp. 89 – 90.

② Taziana Terranova, “Free labor: Producing Culture for the Digital Economy”, *Social text*, Vol. 18, No. 2, 2000, pp. 35 – 38.

在《为什么数字劳动如此重要》一文中指出：在社交媒体中，“我们这些‘用户’是作为产品出售的”①。“现在是时候通过承认网络社交在全球范围内前所未有的转变来重新思考那些老掉牙的数字鸿沟概念了。虽然20亿互联网用户确实是全球少数，但使用手机的50亿人及其家庭却并非如此。”② 福克斯是国外学界从马克思主义政治经济学的角度来批判性地研究数字劳动的代表性学者，他的研究重点也是普通互联网用户的数字劳动，《数字劳动与卡尔·马克思》是其代表作，其着重点是研究社交媒体中的数字劳动，他把社交媒体上的数字劳动类比于“家务劳动”，“因为这种劳动没有工资，主要是在业余时间进行，没有工会代表，很难被认为是劳动”③。但福克斯与自治主义学派、泰拉诺瓦（乃至舒尔茨）都有一个显著差异，福克斯并不是把普通互联网用户的数字劳动理解为一种“非物质劳动”，而是理解为一种总体性的“物质生产劳动”。在福克斯看来，一个完整的数字劳动过程必然包含认知、交流、合作等环节，“工作过程需要认知、交流和合作作为生产的工具。因此，制造业的实物生产以及农业工作和采矿工作从来都离不开信息过程”④。把具有认知意义的“智力活动”理解为一种纯粹的“非物质劳动”，在福克斯看来是一种“唯心主义”的。在福克斯的案例研究中，硅谷高级工程师的活动好像是“非物质劳动”，但这种“非物质劳动”仍然是与其他物质劳动紧密联系在一起的，它还包含印度的软件制造、富士康的工厂加工、非洲的矿物开采等，整个世界就是

① Trebor Scholz, “Why Does Digital Labor Matter Now?”, in *Digital Labor: The Internet as Playground and Factory*, Routledge, 2013, p. 10.

② Trebor Scholz, “Why Does Digital Labor Matter Now?”, in *Digital Labor: The Internet as Playground and Factory*, Routledge, 2013, p. 11.

③ ［英］福克斯：《数字劳动与卡尔·马克思》，周延云译，人民出版社2020年版，第370页。

④ ［英］福克斯：《数字劳动与卡尔·马克思》，周延云译，人民出版社2020年版，第330页。

一座巨型工厂，因此在福克斯看来，“非物质劳动”与“物质劳动”总是深度交织的。

三　总体工人的参照视域

较之于信息化的第三次工业革命，数字化时代的劳动方式和生产方式已经发生了本质性更迭，其中一个重要改变就是广大互联网用户的出现，如何分析和界定广大互联网用户在数字经济中的重要作用，就成为一个重大的时代课题。

（一）生产性劳动与非生产性劳动的关系辩解

进入数字化时代，广大互联网用户已经被各种平台所吸纳，成为总体工人的一部分，但“总体工人”概念的理解依赖于生产性劳动与非生产性劳动的关系辩解。国外学界关于普通互联网用户的数字劳动到底是一种生产性劳动还是一种非生产性劳动已经进行了诸多讨论。前文已经提到，泰拉诺瓦是从“非物质劳动”的角度来定义普通互联网用户的数字劳动的，福克斯则予以反对。塞耶斯也是反对“非物质劳动”概念的代表性学者，在《劳动概念：马克思及其批评者》一文中，他一方面批判奈格里和哈特的“非物质劳动”概念，另一方面又反对阿伦特、哈贝马斯等人对于劳动概念的哲学式理解，塞耶斯认为马克思的劳动概念赓续了黑格尔的哲学基础，“马克思使劳动是一种‘赋形’（Formative）活动这一观点成为关于劳动的概括性的阐述。它不是形容特定的某种工作，而是普遍适用于所有形式的工作”①。“劳动作为一种‘赋形’（Formative）活动”是一种普遍性的工作，而并非固定在工厂中的“生产主义者的想象”，质言之，塞耶斯认为奈格里和哈特等人把马克思的劳动概念仅仅理解为一种“物质生产劳动”，其实

① Sean Sayers，“Concept of Labor：Marx and His Critics”，*Science & Society*，Vol. 71，No. 4，2007，p. 432.

有些窄化，塞耶斯的这种观点也是“模棱两可”的，康加恩就直接批判了塞耶斯的这种观点，认为塞耶斯“没有澄清物质劳动和非物质劳动之间的关系”[①]，并批判塞耶斯没有注意到泰拉诺瓦、福克斯等新近学者的观点，也忽视了马克思本人关于“非物质”概念的使用。在康加恩看来，“非物质的重要特征是，它以不同的方式表达了物质现实的外观形式。非物质本身是作为物质的、有形的或可见的物体、关系和过程的辩证对面出现的。文化或服务工作的产品是物质的，因为它们在社会生产关系中具有转换性，但它们并不像椅子或桌子那样出现。然而，精神、智力或非物质劳动的过程似乎是非物质的，因为它包括模型、计划或想象中的重建，但这些也是生物、神经、物理和社会活动的产物”[②]。我们可以看到，塞耶斯和康加恩都力图把“非物质劳动”还原为一种“物质劳动”，但其实又把问题导向了另一个层面，他们主要是从“物质性”层面与“非物质性”层面来解释马克思的生产性劳动和非生产性劳动的。

马克思在《资本论》及其手稿中，一方面高度肯定了“物质生产活动”的基础性作用，另一方面又详细分析了各种“非物质劳动”，如表演艺术家、演员、医生的劳动等，[③] 那么问题在于，这些“非物质劳动”到底算不算一种生产性劳动？在马克思看来，同样一种“非物质劳动”既可以是生产性劳动，也可以是一种非生产性劳动。马克思厘清了生产性劳动的两大条件：一是存在雇佣关系，工人是“雇佣工人”；二是工人创造了剩余价值，“这个部分不仅部分地保持预付的资

① Kaan Kangal, “Sean Sayers' Concept of Immaterial Labor and the Information Economy”, *Science & Society*, Vol. 81, No. 1, 2017, p. 124.

② Kaan Kangal, “Sean Sayers' Concept of Immaterial Labor and the Information Economy”, *Science & Society*, Vol. 81, No. 1, 2017, p. 131.

③ 《马克思恩格斯文集》第8卷，人民出版社2009年版，第417页。

本价值，部分地再生产预付的资本价值，而且同时增大预付的资本价值”①。“没有第二个条件，第一个条件也能发生。”② 例如一个资本家“雇用”一个钢琴师到家里弹奏钢琴，在马克思看来，这里的钢琴师其实并不是“生产工人”，“当购买劳动是为了把它作为使用价值、作为服务来消费，而不是为了把它作为活的要素来代替可变资本价值并合并到资本主义生产过程中去的时候，这种劳动就不是生产劳动，雇佣工人就不是生产工人”③。从马克思的深层逻辑来看，生产性劳动（生产工人）得以成立的根本性条件并不在于雇佣关系，而在于是否实现了增殖，“直接创造剩余价值的劳动，也就是使资本增殖价值的劳动，是生产劳动”④。因此，塞耶斯和康加恩想从“物质劳动”与“非物质劳动”的角度来解释马克思的“生产性劳动”概念，其实走错了方向，我们也可以把弹钢琴的“非物质劳动”还原为一种“物质劳动”，进而把它理解为一种“生产性劳动”，但在马克思看来，判断“弹奏钢琴”到底是不是一种“生产性劳动”，归根结底取决于它是否创造了剩余价值。⑤

（二）数字化时代的总体工人

“生产性劳动”的反题就是“非生产性劳动”，“非生产性劳动”的本质特征并不是“非物质性”，而在于“非增殖性”，“家务劳动”就是马克思意义上的典型“非生产性劳动”。但我们必须注意的是，马克思对于生产性劳动与非生产性劳动的区分其实是有“总体工人”（Collective Worker）的参照视域的。“总体资本家是买者，总体工人是

① 《马克思恩格斯文集》第8卷，人民出版社2009年版，第522页。

② 《马克思恩格斯文集》第8卷，人民出版社2009年版，第522页。

③ 《马克思恩格斯文集》第8卷，人民出版社2009年版，第523页。

④ 《马克思恩格斯文集》第8卷，人民出版社2009年版，第521页。

⑤ 例如一位资产者与一位钢琴师达成协议，让钢琴师去给其他人培训钢琴，资产者能够从中抽成（赚取剩余价值），那么这种“非物质劳动”就是一种“生产性劳动”。

卖者。"[①]"单个工人作为这个总体工人的单纯成员的职能距直接体力劳动是远还是近，那都完全没有关系。"[②]"为了从事生产劳动，现在不一定要亲自动手；只要成为总体工人的一个器官，完成他所属的某一种职能就够了。"[③]在马克思看来，随着生产力的发展，一个普通工人，不管他进行的是体力劳动还是脑力劳动、是非物质劳动还是物质劳动，只要作为"总体工人"的一员，都参与到了创造价值和剩余价值的生产。

回到数字化时代的数字劳动，互联网中专业劳动者（如程序员）与零工劳动者（如与平台处于零工关系的滴滴司机、外卖员等），他们是进行生产性劳动和创造剩余价值的显性来源，而一部分互联网用户也通过"非物质性"的"生产性劳动"参与到了平台价值的创造和剩余价值的分配（例如李子柒的视频制作），但对于大部分普通互联网用户而言，他们都只是作为"总体工人"的一员参与了价值创造，而没有参与到剩余价值的分配（如前文所述的普通互联网用户的"生产性消费"）。正如福克斯所指出的："总体工人概念的逻辑后果是，如果一个人是生产商品的总体工人之一，他就会受到剥削并且具有生产性。'脸书'（Facebook）和其他企业数字媒体的数字劳动联系到一个构成信息和通信技术（ICT）行业的完整的价值链与一个全球剥削领域。"[④]"家务劳动"本来是被排除在"生产性劳动"之外的，它不能产生增殖，但进入数字化时代，普通互联网用户的数字劳动作为一种"家庭主妇式的劳动"显然构成了"总体工人"的一个部分。[⑤]

---

① 《马克思恩格斯文集》第6卷，人民出版社2009年版，第495页。

② 《马克思恩格斯文集》第8卷，人民出版社2009年版，第522页。

③ 《马克思恩格斯文集》第5卷，人民出版社2009年版，第582页。

④ ［英］福克斯：《数字劳动与卡尔·马克思》，周延云译，人民出版社2020年版，第348—349页。

⑤ ［英］福克斯：《数字劳动与卡尔·马克思》，周延云译，人民出版社2020年版，第359页。

数字化时代的“总体工人”并不是一种“泛劳动论”，而是对于传统劳动方式的升级迭代。传统的“家务劳动”并不能创造剩余价值，因此也是无酬的，被排除在了“生产性劳动”之外。福克斯把普通互联网用户的数字劳动类比于“家务劳动”，其实只是类比了它们的共同点，即“无酬性”，但两者还存在本质性差异：家务劳动毕竟还是一种劳动，而普通互联网用户的各种活动通常表现为“消费”和“玩”；家务劳动并没有产生额外的数据，而普通互联网用户在平台中的各种活动还产生了大量数据，并被平台作为“数据商品”出售给了广告商，因此，对于生活在互联网时代的数字原住民而言，只要我们还在使用各种平台，我们随时随地都在进行着生产。个人消费与社会消费之间的屏障已经在大数据时代被打破了，在马克思所生活的年代，“生产性消费”只存在于社会生产层面，而对于普通个人而言，生产与消费分属于不同的领域，但在数字化时代，个人的消费结果直接就构成了平台生产的“原材料”，“产消一体”在数字化时代已经成为一种新现实。传统的“家务劳动”仍然在数字化时代存在，但当“家务劳动”作为“家政服务”并在互联网上进行售卖时，它就转化为平台经济的一种，而平台经济正以摧枯拉朽之势完成了对于传统行业的升级迭代，以至于今天任何一家实体业、服务业或金融业，假若没有平台的中介，仿佛都已经无法生存，仿照《共产党宣言》中的一句话，“平台经济把一切个体甚至最偏远的个体都卷入到了数字文明中来了”①。只要我们还使用各种平台，我们就会进行各种“生产性消费”和“玩劳动”，就是作为数字劳动的主体参与到“总体工人”的价值创造中。

① 马克思的原文是：“把一切民族甚至最野蛮的民族都卷到文明中来了，”参见《马克思恩格斯文集》第2卷，人民出版社2009年版，第35页。

第二节　数字劳动价值论的理论解析

在马克思政治经济学的研究中，劳动主要指向“物质生产劳动”，劳动价值论构成了其基础理论，其核心要义是指雇佣劳动者的抽象劳动（“活劳动”）构成了价值的唯一源泉，但正如有学者指出的：“对于什么劳动创造价值的问题，应当与时俱进地进行分析。”① 进入数字化时代，数字劳动也成为创造价值的重要源泉，数字劳动价值论就是指处于雇佣和非雇佣关系中的数字劳动者，通过“活劳动”为数字化平台创造价值（及其剩余价值）的过程，这种“活劳动”同时也是一种抽象劳动，在生产着“数据商品”。但进入数字化的工业 4.0 时代，无论是从其劳动产品层面来看，还是从其劳动者和劳动资料层面来看，数字劳动价值论都已经发生了重大变化，我们可以从三个维度来审视这种新变化，一是，随着平台经济的诞生，数据完成了商品化过程，而决定数据商品产生的乃是各种类型的数字劳动；二是，平台化生产成为经济发展的新引擎，它完成了对于传统实体企业和金融企业的“形式吸纳”和“实质吸纳”，但其价值的创造却是存在争议的，需要用理性的澄清；三是，数字平台虽然实现了对于活劳动的充分吮吸，但智能算法的劳动并不是一种“元劳动”，我们要保障数字化时代“活劳动”的主体地位，建构承认机制、打造数字公地、实现数据共享。

一　数据商品化

进入数字化时代，数据成为一种新型商品，它具有可复制性、非稀缺性等新特点，数据商品的产生依赖于数字技术的进步和数字劳动

① 赵子军、杜磊：《要辩证地看待马克思的劳动价值论》，《经济纵横》2011 年第 5 期。

的兴起。

数据已然是一种“商品”，正如有学者把“数据”比喻为21世纪的“新石油”一样。[①] 2018年5月，欧盟的《通信数据保护条例》(GDPR) 正式运行，其核心主旨乃是个人数据的交易、保护和确权。2020年3月，《中共中央　国务院关于构建更加完善的要素市场化配置体制机制的意见》明确提出要“加快培育数据要素市场”[②]，“数据要素化”与“数据确权”已经成为我国当前发展数字经济的重要举措。对于广大互联网企业（甚至是实体企业和金融企业）而言，数据的重要性已经彰显无遗，仿照《资本论》的开头：“大数据时代占统治地位的社会的财富，表现为‘庞大的数据商品堆积’。”[③] 在大数据时代，谁拥有了用户和数据，谁就拥有了市场和利润，数据已经成为平台经济的“生产原材料”，但对于普通民众（尤其是广大互联网用户）而言，“数据何以成为一种商品”仍然处于半遮蔽状态。

数字化时代的一个重大改变就在于：普通互联网用户已经成为新型的“产消者”。马克思原本区分了两种消费，一种是个人生活资料的消费，属于“非生产性消费”，这种消费与其生产分属于不同的领域，“产品在消费中才得到最后完成，”[④] 消费构成了整个生产和流通过程的完结；另一种是社会层面生产资料的消费，也是一种“生产性消费”

① 世界经济论坛在2010年发布了一份主旨报告：《个人数据：一种新资产类别的出现》，提出“个人数据将成为新石油——一种21世纪的宝贵资源。”参见World Economic Forum. Personal Data：the emergence of a new asset class. https：//www. weforum. org/reports/personal – data – emergence – new – asset – class。斯尔尼塞克也指出：“我们应该把数据作为必须提取的原材料，用户的活动是这种原料的天然来源，就像石油一样。”参见［加］斯尔尼塞克：《平台资本主义》，程水英译，广东人民出版社2018年版，第46页。但这种“新石油”的称呼也容易造成误导，因为数据是一种特殊的商品，从本质上讲，是不具有竞争性和稀缺性的。

② 《中共中央　国务院关于构建更加完善的要素市场化配置体制机制的意见》，《中华人民共和国国务院公报》2020年第11期。

③ 原文为：“资本主义生产方式占统治地位的社会的财富，表现为‘庞大的商品堆积’。”参见《马克思恩格斯文集》第5卷，人民出版社2009年版，第47页。

④ 《马克思恩格斯文集》第8卷，人民出版社2009年版，第15页。

(工业消费)。① 但进入数字化时代，我们的日常生活越来越依赖于各种数字化平台，数字化时代的个人生活资料的消费却联结起了两个不同的领域，即个人生活资料消费的“结果”直接构成了社会化生产的“原材料”，成为一种新型的“生产性消费”。我们在各种平台中的“消费”活动同时也在生产着一种新的商品：数据商品（Data Commodity)。普通互联网用户就是这种数据商品的生产者，但很多人并没有意识到这一点，正如有学者所指出的：“客户数据和分析算法已经被视为一种商业资产，并通过商业秘密得到保护。然而，在这种情况下，有问题的是，个人往往没有意识到他们的个人数据的货币价值，并倾向于低估他们在数据市场中的经济实力，被动地屈从于他们数字身份的商品化。”②

“亚马逊可以帮我们推荐想要的书，谷歌可以为关联网站排序，Facebook 知道我们的喜好，而 LinkedIn 可以猜出我们认识谁。”③数字化平台已经完成了对于我们日常生活的重构，因此也有学者把数字化时代描述为“监控资本主义时代”④ 或“数字化的全景敞视监控时代”⑤。普通互联网用户在各种平台中的“消费”活动同时是一种“生产性消费”，即在“生产”着各种数据，这些数据构成了数字化平台的“生产原材料”，并作为一种特殊的商品（数据商品）予以出售。各种数字化平台能够通过互联网用户所留下的各种数据来实现对于用户的精准数字画像，这也构成了互联网平台的技术性基础，数字画像

① 《马克思恩格斯文集》第 8 卷，人民出版社 2009 年版，第 14 页。

② G Malgieri, B Custers, “Pricing Privacy—the Right to Know the Value of your Personal Data”, *The Computer Law and Security Report*, Vol. 34, No. 2, 2018, p. 290.

③ ［英］迈尔 - 舍恩伯格：《大数据时代》，盛杨燕、周涛译，浙江人民出版社 2013 年版，第 16 页。

④ 参见 Shoshana Zuboff, *The Age of Surveillance Capitalism: The Fight for a Human Future at the New Frontier of Power*, New York: Public Affairs, 2019, p. 14.

⑤ 参见［德］韩炳哲：《精神政治学》，关玉红译，中信出版社 2019 年版，第 90 页。

主要是对用户的ID、性别、消费标准、购物深度、浏览活跃时间、购物活跃时间、收藏与加购类目等数据,[①] 所进行的收集（爬虫）、理解、清洗和建构的完整过程，其主要目标是要建构一个一般化的数据模型，针对不同的个体实现精准的广告推荐。数据模型就是对于普通互联网用户的数字画像，但我们要注意的是，数据的收集、理解、清洗乃至模型的建构过程，都高度依赖于各种原始数据，而这些原始数据的商业化过程（Data Commercialization）从其技术性层面来看主要包含“数据作为额外的输出”“数据作为辅助力量”“数据作为核心能力”“数据作为原材料”等不同阶段，[②] 从马克思的劳动价值论来看，这些“原始数据”作为一种商品，它们的产生都依赖于背后的数字劳动，而如何界定这些数字劳动就成为一个争议的焦点。

二　平台化生产

以社交平台 Facebook（已改名 Meta）为例，它并不进行直接的“物质生产”，而是依赖于平台化生产来获取广告收益（其广告收益率维持在了96%—98%），平台化生产显然不是在生产着有形的“物质产品”（甚至也不是广告），而是在生产着各种数据模型（或者说在生产着平台自身），它们构成了实体企业和金融企业进行生产的重要引擎，借用马克思的一句话：“这些数据模型生产着生产。”

（一）平台化生产成为经济发展的新引擎

“如果没有消费，生产就没有目的。消费从两方面生产着生产。”[③] 一方面，生产出的产品只有在消费中才能证实自己；另一方面，消费

① 如阿里云的天池实验室就公布了很多原始数据集，也是很多人进行数据分析的“原材料”，参见 https：//tianchi. aliyun. com/dataset? spm = 5176. 12282016. 0. 0. 14f76d92FTweKY。

② Manhai Li，“Making Meaning：How Experience Design Supports Data Commercialization”，*Practice and Case Studies*，Vol. 33，No. 1，2019，pp. 293 – 295.

③ 《马克思恩格斯文集》第8卷，人民出版社2009年版，第15页。

又构成了生产的目的，“消费在观念上提出生产的对象，把它作为内心的图像、作为需要、作为动力和目的提出来”①。“消费生产着生产”是马克思在机器大工业时代提出来的，但却具有后福特制生产的基本特质。机器大工业生产是典型的福特制生产（工业2.0时代），标准化的生产决定了消费；但进入信息化时代（工业3.0时代），“一辆汽车只有在销售网络中被订购了之后才会被投入生产，”② 拉扎拉托认为信息化时代主要是一种后福特制的生产方式，是消费决定了生产，殊不知，其实马克思早在《资本论》及其手稿中就提出了“消费生产着生产”的观点。

数字化时代（工业4.0时代）的平台化生产，把“消费决定生产”推向了新的高点，成为真正意义上的“普照的光”和“特殊的以太”。“消费决定生产”虽然也体现在了信息化时代，但信息化时代的生产与消费并没有形成深层次互动，生产者只能把握到消费者的“显性欲望”（如消费者的真实预购数量等），但进入数字化时代，平台化生产的真正改变在于：它能够透视到消费者的潜在欲望，并通过建立数据模型的方式进行精准预测，“大数据的核心就是预测”③。例如有一群数量不定的人想要订购口罩，信息化时代能够根据这群人真实预定的数量进行精准化生产，但数字化时代的改变在于，平台不仅能够轻松统计出哪些人真实预定了口罩（如哪些人加入了购物车并支付），还能根据互联网用户在平台中的搜索记录（如只是浏览还没有加入购物车），来预测出还有多少人需要购买口罩。又如，谷歌公司在2009年通过对于互联网用户高频搜索词条的统计，提前几周就预料到

① 《马克思恩格斯文集》第8卷，人民出版社2009年版，第15页。

② ［意］拉扎拉托：《非物质劳动》，载《帝国、都市与现代性》，许纪霖主编，江苏人民出版社2006年版，第146页。

③ ［英］迈尔－舍恩伯格：《大数据时代》，盛杨燕、周涛译，浙江人民出版社2013年版，第16页。

了甲型 H1N1 流感病毒的暴发，虽然它也不知道甲型 H1N1 流感病毒为什么会暴发。① 平台的基本作用就是把消费者潜在的欲望（或潜意识）转化为可视化的显性表达。

能够精准地把握互联网用户的各种欲望（或潜意识），并为互联网用户建立数据模型（数字画像），这是互联网企业快速崛起的制胜法宝，也是其他实体企业和金融企业愿意支付给平台高昂广告费用的原因所在。各种平台在其初始阶段还通过“补贴”的方式吸纳新的商户和消费者，现如今，平台已经完成了对于传统实体企业和金融企业的“形式吸纳”和“实质吸纳”，成为经济发展的新引擎，仿照马克思在《共产党宣言》中的一句话：“平台经济已经把一切最偏远的实体企业和金融企业都卷入到了数字平台中来了。”② 但“平台化生产”这个概念又极容易造成误解，仿佛是指各种实体企业通过平台的引擎作用来进行生产。但我们必须注意的是，“平台”本身并不直接从事“生产”（如 Facebook、淘宝、B 站等），为了包容多样性，我们把平台化生产界定为：有形或无形资源通过集中式电子平台的方式在提供者和使用者之间进行交换的经济活动，无论交换的资产类型或交换的方式如何，这个广义的定义强调了两个关键点：一是平台是匹配用户和提供者的工具，主要起中介作用，平台化生产的“产品”主要是关于用户的数据模型；二是平台也是一套定义创造、交换和关闭的关系的规则，平台是“新型权力”的象征，平台化生产构成了数字经济发展的重要引擎。

（二）平台化生产是否创造价值

“利润”是马克思剩余价值概念的重要表现形式之一，从马克思的

① ［英］迈尔－舍恩伯格：《大数据时代》，盛杨燕、周涛译，浙江人民出版社 2013 年版，第 2—3 页。

② 《马克思恩格斯文集》第 2 卷，人民出版社 2009 年版，第 35 页。

"劳动价值论"和"资本积累理论"来看，剩余价值主要源于对于雇佣工人剩余劳动的剥削，并被资本家用来进行扩大再生产，因此雇佣的人数越多、资本积累周期越长，那么剩余价值（利润）就越大。从美国《财富》杂志所公布的世界500强排行榜来看，Facebook（Meta）的利润总额通常排在前5名，但它在全球的雇佣人数还不到六万人[①]，公司在2004年才成立，较之于传统雇佣人数多、资本积累周期较长的实体企业，Facebook（Meta）如何在短时期内就实现了利润总额的大幅度跃升？其平台化生产是否创造了价值？很多学者是从流通领域内来审视平台企业的价值创造的，如考察Facebook（Meta）的广告收益等，但我们必须按照马克思的思路回归更本源的生产层面，才能真正透视到平台化生产的价值创造。

有学者认为数字平台本身就能创造价值，"数据，以其物质形式，具有经济价值，它需要被提取、记录和维护在大规模的存储系统中，以及被组织、处理和分析。数字平台在从数据中创造价值方面起着关键作用"[②]。但这种观点是非常表面化的，它没有从深层次回答数字平台是怎么产生和运行的，回归到马克思的劳动价值论，数字平台作为一种不变资本（固定资本），它本身并不创造价值，它只是实现了价值的转移，雇佣工人的"活劳动"才是创造价值的唯一源泉，那么现在的问题就转化为"什么才是平台经济中的活劳动"。从前文关于数字劳动的概念界定和类型区分来看，一种是处于雇佣关系中通过数字平台所进行的各种有酬的"生产性"劳动，如数据工程师、"微劳动"、外卖员等；另一种是处于非雇佣关系中通过数字平台所进行的各种无酬的"生产性"劳动，如普通互联网用户。针对后一种"活劳动"，有

① 参见 https：//fortune. com/fortune500/2021/search/。

② SK Sasikumar，K Sersia，"Digital Platform Economy：Overview，Emerging Trends and Policy Perspectives"，*Productivity*（*New Delhi*），Vol. 61，No. 3，2021，pp. 342 – 343.

学者指出：“当问到一个人的数据值多少钱时，答案是：不多，关于一个人的一般信息，如年龄、性别和地点，只值0.05美分。购买汽车、金融产品或度假的人对想要推销这些商品的公司来说更有价值。”① 一个人的原始数据并不值钱，只有依靠这些原始数据建立的数据模型才值钱，因此也有学者认为，互联网中专业劳动者（如数据工程师）进行平台化生产才能创造出“数据商品”的价值，而非普通互联网用户的数字劳动。②

数据作为一种商品，具有使用价值和价值的二重属性，但我们如何来判定由普通互联网用户生产的“原始数据”就具有使用价值和价值呢？在许多学者看来，由普通互联网用户生产的原始数据本身是没有使用价值的，因为数字化时代的大数据具有体量大、种类多、价值密度低等特点，“算法是数据使用的问题式，”③ 数据是否具有使用价值是由算法决定的，没有被算法用来建构数据模型的数据都是“无用”的数据，而算法又是由平台背后的专业数字劳动者（如数据工程师）创造出来的，从这个角度来说，与平台有雇佣关系的专业数字劳动者才是从事“活劳动”和生产性劳动的主体。但我们必须注意的是，马克思批判资本主义的焦点就在于资本主义生产资料私有制，平台和算法就是生产资料私有制的典型代表，并不是普通互联网用户无法判断其生产的数据是否具有使用价值，而是他们根本没有掌握“判定”的生产资料。从更宏观的维度来看，假若我们仅仅承认互联网中专业劳动者的数字劳动才是创造价值的唯一源泉，那么我们就窄化了马克思

① G Malgieri，B Custers，“Pricing Privacy—the Right to Know the Value of your Personal Data”，*The Computer Law and Security Report*，Vol. 34，No. 2，2018，p. 292.

② 参见陆茸《数据商品的价值与剥削——对克里斯蒂安·福克斯用户“数字劳动”理论的批判性分析》，《经济纵横》2019年第5期。

③ 吴静：《算法为王：大数据时代“看不见的手”》，《华中科技大学学报》（社会科学版）2020年第2期。

的劳动价值论，我们也就无法解释为什么诸如 Facebook（Meta）这些新兴的平台型企业，在雇佣人数如此之少的情况下能获取如此之高的利润总额。一个合理的解释就在于广大互联网用户成为平台化生产的劳动主体，他们生产出数据商品，但这部分数据商品的价值（及其剩余价值）完全被平台所窃取，普通互联网用户在平台中的各种活动本质上也是一种生产性劳动，正如马克思在《资本论》及其手稿中所指出的，“直接创造剩余价值的劳动，也就是使资本增殖价值的劳动，是生产劳动”①。“生产性劳动”的本质在于“生产剩余价值”（而非雇佣关系），而普通互联网用户就是生产数据商品价值（和剩余价值）的重要主体。

三　数字化时代的活劳动

数据商品化与平台化生产进入了一个新的高度，但也极容易造成对于数字劳动主体的遮蔽，从马克思劳动价值论的基本观点来看，活劳动才是创造价值的唯一源泉，保障数字化时代“活劳动”的主体地位才是有效突破数字异化的重要手段。

（一）数字平台对于活劳动的充分吮吸

前文已经指出，数字平台主要起中介作用，但它同时也成为数字化时代的“普照的光”，它把一切最偏远的实体企业和金融企业都吸纳进来，同时也把一切最偏远的个体都吸纳进来。当我们的日常生活离不开各种平台时，就意味着数字平台完成了对于我们“活劳动”的充分吮吸：一方面，数字平台把其他领域内的“活劳动”都吮吸进去，拓宽了剥削的广度，例如前文所指出的处于零工关系中的人，“资本雇佣劳动”是马克思政治经济学的核心内容，但“雇佣关系”在数字化

① 《马克思恩格斯文集》第 8 卷，人民出版社 2009 年版，第 521 页。

时代已经发生了重大改变，如外卖员、滴滴司机等，他们与平台之间并不具有传统意义上的雇佣关系，而是一种零工（或自我雇佣）关系（并没有签订劳动合同）。“零工关系”的吸引力在于用工灵活、弹性大、多劳多得等，但其内核却是游离于基本的法律责任之外（如免于缴纳社保、免于补偿等），单纯地以“绩效”的方式剥夺了零工的剩余劳动时间。一些自媒体中的内容创作者和风评刷单员亦是如此，他们从平台中所获取的收益往往是微乎其微的，各种数字平台已经通过更加“灵活”的用工关系实现了对于这些零用工人“活劳动”的充分吮吸。另一方面，数字平台也把传统意义上的“非活劳动”转变为“活劳动”，进而加深了剥削的深度，例如广大互联网用户“无意”地充当了数字平台的“无酬”劳动者，我们在各种平台中的活动通常被冠以“消费”“休闲”和“玩”的外衣，实际上却在生产着大量被剥夺的数据商品。在马克思看来，生产与生活原本属于两个不同的领域，剩余价值主要源于生产领域，但现在的数字化平台却把“生活”变成了“生产”领域，完成了对于互联网用户日常生活的深度剥削。

互联网中专业劳动者和普通互联网用户都构成了数字化平台中“活劳动”的主体，正如马克思所批判的：“罗德戴尔之流认为资本本身离开劳动可以创造价值，因而也可以创造剩余价值（或利润）。”① 认为数字平台（固定资本）本身能够离开“活劳动”而创造价值的观点，本质上就是错误的。“资本”与“劳动”的对立关系通常表现为“固定资本”对于“活劳动”的吮吸。在资本主义生产条件下，“资本是死劳动，它像吸血鬼一样，只有吮吸活劳动才有生命，吮吸的活劳动越多，它的生命就越旺盛”②。“固定资本”是“活劳动”对象化的结果，也被称为“死劳动”，因此从其本源意义来看，作为“死劳

① 《马克思恩格斯文集》第8卷，人民出版社2009年版，第194页。

② 《马克思恩格斯文集》第5卷，人民出版社2009年版，第269页。

动”的固定资本并不构成创造价值的源泉，只有人的“活劳动”才是构成创造价值的唯一源泉。正如马克思在《资本论》中所指出的：“由于劳动资料转化为自动机，它就在劳动过程本身中作为资本，作为支配和吮吸活劳动力的死劳动而同工人相对立。”① 进入数字化时代，伴随着AI、云计算、大数据等技术的成熟，数字平台则演变为真正意义上的“自动机”（智能体），如自动算法、深度学习的产生，平台能够自动实现对于原始数据的爬取、理解、清洗和建构，进而“架空”了数字劳动者，因此，平台算法的劳动也变成一种“元劳动”。但我们必须注意的是，在当前的人工智能阶段（弱AI），平台算法的智能劳动最多只能实现对于互联网中专业劳动者部分数字劳动的替代，而且从“劳动价值论”的本源意义来看，平台算法仍然只是专业数字劳动者“活劳动”对象化的结果（死劳动）而已，同时，广大普通互联网用户也永远是“活劳动”的主体，而这部分的数字劳动是智能算法无法替代的。总的来看，互联网中专业劳动者和普通互联网用户的数字劳动才是真正意义上的“元劳动”（活劳动），他们才是创造价值的唯一源泉。

（二）保障数字化时代“活劳动”的主体地位

数字化平台作为一种“固定资本”，本身并不构成创造价值的源泉，反而形成了对于互联网中“活劳动”的深层遮蔽。互联网中专业劳动者和普通互联网用户的数字劳动才是创造价值的唯一源泉，我们可以从以下几个层面来保障数字化时代“活劳动”的主体地位。

其一，“承认”数字劳动的多元主体。数字化时代的生存方式与劳动方式都已经发生了重大变化，我们在前文中区分了不同类型的数字劳动，但也有学者指出，只有在互联网中的专业劳动者才是真正的数

① 《马克思恩格斯文集》第5卷，人民出版社2009年版，第487页。

字劳动者，而把处于零工关系中的人和普通互联网用户都排除在数字劳动者之外，甚至有学者从根本上否定了“数字劳动”“数字资本”“数字资本主义”等类似概念的存在，“‘数字劳动’‘数字资本’‘数字资本主义’……这些术语是不合适的，不符合马克思在《资本论》中关于政治经济学相关术语的运用规则”①。马克思在《共产党宣言》序言中曾经指出：《宣言》的基本原理是“完全正确”的，但“随时随地都要以当时的历史条件为转移”②，马克思的劳动价值论就是一条“基本原理”，它构成了我们研究数字劳动价值论的理论基础，但我们同时要注意的是，马克思所生活的年代主要还是工业 1.0 时代（蒸汽机时代）和工业 2.0 时代（电气化时代），经过信息化工业 3.0 时代之后，现如今我们已经进入了数字化的工业 4.0 时代，我们要在坚持马克思“基本原理”的基础上，去透视数字化时代劳动方式的改变，而数字化时代劳动方式的重要改变就是数字劳动多元主体的诞生，这种多元主体往往又处在被遮蔽的状态中（不被承认），这需要我们从社会层面建构起比较合理的承认机制。

其二，数据确权。《中共中央　国务院关于构建更加完善的要素市场化配置体制机制的意见》把数据分为三类，分别是政务数据、商务数据和个人数据，③ 本章所讨论的主要是个人数据（或者说是个人数据向商务数据的转换）。从国内的各种平台来看，我们进入平台的门槛通常较低（只需要使用通信设备和账号就能注册和登录），在我们初次登录平台时通常会有“同意”和“不同意”两种选项，但其实只有“同意”一种选项，“同意”的内容就包括“收集你个人数据”等内容。

① 余斌：《“数字劳动”与“数字资本”的政治经济学分析》，《马克思主义研究》2021 年第 5 期。

② 《马克思恩格斯文集》第 2 卷，人民出版社 2009 年版，第 5 页。

③ 《中共中央　国务院关于构建更加完善的要素市场化配置体制机制的意见》，《中华人民共和国国务院公报》2020 年第 11 期。

从普通互联网用户的角度来说，很少有人能够从自己所生产的数据中获取收益，但这些数据无疑就是由普通互联网用户生产出来的。目前，国内学界已经开始对于数据确权进行研究，如有学者提出了诸如“数据所有权”和“数据用益权”的二元结构，[①] 一方面，数据所有权归属于数字劳动的多元主体；另一方面，平台型企业又拥有关于数据的用益权，这也是平台型企业愿意进行技术开发的重要动力，但数据权属的明确界分仍然是一个长期性难题。

其三，数据共享。当前数字化平台对于普通互联网用户数据的剥夺也是一种新形式的“数字圈地运动”，数据确权也只是从法律层面的努力，仍然避免不了“所有权就是盗窃”（蒲鲁东语）的可能性境遇。从马克思劳动价值论的未来向度来看，“劳有所得”“按需分配”是共产主义社会的典型特征，因此有学者提出我们要建构“数字公地”，要向“数字社会主义”（Digital Socialism）和“数字共产主义”（Digital Communism）迈进，它们的典型特征是“后稀缺性”“后匮乏性”“后市场性”“后交换性”。[②] 这种带有“后现代主义”和“乌托邦”色彩的主张并不构成实现数据共享的有效路径。我们要想打造数字公地、实现数据共享，需要从生产关系的改变、生产力的发展、观念意识形态的塑造等方面努力。

第三节　主体性悖论：关于数字劳动的批判性反思

我们已经进入了数字化时代，数字化时代的劳动方式也发生了重大改变，即由“物质生产劳动”向“数字劳动”转变，“数字劳动”

---

① 申卫星：《论数据用益权》，《中国社会科学》2020 年第 10 期。

② Christian Fuchs, “The Utopian Internet, Computing, Communication, and Concrete Utopias”, *TripleC: Communication, Capitalism & Critique*, Vol. 18, No. 1, 2000, pp. 146 – 186.

也是确立起人的生命本质的重要手段，但我们看到，这种“数字劳动”作为一种主体行动的逻辑，在数字化时代却陷入了数字资本的统治，从其哲学根底来看，发生了主体性悖论，因此，从哲学基础和现实层面的双重角度来思考这种改变显得至关重要。数字劳动作为一种崭新的劳动方式，它从生产与文化的双重角度确立起人的生命本质和主体性地位。从其生产角度来看，一般互联网用户的数字劳动是一种“生产性劳动”；从其文化角度来看，数字劳动代表着一种参与式的民主文化；从其深层本质来看，这两个层面的数字劳动都难逃异化的命运，都陷入了主体性悖论，而要突破这种悖论，则有两种可能性方案。

一 主体性悖论：一个思想谱系的简单考察

文艺复兴运动以来，主体性哲学逐渐成为西方哲学的奠基石，其中“主体”又包括意识主体、意志主体、身体主体和行动主体等，这些不同“主体”其实是从不同角度回答了“主体”的本质、核心要素、本质内涵等。意识主体构成了西方近代哲学以来主体性哲学的代表性形态，其主要线索是“笛卡尔—康德—黑格尔”，笛卡尔最先确立了“我思”的主体性地位，他通过比较彻底的怀疑论，最后发现“我在怀疑”是不可怀疑的，这里的“我在怀疑”就是“我思”，这确立起了意识哲学的“阿基米德原点”，但这种“我思”也容易陷入一种“内在性”，因此无法把握外在的“对象”。康德的主要贡献就是力图实现外在“对象”与内在认知能力的联结，即实现经验论哲学与唯理论哲学的内在统一，而统一的方式就是以“人的知性为自然立法”。就知性的“一般联结的可能性”[①] 而言，它有三种综合方式能在各种表象之间形成联结进而形成“知识”，即“直观中领会的综合”“想象中

① ［德］康德：《纯粹理性批判》，邓晓芒译，人民出版社 2004 年版，第 87 页。

再生的综合”“概念中认定的综合”，通过这些综合方式，“知识”能够得以产生并具有客观性（普遍有效性），但这三种综合方式的背后还有一个“阿基米德原点”，即先验自我意识，它所起的作用是“统觉的本源的综合统一”①，这种本源性的综合统一就确证起了先验自我意识的真正意义上的主体性地位。但康德的认识论仍然具有“意识的内在性”，其现象与物自体的二分也遭到了黑格尔的批判。黑格尔则以一种“意识的经验科学”来填补二者之间的沟壑，最终形成了绝对精神的“完满”体系。总的来看，笛卡尔的“我思”、康德的“自我意识”、黑格尔的“绝对理性”就构成了意识主体性哲学的主导线索。但这种主体性哲学首先遭到了叔本华、尼采等人的攻讦，他们认为意识主体性哲学担保了意识（理性）的同一性，这其实是荒谬的，他们所强调的则是人的生命意志，这又导向了意志的主体性哲学。不同于对于人的意识和生命意志的肯定，现象学运动逐渐凸显了“身体”的原初性作用，它肇始于胡塞尔晚期的生活世界转向和海德格尔的存在论转向，在梅洛—庞蒂那里趋至成熟，“身体”成为主体与世界打交道的最本真方式。与这些“主体”不同的还有另一种主体观，即行动主体观，简言之，人在自己的现实行动中确证起了自己的生命本质和主体性地位，当然，这里的“行动”不是指费希特的行动哲学（带有非常强的理性意味），而是指马克思主义理论，即人在现实性的实践行为中确立起了自己的生命本质和主体性地位。

人的主体性地位的确立是一个漫长的过程，但对其的解构似乎成为当代哲学家们的一个“时髦”，如“主体性的黄昏”（多迈尔语）、“人死了”（福柯语）等，这构成了主体性的悖论。其中尤以法国的诸多哲学家为代表，法国哲学的发展有两条主线，一是以萨特等人为代表的“意识哲学”的主线；二是以巴什拉、康吉莱姆等人为代表的

① ［德］康德：《纯粹理性批判》，邓晓芒译，人民出版社2004年版，第89页。

“概念哲学”（科学哲学）主线，“概念哲学”对于主体性哲学的拒斥是旗帜鲜明的。除了这两条主线之外，我们还发现拉康、阿尔都塞、福柯等人对于主体性哲学的消解更具代表性（他们与这两条主线若即若离）。拉康被誉为“法国的弗洛伊德”，他发展了精神分析的理论，在主体性的理论建构方面，提出了著名的“主体三界说”，即想象界、象征界和真实界。想象界代表着婴儿和镜像的前语言阶段，这个阶段是通过“小他者”确立起“我”的概念的，而进入了象征界（符号界），语言符号所编制的认知、语法、规则等构成了我们认识这个世界的“先天之网”，也正是在象征界，我们被“质询”为“主体”，也意味着我们进入了特定的社会秩序和文化秩序中，一旦进入这个符号性的秩序中，也必然会发生“符号性的切割”（大他者的切割），而不能被切割的对象小 a 就构成了拉康的“实在界”，拉康的“主体三界说”后来也为齐泽克发展了。拉康的精神分析理论对于阿尔都塞也产生了重要影响，尤其是其中的“质询”概念，阿尔都塞谈到，“通过主体范畴的作用，总体意识形态把具体的个人召唤或质询为具体的主体”①。这里的“意识形态”就大致等同于拉康的“大他者”概念，我们作为具体的个人，却被“意识形态”用“主体的概念”质询为“主体”，这里的“主体”显然是被建构出来的产物，已经丧失了“主体”的本真内涵，因此其本质是“反主体的”，阿尔都塞还以一种隐性的结构主义观点对于传统的“主体”概念进行了消解。以马克思的政治经济学为例，劳动过程通常包括劳动者、劳动资料、劳动对象三要素。一般而言，我们认为劳动者就是劳动的主体，但阿尔都塞认为这是古典政治经济学家们的一个观点，他认为在马克思政治经济学的语境中，真正的主体是“生产关系”，“真正的‘主体’是这些规定者和分配者：

① ［法］阿尔都塞：《列宁和哲学》，杜章智等译，远流出版事业股份有限公司 1990 年版，第 219 页。

生产关系"[①]。这显然是以一种隐性结构主义的观点实现了对于传统"主体"概念的抽空。主体是被建构出来的，这被充分反映在福柯的思想中。福柯认为，"人是一个晚近的发明，""把人变成主体"是现代人的"专利"，现代人是被"生产"出来的，它包括三种生产方式(或三个步骤)，即区分标准与不标准、规训不合乎标准的人、进行主体化的自我教育。其实早在《词与物》中，福柯就已经明确宣称："人死了。"[②] 这也是对于传统主体性哲学（尤其是意识的主体性哲学）的明确拒斥。

主体性的这种悖论也反映在马克思的理论中，总的来看，在马克思的理论中，存在两大逻辑的转换。即主体行动的逻辑向客体性逻辑的转换。在1858年以前，马克思主要坚持的是主体行动的逻辑，其时代背景是工场手工业，但在这种"行动主体观"内部还存在显著差异。在1845年以前，马克思受到康德、黑格尔、费尔巴哈等哲学家的影响，他主要是从自我意识、自由自觉的活动、类本质、社会关系等角度来确证人的主体性地位。但在1845年以后，马克思主要从"生产"的角度开启了"生产逻辑"的分析范式，这种逻辑一直延续到了《1857—1858年经济学手稿》，"生产"即物质生产活动，它包含"生产什么""怎样生产"两个层面,[③] 而"生产什么"就凸显了物质生产活动、劳动的本体论意蕴，是确认人的生命本质的重要手段。但我们可以看到，马克思在这个阶段内对于物质生产活动"劳动能力"的肯定，其实是以工场手工业为时代背景的，在这种"手工业"的生产中，人的"劳动能力"占据重要位置，机器总体上也"应该"是服务于人

---

① ［法］阿尔都塞：《读〈资本论〉》，李其庆、冯文光译，中央编译出版社2017年版，第202页。

② ［法］福柯：《词与物：人文科学的考古学》，莫伟民译，上海三联书店2016年版，第390页。

③ 《马克思恩格斯文集》第1卷，人民出版社2009年版，第520页。

的，但我们在《资本论》中却发现了马克思主导逻辑的颠倒，即资本逻辑对于生产逻辑的颠倒。这种颠倒包含了两个层面：其一，“自动机”成为真正的主体，“在工场手工业和手工业中，是工人利用工具，在工厂中，是工人服侍机器”①。“工场”与“工厂”的区别在于，在“工场”中，主要进行的是手工业生产，人的主体性还很强，而在“工厂”中，主要进行的是机器大生产，“人”（主体）成为机器的附庸，这就发生了生产主体性逻辑向机器客体性逻辑的第一重颠倒；其二，资本逻辑真正成为资本主义社会的“普照的光”，“资本主义生产——实质上就是剩余价值的生产，就是剩余劳动的吮吸，”② 资本对于劳动的形式吸纳和实质吸纳已经成为大机器生产时代的最大社会现实，资本的自增殖逻辑（客体性逻辑）也会逐渐吞噬生产的主体性逻辑。生产的主体性逻辑向机器和资本的客体性逻辑的转变，这意味着“劳动能力”向“劳动力”的转变，而对于“劳动力成为一种商品”的肯定，显然与马克思早期所肯定的“人的本质力量……不能降低为生产力”（马克思对于李斯特等人的批判）的观念是大相径庭的。总的来看，主体行动逻辑的悖论在马克思政治经济学的语境中得到了明确彰显。

二　数字劳动与“人的本质”

“人的本质”构成了马克思早期哲学的探讨主题，在《博士论文》中，马克思主要受青年黑格尔派影响，把人的本质界定为“自我意识的活动”。在《1844年经济学哲学手稿》中，主要受黑格尔影响，把人的本质界定为“对象性活动”；在《关于费尔巴哈的提纲》中把人的本质界定为“社会关系的总和”；但在《德意志意识形态》及其之

---

① 《马克思恩格斯文集》第5卷，人民出版社2009年版，第486页。
② 《马克思恩格斯文集》第5卷，人民出版社2009年版，第307页。

后的文本中，马克思不再沿用“人的本质”这一概念，取而代之的是“现实的人及其物质生产活动”，因为“人的本质”带有抽象人本主义的意蕴。[①] 结合马克思早期所使用的“人的本质”概念来看，其基本内核就是“人”与“物”的关系，当把人的本质界定为“对象性活动”或“实践活动”时，它所探讨的是作为“类”的“人”通过对象性活动作用于外在“物”的过程，而且能够通过这个过程确证起人是一种有生命的存在，即确立了人的生命本质。例如，工人在工厂里把木材加工成桌子的过程，工人通过自己的对象性劳动（生产），按照自己的观念对于外在“物”（木材）进行改造，从而得到了象征人生命本质的桌子。

在《德意志意识形态》及其之后的文本中，马克思主要是从物质生产活动的角度来确证人的生命本质，但劳动方式在当代却发生了重要改变，即由“物质生产活动”向“数字劳动”的转变，互联网中专业劳动者的数字劳动，是在雇佣关系中所进行的有酬劳动，仍然可以用马克思“资本雇佣劳动”的分析框架去分析它，但我们的分析重点却是游离于雇佣关系之外的一般互联网用户的数字劳动，这种数字劳动在一种新的意义上，从生产与文化的双重角度确立起了人的生命本质和主体性地位。

（一）一般互联网用户的数字劳动从“生产性”的角度确立起了人的生命本质

一般互联网用户的数字劳动从其具体表现形式来看，主要包括互联网用户浏览各种网站、在各种社交媒体上进行交流活动等，但这里的理解难点在于，互联网用户的这些“活动”明显属于消费领域，为

① 王让新、李弦：《“现实的人”的理论跃迁：历史唯物主义的深度解读》，人民出版社2018年版，第114页。

什么说是一种“生产性劳动”？在马克思政治经济学的语境中，消费领域只是“实现”了剩余价值，生产领域则“生产”了剩余价值，而且生产性劳动通常必须具备两个条件，即存在雇佣关系和“生产”剩余价值，但一般互联网用户在网上的各种消费活动既不处于雇佣关系中，也不“生产”剩余价值，为什么说是一种“生产性劳动”？这里必须有一个扩展性分析，一位普通互联网用户在某购物网站上购买了一件商品，这看似只是一个简单的消费活动，其实却是一种“数字劳动”，而且很复杂，用户不仅购买了那件商品，而且为了购买那件商品在购物网站上进行了多次搜索，因此留下了相应的搜索和购买记录，这些记录表现为大量数据，这些数据也进一步被大数据公司和互联网企业进行清洗和运算，最后形成了相关的算法推荐，因此当你再次进入该购物网站时，该网站会对你进行相关产品的精准推荐，这就是现代互联网企业的盈利模式。在这个过程中我们看到，一般互联网用户的消费活动也成为“生产性活动”的一个环节。从浅层次的角度来看，正如斯尔尼塞克所指出的，互联网用户的消费活动完成了“数据的原材料的生产”[①]；但从深层次的角度来看，互联网用户的消费活动不仅为生产提供了原材料，也构成了“总体工人”的生产。“总体工人”是马克思在《资本论》中关于机器大生产时代劳动方式的论述，整个社会是一个生产性的社会，无论是工人的局部生产还是机器大生产，都只是“社会生产”的一个构成内容。从这个角度来看，普通互联网用户的消费活动构成了 Web 2.0 时代“总体工人”的生产。马克思为了批判古典政治经济学家们的“泛劳动论”，在《1857—1858 年经济学手稿》中还区分了两种消费，即社会生产性消费和个人消费。就社会生产性消费而言，其生产与消费是直接同一的，[②] 但就个人性消费而言，它只

① ［加］斯尔尼塞克：《平台资本主义》，程水英译，广东人民出版社 2018 年版，第 46 页。

② 《马克思恩格斯文集》第 8 卷，人民出版社 2009 年版，第 14 页。

是“生产”了个人的生命，还只是一种潜在的社会生产，但在互联网用户的数字劳动中我们看到，互联网用户的个人性消费却直接成为社会性的生产。与马克思的“物质生产”一致的是，这种数字劳动正因为具有“生产性”，因此确立起自己生命本质的重要手段，作为一个当代人，在网上的购物活动早已构成了我们生命本质的重要确证（“我购物故我在”）。

（二）一般互联网用户的数字劳动从文化角度确立起了我们的生命本质

要说一般互联网用户的消费活动从“生产性”的角度确立起了我们的生命本质还比较隐晦的话，那么一般互联网用户在各种网站和社交平台上的休闲娱乐活动，则是确立起我们生命本质的直接表征，它是一种参与性的文化样态。在 Web 1.0 时代，其主导内容的生成主要依赖于各大网站及其雇佣劳动者，其信息的传递是单向的；但在 Web 2.0 时代，其主导内容的生成却依赖于普通用户的互动，其信息的传递是多向的，互联网具有参与和共享的本质，因此现在的互联网用户在网站和各种社交平台上的活动更加积极，变得更有参与感。早在 20 世纪 90 年代，詹金斯就对互联网中的“粉丝文化”进行了捍卫，他认为不应该将这些文化边缘化，而应该以一种参与式文化的视野来看待它们，① 他还研究了互联网中参与性文化的多种形式，如加入在线社区、塑造媒体流等，② 弗列罗则在数字参与文化与电视受众之间进行了关联，阐明了如何让每一个人都参与到数字化的民主文化中来，③ 伯吉斯

① Henry Jenkins, *Fans, Bloggers and Gamers: Essays on Participatory Culture*, New York: New York University Press, 2006, p. 41.

② Henry Jenkins, *Confronting the Challenges of Participatory Culture: Media Education for the 21st Century*, Massachusetts: The MIT Press, 2009, p. 6.

③ Sandra M. Falero. *Digital Participatory Culture and the TV Audience: Everyone' s a Critic*, London: Palgrave Macmillan, 2016, p. 38.

和格林则以 YouTube 为例，详细探讨了参与式文化在“在线视频”中的体现，以及这种参与式文化是如何挑战传统文化中“生产”与“消费”之间的关系的。[①] 我们可以看到，在 Web 2.0 时代，我们对于互联网的参与性要求要远远高于 Web 1.0 时代，我们不再满足于信息的单向传递（如传统主流媒体信息的单向发布），而是更加注重信息的交互传递。例如，当代年轻人更加热衷于 B 站一类的网站，这类网站不同于传统网站的一个关键点在于，它增加了弹幕功能，年轻人在观看网站内容的同时也可以进行多人的共屏互动，这种互动其实也是一种内容的生产，这就是现在很多互联网用户对于互联网参与式文化的更高要求，而且披上了休闲娱乐的外衣。我们还看到，互联网用户对于这些网站和社交平台的使用，更加凸显了主体性的维度，也是很多年轻人凸显自己生命特质的重要手段。

总的来看，一般互联网用户的数字劳动从生产和文化的双重角度确立起了人的生命本质，这也是我们在数字化时代对于自身主体行动逻辑的一种肯定。在数字劳动的过程中，我们可以重新确立起自己的主体性地位，而不至于沦落为“机器的附庸”，这正是数字化时代带给我们的改变。从形式上来看，我们重新成为“主体”；从心理感受来看，这种互联网中的主体性会越来越强，例如我们通过网络购物所获得的快感、我们在游戏中的沉迷、键盘侠等。

三　数字劳动所陷入的主体性悖论

从哲学史上的主体性悖论来看，它可以归结为一个质点，即能动性与受动性悖论。主体性本来是一个能动性概念，但在当代哲学家看来，这个能动性概念本身就是被建构出来的，马克思最初高度肯定了

① Jean Burgess, Joshua Green, *YouTube: Online Video and Participatory Culture*, Cambridge: Polity Press, 2009, p. 6.

主体行动的逻辑，但在机器大工业时代，却发生了客体性逻辑的颠倒，因此在这些悖论中来看，主体性悖论的一个要旨就是主体性会被切割并变得越来越弱。但在数字劳动的过程中，我们看到，我们的主体性越来越强，例如我们在网络购物活动中所具有的主体选择的“权利”。再如网络游戏，在现实生活中，我们的主体性或许会被无限切割，但是在游戏世界中，我们可以随时“重启”。在现实生活中不敢言说的我们也可以通过“键盘侠”的方式在网络中发泄出来。从表面上来看，这一切似乎都是主体性越来越强的表征，但正如“键盘侠”这个概念一样，它本身就充满了贬义。其实从其深层本质来看，这些互联网用户的数字劳动反而陷入了更深的主体性悖论，只是采取了一种更加隐匿的方式而已。

（一）数字资本实现了对于互联网用户的全面统摄

资本逻辑是指资本的自增殖逻辑，资本的本质就是通过对于活劳动的“吮吸”来实现增殖。而数字资本是指数字资本通过对于数字劳动的实质吸纳和形式吸纳来实现自身的增殖，数字资本是在产业资本、金融资本基础之上的一种新的资本形态，较之于另外两种资本，数字资本更能实现对于整个社会“全景敞视”的“监控”。“全景敞视”是边沁的一个概念，后来为生命政治学所吸纳。在传统的工业社会，我们的工作时间与非工作时间还有比较明显的边界，尤其是在非工作时间，我们的生命可以拥有“质”的规定性，可以不被“监控”、不被量化，这种不被“监控”、不被量化的自由活动自然不会“产生”资本的增殖（较之于工厂中的物质生产活动）。但在数字化时代，普通互联网用户的各种消费活动都具有“生产性”，也会“生产”剩余价值，正因为这种“产消一体性”，数字资本实现了对于普通互联网用户的全面统摄。这里其实发生了两个重要改变，一是劳动场所的改变，在马克思的“工业叙事”中，物质生产活动通常发生在“工场”或“工厂”

中，但在数字劳动的视野中，我们对于各种网站的浏览、对于各种社交媒体的使用可以发生在任何场所，如咖啡店、电影院等。二是劳动时间的改变，正因为劳动场所的不固定性，“劳动时间”变得更加灵活，我们可以在晚上购物，也可以在深夜里发朋友圈。从表面来看，这两重改变都增强了互联网用户的主体性体验，但从其深层本质来看，互联网用户的这些活动都具有“产消一体性”，所以会创造出更大的“绝对剩余价值”。在传统的工业社会中，我们的自由时间还是突破资本逻辑统治的一个可能性手段，但现在我们的“自由时间”却成为一种劳动时间，不仅我们在网上的各种购物活动，还包括我们在社交媒体上的交流活动，甚至我们的身体（如各种 App 对于我们身体指数的测量），都被转化为诸多数据，这些数据也成为互联网企业、大数据公司的生产资料。从这种语境中来看，普通互联网用户在数字劳动过程中的主体性越强，所受到的资本逻辑的盘剥越严重，但作为普通的互联网用户，我们是无法“直观”到这种改变的，我们只会感受到我们的主体性越来越强。

（二）数字劳动的参与性文化只是一种意识形态的幻象

在詹金斯、伯吉斯、格林等人看来，互联网代表一种参与式的民主文化，它是表征我们生命本质的重要手段。在传统媒介中，我们都是信息传递的“受众”，而在 Web 2.0 时代，我们每个人都可以成为信息的发布者和传递者。从现实性来看，鼓励互联网中的参与性文化其实是更加贴近当代人的生命体验或生活方式的，一般的互联网用户可以在互联网（数字劳动）中寻找到“失落已久”的主体性，但正如互联网用户在网上的购物活动仍然受制于资本逻辑的统治一样，在互联网中的文化参与仍然只是一种意识形态的虚幻游戏。资本不仅是一种经济权力，同时还是一种政治和文化权力，伯吉斯和格林对于 YouTube 等媒介的分析，可能没有意识到这些参与性文化背后所蕴含的新自由主义意识形态的霸权逻辑，福克斯就对詹金斯等人所主张的参与性文化观点进行了批判，福克斯认为这些参与性的民主文化从其本质来看只是一种炒作，而且“炒作更多的是资本积累，而不是民主”①，这些参与性的文化主张“是服务于统治阶级利益的意识形态范畴，他们忽略了塑造互联网的权力结构”②，因此从其根底来看，福克斯认为互联网中的这些参与性文化只是一种“新的资本积累模式”和“吸引投资者的意识形态”③。

经济权力通常是与意识形态的权力紧密联系在一起的，在西方资本主义社会，一方面，在其经济层面，实行了新自由主义的经济制度，鼓励所有人参与竞争、参与消费；另一方面，在其政治和文化层面，又贯穿了新自由主义的意识形态，如平等、自由等。这一点充分体现在互联网的世界，互联网的参与性文化就是其新自由主义意识形态的重要表征，新自由主义的意识形态给予了普通民众一个承诺：“让人活得更好”，这就是现在生命政治学中所提出的“使人活”的权力，从传统的“使人死”到19世纪之后的“使人活”④，西方资本主义意识形态完成了新自由主义的重要转向，它承诺让每个人都过得更好，但其背后的经济权力（所有制关系）却根本没有改变，这就是新自由主义的意识形态幻象。

对于数字劳动参与性文化的主张不仅是西方很多学者的观点，也是很多政治家的观点，如西方的“Twitter治国”，但从其深层本质来看，正因为互联网背后的经济权力没有改变，所以对于这种参与式文

① Christian Fuchs, *Digital Labour and Karl Marx*, New York and London: Routledge, 2014, p. 123.

② Christian Fuchs, *Digital Labour and Karl Marx*, New York and London: Routledge, 2014, p. 124.

③ Christian Fuchs, *Digital Labour and Karl Marx*, New York and London: Routledge, 2014, p. 133.

④ ［法］福柯：《必须保卫社会》，钱翰译，上海人民出版社2018年版，第263页。

化的主张仍然只是一种意识形态幻象。我们在前文中已经提到，在拉康和阿尔都塞等人看来，“意识形态”是一个“大他者”的概念，它是把人质询为“主体”（或对人进行符号性切割）的重要手段，从这种视野来看，“主体”概念本身已经丧失了基本内涵。一般互联网用户在网站和社交媒体上的各种休闲娱乐活动，也体现了一种参与性文化。尤其是在当代，这种参与性文化被无限放大，我们通常认为这是我们主体性的体现，但正因为其背后的经济权力并没有改变，所以这些“数字劳动”仍然受制于数字资本，而且当数字资本与明星资本、流量资本进行融合时，我们发现这种参与性文化最后沦落为资本增殖的一个手段。例如，一位互联网用户很喜欢一位网络明星，在网上购买了大量该明星所推荐的商品（例如当前的“网红带货”）。从表面来看，我们是通过“追星”来确认我们的生命本质（是我们主体性的体现），殊不知，网络明星本质上只是资本的人格化代表，或者从更深的层次来看，这些网络明星甚至我们的欲望都是被制造出来的（正如“主体”这个概念被制造出来的一样），因此，当我们长期沉迷于这种虚幻式的参与性文化，我们就只会满足于一些指尖上的快乐或者幻象的快乐。

四　突破数字劳动主体性悖论的可能性方案

从表面来看，数字劳动从生产与文化的双重角度重新确立起了我们的生命本质，互联网用户的主体性体验也会在数字劳动的过程中逐渐增强；但从其深层本质来看，普通互联网用户对于生命本质的双重确证，都难逃异化的命运，总会陷入数字资本的统治，进而形成一种数字劳动的主体性悖论，那么我们应该如何来突破这种主体性悖论呢？

（一）生产关系的改变

普通互联网用户的数字劳动是一种“生产性劳动”，它不仅生产了一般数据，而且一般数据也被转化为生产资料进而参与到了“总体工人”的社会生产中，但这种“生产性活动”还不同于传统雇佣关系之下的物质生产活动，这种数字劳动不仅具有“产消一体性”，而且是无酬的，因此，大数据公司和互联网企业能够快速地完成数字资本的原始积累，并且这种积累方式是非常隐匿的（不像“羊吃人”的原始资本积累方式）。这里的关键点就在于，为什么大数据公司和互联网企业能够快速地完成数字资本的原始积累？其背后的深层次原因就是生产的所有制关系。从马克思的分析框架来看，改变数字劳动背后的所有制关系就成为破解这种悖论的一把钥匙，具体而言，就是从生产关系角度来改变一般数据的占有方式，实现一般数据的共享。

（二）生产力的改变

针对数字劳动的异化状态，有学者认为也可以从生产力的角度去思考。例如，罗萨认为当今社会是一个“加速”的社会，斯尔尼塞克则提出了“加速主义”的替代性方案，认为生产力发展的不断加速最终会导致数字资本的灭亡，但坦诚而言，这种观念具有很强的乌托邦性质。真正从生产力的角度来思考数字劳动的主体性悖论，一个可能性方案就是生产力角度的技术变革，但从已有的大数据技术、人工智能技术来看，它们仍然无法实现数据层面的真正共享，而且这些技术正是利用了互联网用户的一般数据（对其私有化）才实现了自身的快速发展。从技术的设计理念来看，区块链是构成未来突破数字资本的一个可能性方案，因为它真正重视数据层面的共享。

第四章　数字劳动的异化批判

在历史唯物主义的分析框架中，存在一个基本辩证法，即资本与劳动的辩证法，一方面，劳动创造价值；另一方面，资本又靠“吮吸”劳动而实现自身的增殖。马克思把这种现象称之为“异化”或者“物化”。在数字化时代，我们的“数字劳动”依然深陷于这种辩证法之中。总的来看，“数字资本”成为数字化时代的“普照的光”，它构成了数字异化的宏观表征。从其具体层面来看，数字劳动与劳动自身、劳动工具、劳动对象、劳动产品等都发生了异化。

第一节　数字资本成为数字化时代“普照的光”

“资本逻辑”是指在机器大工业时代，“资本”成为自行增殖的实然主体，社会各要素都成为资本的组成部分。而“数字资本”是指在Web 2.0时代，“数字资本”作为区别于产业资本、金融资本的一种新的资本类型，成为数字化时代的“普照的光”，它实现了对于数字劳动的形式吸纳和实质吸纳，构成了数字劳动发生异化的重要原因。①

① 本节主要从总体上来分析数字劳动的异化，即数字资本本来应该是由数字劳动所创造的，但最后却与数字劳动发生了“疏离”（成为“普照的光”），进而反过来统摄数字劳动，下一节将从具体层面来分析数字异化。

一 “主体”与“客体”关系的变奏

“主体”与“客体”的关系是哲学史上的一对基本关系，它在近代哲学中的一种主要表现形式就是“思维”与“存在”的关系问题。黑格尔和恩格斯都把“思维”与“存在”的关系问题当作近代哲学的基本问题，但经过马克思发展之后，其中的“主体”内容变得更加丰富，它不仅指涉人的“思维”，它还包括人的需求、欲望、物质生产活动等，其中“客体”有时也被称为“对象”。

“主体”与“客体”的辩证运动在马克思主义理论中占据重要位置。从马克思主义理论的阐释史来看，第二国际非常侧重对于马克思“经济规律”的强调，因此往往带有“经济决定论”的色彩（注重客体）。而在第一代西方马克思主义理论的研究中，历史辩证法的主体向度得到了充分强调（注重主体），这里笔者不得不提作为西方马克思主义开创者的卢卡奇，他在解读马克思主义理论时提取出了一个非常重要的概念，即“物化”，用来批判资本主义社会的异化现象。我们知道，卢卡奇主要是从《资本论》及其手稿中提取出“物化”概念的，他在使用这个概念时并没有接触到马克思早期的手稿群，因此他并没有严格区分开“物化”“对象化”“异化”等概念。① 后来很多学者就紧紧抓住这一点对卢卡奇进行批判，批判焦点在于：马克思在《1844年经济学哲学手稿》等早期文本中其实严格区分开了“物化”“对象化”“异化”等概念，显然卢卡奇在写作《历史与阶级意识》时还没有办法接触到这些早期文本，但我们必须从更加深刻的角度来反思这种批判本身，为什么卢卡奇从《资本论》中所解读出的这三个概念会是一样的呢？

---

① ［匈］卢卡奇：《历史与阶级意识》，杜章智等译，商务印书馆1999年版，第7页。卢卡奇后来意识到了这一点。

马克思在《1844 年经济学哲学手稿》和《评弗里德里希·李斯特的著作〈政治经济学的国民体系〉》等文本中，认为“人的本质力量”是绝对不能降低为“生产力”的，而在《雇佣劳动和资本》等中期文本中，则认为“劳动是一种商品”，“劳动”也可以拿来出卖。当然，这里的“可以拿来出卖”并不是马克思的主观愿望，而是一个社会现实，这种逻辑一直延伸到了《1857—1858 年经济学手稿》中。我们必须注意的是，马克思在这个阶段所指认的是“劳动是一种商品”，而不是“劳动力是一种商品”，后一种论述是在《资本论》中才得以完成的。在工场手工业阶段，马克思还总体上肯定了生产总是“人的生产”，还存在主体与客体的对立关系。而在机器大工业阶段，人的主体性已经完全被机器所取代，成为可有可无的存在，而这种转变就集中反映在《1857—1858 年经济学手稿》和《资本论》的差异中。

“主体”与“客体”的关系在马克思的著作中其实是一条主线，在早期和中期，马克思总体上还是坚持了“主体”的优先地位，尤其是在早期著作中，“主体性”的意味非常浓厚，但在中期，虽然马克思总体上还是坚持了主体的优先性，但在《1857—1858 年经济学手稿》等文本中，其态度已经发生明显变化。总的来看，“主体”还是《1857—1858 年经济学手稿》中的核心概念，出现的频次也很高，“主体是人，客体是自然。”①“在生产中，人客体化，在消费中，物主体化，”②“实在主体仍然是在头脑之外保持着它的独立性。”③“劳动时间本身只是作为主体存在着，只是以活动的形式存在着。”④“那就是把进行这一过程的个人即主体只是单纯地看作交换者……每一个主体都

① 《马克思恩格斯文集》第 8 卷，人民出版社 2009 年版，第 9 页。
② 《马克思恩格斯文集》第 8 卷，人民出版社 2009 年版，第 13 页。
③ 《马克思恩格斯文集》第 8 卷，人民出版社 2009 年版，第 25 页。
④ 《马克思恩格斯文集》第 8 卷，人民出版社 2009 年版，第 65 页。

是交换者。”[①]“如果劳动作为在时间上存在的劳动，作为活劳动而存在，它就只能作为活的主体而存在，在这个主体上，劳动是作为能力，作为可能性而存在；从而它就只能作为工人而存在。因此，能够成为资本的对立面的唯一的使用价值，就是劳动而且是创造价值的劳动，即生产劳动。”[②] 这些引文非常明显地说明了马克思在《1857—1858 年经济学手稿》中的主体性思想，而且这些“主体”有明确性的和现实性的指向。就人与自然的关系而言，人是主体，自然是客体；就工人与资本的关系而言，工人的活劳动是主体，资本是客体，尤其是最后一段引文，把活劳动定义为一种主体的“能力”，从而与资本对立，这一点是非常关键的。自治主义的马克思主义学派就非常重视这一点，他们突出强调了劳动的“潜能性”存在，认为它是一种革命性的能量。

我们看到，《1857—1858 年经济学手稿》中对于“主体”的这种强调其实只是其中一条线索，还蕴含了另外一条截然相反的线索，即突出强调了资本或货币的“主体”地位，“一种特殊商品与一切商品的货币属性相对立，作为货币主体而出现，”[③] 而且强调货币主体“这种象征的主体并不是无关紧要的”[④]，这里强调的还是货币的主体地位，更重要的是对于资本主体地位的确认：“作为单纯形式的劳动，其纯粹主体性必须被扬弃，而且劳动必须被对象化在资本的物质中。”[⑤] 需要注意的是，这里的表述是被动态，把语序换过来表达就是，资本必须扬弃劳动的“纯粹主体性”，很显然，此时的“资本”已经成为形式上的主体，这种转变在《1857—1858 年经济学手稿》中还有很多，它表明了马克思这个手稿中并非只有一种逻辑，反而是多种逻辑并存。

① 《马克思恩格斯全集》第 30 卷，人民出版社 1995 年版，第 195 页。
② 《马克思恩格斯全集》第 30 卷，人民出版社 1995 年版，第 230 页。
③ 《马克思恩格斯全集》第 30 卷，人民出版社 1995 年版，第 117 页。
④ 《马克思恩格斯全集》第 30 卷，人民出版社 1995 年版，第 124 页。
⑤ 《马克思恩格斯全集》第 30 卷，人民出版社 1995 年版，第 256 页。

当然，资本成为一种真正的主体进而转变成主导逻辑，这是在《资本论》中才得以系统完成的。

马克思在《资本论》中有过一段非常经典的论述，“在工场手工业和手工业中，是工人利用工具，在工厂中，是工人服侍机器。在前一种场合，劳动资料的运动从工人出发，在后一种场合，则是工人跟随劳动资料的运动。在工场手工业中，工人是一个活机构的肢体。在工厂中，死机构独立于工人而存在，工人被当做活的附属物并入死机构”①。在“手工业”或“工场手工业”阶段，是工人在使用工具，此时的工具还会依赖于人的使用，尽管也会发生如马克思在《德意志意识形态》中所论述的“人和人的劳动对象”或者“人和人的劳动产品”之间的异化，但毕竟还是人在生产，生产的主体还是广大工人阶级，因此更多的还是“工具服侍人”。但在“大工业”阶段，机器已经自成体系，用马克思的表述就是“自动机”，这是马克思借用的尤尔的概念，尤尔这样写道：“各种工人即成年工人和未成年工人的协作，这些工人熟练地勤勉地看管着由一个中心动力（原动机）不断推动的、进行生产的机器体系。”② 这段话是尤尔关于“工场手工业”的论述，此时的生产还依赖于工人们的“熟练”程度，但紧接着尤尔指出：“一个由无数机械的和有自我意识的器官组成的庞大的自动机，这些器官为了生产同一个物品而协调地不间断地活动，因此它们都从属于一个自行发动的动力。”③ 这就是“自动机”的来源，马克思紧接着评价道：“在前一种说法中，结合总体工人或社会劳动体表现为积极行动的主体，而机械自动机则表现为客体；在后一种说法中，自动机本身是

① 《马克思恩格斯文集》第5卷，人民出版社2009年版，第486页。这里有一个表述方式的差异必须指出来，就是“工场”和“工厂”之间的差异。“工场”一般是指“工场手工业”，代表了小范围内的劳作方式，而“工厂”一般是指“大机器”生产。

② 转引自《马克思恩格斯文集》第5卷，人民出版社2009年版，第482页。

③ 转引自《马克思恩格斯文集》第5卷，人民出版社2009年版，第482页。

主体，而工人只是作为有意识的器官与自动机的无意识的器官并列，而且和后者一同从属于中心动力。"[①] 马克思的这种总结就真正指明了问题所在，在"工场手工业"阶段，人是"积极行动的主体"，而机器是"客体"，但在"大工业"阶段，自动机（机器）才是主体，"是工人服侍机器"，我们在前文已经肯定了"生产逻辑"只对应于"工场手工业"阶段，是因为我们在前文所肯定的"物质生产"总是人的生产，人始终发挥"主体"的作用，但在"大工业"阶段，机器才是真正的主体，此时占主导的逻辑就是资本逻辑。

总的来看，马克思的论述中心其实有一个转变，即由"工场"向"工厂"的转变。在"工场"阶段，是"机器服侍工人"，"人"拥有主体性地位；而在"工厂"阶段，是"工人服侍机器"，人的主体性地位逐渐让渡给机器，这就是机器化时代发生异化的一个重要原因，也是资本逻辑成为"普照的光"的第一种表现。我们当前正处于数字化时代，劳动方式也已经转变为数字劳动，那么在"人与机器"的问题上仍然遵从这种逻辑吗？

答案是肯定的，人与机器的关系，其背后的实质是经济意义上的所有制关系。在数字化时代，"人与机器"的关系已经演变为"人与平台"的关系。从表面来看，用户有选择使用或者不使用平台的权利，而且对于各种平台的使用通常都是免费的，因此平台好像并没有凌驾于用户之上。但从其背后的所有制关系来看，当用户选择不使用各种平台时，就意味着用户只能成为数字化时代的"鲁滨孙"，而当用户选择使用平台时，则意味着你必须遵照相应的"用户协议"和"隐私协议"，即你必须"同意"各种平台掌握你的个人信息、获取你的隐私、对你进行数据分析等，正因为披上了"同意"的外衣，所以这一切都好像在"无意识"的过程中发生。最后，当用户进入平台的使用之后，

① 转引自《马克思恩格斯文集》第5卷，人民出版社2009年版，第483页。

就会产生很多“数据”，这些“数据”经过各种平台的整理和加工之后变成“数据商品”，从而彻底远离你。在整个过程中，各种平台会塑造出一种幻觉，用户好像就是整个数字劳动过程中的真正“主体”，但最后却都成为各种平台实现资本增殖的手段。平台的资本增殖是不同于传统的产业资本增殖和金融资本增殖的，这一点将在下文中进行阐明。

二　资本和数字资本成为真正的“主体”

前一点我们已经论述了“机器”和“平台”成为资本主义社会和数字化时代的真正“主体”，但更为关键的是，“资本”要成为真正的主体，其本身必须在资本主义社会中取得决定性胜利，从《资本论》的考察中我们发现，确证“资本”本身的主体性地位正构成了马克思在《资本论》中的核心思路。

马克思在《1857—1858年经济学手稿》中已经明确指出：“在一切社会形式中都有一种一定的生产决定其他一切生产的地位和影响，因而它的关系也决定其他一切关系的地位和影响。这是一种普照的光，它掩盖了一切其他色彩，改变着它们的特点。这是一种特殊的以太，它决定着它里面显露出来的一切存在的比重。”① 这是一段很经典的论述，在资本主义社会，资本主义的生产方式就是“普照的光”和“特殊的以太”，而在这种生产方式内部，“资本”就是“普照的光”和“特殊的以太”，与资本的“主体”地位相比，“人”只能是“附属品”。

马克思在《资本论》中明确地揭示出资本的本性，即“自行增殖”，“当资本家把货币转化为商品，使商品充当新产品的物质形成要素或劳动过程的因素时，当他把活的劳动力同这些商品的死的对象性合并在一起时，他就把价值，把过去的、对象化的、死的劳动转化为

① 《马克思恩格斯文集》第8卷，人民出版社2009年版，第31页。

资本，转化为自行增殖的价值，转化为一个有灵性的怪物，它用‘好像害了相思病’的劲头开始去‘劳动’。”[①]“资本只有一种生活本能，这就是增殖自身，创造剩余价值，用自己的不变部分即生产资料吮吸尽可能多的剩余劳动。资本是死劳动，它像吸血鬼一样，只有吮吸活劳动才有生命，吮吸的活劳动越多，它的生命就越旺盛。”[②]“资本主义生产——实质上就是剩余价值的生产，就是剩余劳动的吮吸，”[③]这些引文都非常明晰地指出了资本的本性及其主体地位。这里笔者引用和论述最多的还是一个“结果性”的，我们已经把马克思的结论给抛出来了，首先指明马克思所论述的“资本”的主体地位，但在马克思的真实论述中，他是有着一套比较严密的论证程序的，这集中表现在《资本论》第一卷的“货币转化为资本”章节。

马克思在考察货币和资本的运动过程时，首先区分开了两者的流通形式，“作为货币的货币和作为资本的货币的区别，首先只是在于它们具有不同的流通形式。商品流通的直接形式是W－G－W，商品转化为货币，货币再转化为商品，为买而卖。除这一形式外，我们还看到具有不同特点的另一形式G－W－G，货币转化为商品，商品再转化为货币，为卖而买。在运动中通过这后一种流通的货币转化为资本，成为资本，而且按它的使命来说，已经是资本”[④]。我们可以对这段话进行简化，一般的货币流通，其公式是“W－G－W”，即卖出商品获得货币以购买新的商品，其中的起点是商品，中介是货币，终点是新的商品，因此也是“为买而卖”；而在资本流通过程中，其公式是“G－W－G”，即拿出货币去购买商品，再卖出以获得“新的”货币，其中的货币是起点，中介是商品，终点是新的货币。很显然，通

① 《马克思恩格斯文集》第5卷，人民出版社2009年版，第227页。
② 《马克思恩格斯文集》第5卷，人民出版社2009年版，第269页。
③ 《马克思恩格斯文集》第5卷，人民出版社2009年版，第307页。
④ 《马克思恩格斯文集》第5卷，人民出版社2009年版，第172页。

过这两个过程的分析我们可以发现，货币的简单流通与货币作为资本的流通是完全不一样的，在货币的简单流通过程中，其目的就是获得商品（物品）的使用价值，货币不会回流，但在货币作为资本的流通中，其目的并不是获得商品的使用价值，而是获得货币回流。当然，在这个公式里还没有说明为什么在后一种流通中，其目的是获得货币的回流。

马克思进一步考察到，“很清楚，假如 G－W－G 这个流通过程只是兜个圈子，是同样大的货币价值相交换，比如说，100 镑和 100 镑交换，那么这个流通过程就是荒唐的、毫无内容的了……不论商人把他用 100 镑买来的棉花卖 110 镑，还是 100 镑，甚至只是 50 镑，他的货币总是经过一种独特和新奇的运动，这种运动根本不同于货币在简单商品流通中的运动”①。这是一个很关键的分析，因为在“G－W－G”公式中，其中的两个“G”是不一样的，这就有了马克思后一个公式的出场，其实在货币作为资本的流通过程中，真实的公式应该是“G－W－G′”或“G′＝G＋ΔG”，“G－W－G 过程所以有内容，不是因为两极有质的区别（二者都是货币），而只是因为它们有量的不同。最后从流通中取出的货币，多于起初投入的货币。例如，用 100 镑买的棉花卖 100 镑＋10 镑，即 110 镑。因此，这个过程的完整形式是 G－W－G′。其中的 G′＝G＋ΔG，即等于原预付货币额加上一个增殖额。我把这个增殖额或超过原价值的余额叫做剩余价值（Surplus Value）”②。这就说明了问题的关键，在货币转化为资本的过程中，其目的是获得“ΔG”，即剩余价值（马克思在这里还使用了英文的表达方式），而不是获得商品或物品的使用价值，这个过程就可以联系到笔者在前文中所论述的马克思关于资本的“自行增殖”的本质论述。

① 《马克思恩格斯文集》第 5 卷，人民出版社 2009 年版，第 172—173 页。

② 《马克思恩格斯文集》第 5 卷，人民出版社 2009 年版，第 176 页。

我们还看到，马克思在资本运动的总公式内部，即关于“G－W－G′”或“G′＝G＋ΔG”的理解上还有一些更为深刻的内涵，“为卖而买，或者说得完整些，为了贵卖而买，即G－W－G′，似乎只是一种资本即商人资本所特有的形式。但产业资本也是这样一种货币，它转化为商品，然后通过商品的出售再转化为更多的货币。在买和卖的间歇，即在流通领域以外发生的行为，丝毫不会改变这种运动形式。最后，在生息资本的场合，G－W－G′的流通简化地表现为没有中介的结果，表现为一种简练的形式，G－G′，表现为等于更多货币的货币，比本身价值更大的价值”①。从表面来看，“生息资本”的运动公式也是“G－W－G′”，但由于“生息资本”的特殊性，如银行借贷，它是不需要“物品”的中介的，即没有了“G”，所以它有了一个更加凝练的表达方式，即“G－G′”，但其目的和结果仍然是获得“ΔG”，即“剩余价值”，这就可以联系到我们当下的“金融资本”，通过马克思的论述我们可以知道，马克思不仅论述了“产业资本主义”阶段的资本运动总公式，还论述了“金融资本主义”阶段的资本运动总公式，这种分析具有极强的当代性。例如在当下时代，金融资本和虚拟资本获得了快速发展（甚至取得了主导性地位，如华尔街），这种资本不需要商品的中介之后，那么它的价值究竟从何而来？对于这些问题的思考进一步表明了马克思主义理论的当代性。

由产业资本公式向金融资本公式的转变，反映了“资本”正在逐渐脱离“商品”（W）而成为“普照的光”，但是在数字化时代，数字资本才是真正的“普照的光”，它已经取代了产业资本和金融资本的位置。在数字化时代，产业资本和金融资本逐渐成为数字资本的附庸，只有在数字资本的指引下才能实现自身的增殖，但数字资本在其表现形式及其运行公式方面已经发生了重大变化。

① 《马克思恩格斯文集》第5卷，人民出版社2009年版，第181页。

我们可以根据马克思的资本运行公式，把数字资本的运行公式概括为“G－W－G′”和“W－G′”，前一个公式是针对互联网中专业劳动者的数字劳动，由于它仍然处于雇佣关系中，所以我们可以用马克思产业资本的公式去分析它，但后一个公式才是我们的探讨重点，即一般互联网用户的数字劳动，其背后的资本运行公式是“W－G′”，较之于金融资本的公式，数字资本的公式仍然拥有“商品”，而较之于产业资本的公式，数字资本公式的“商品”又不是一般的商品，而是“数据商品”，但差异性最大的其实是数字资本的公式少了预付资本这一环节。从表面来看，大数据和互联网企业对于各种平台的投入和使用就是一种预付资本，但这种预付资本只是预付给互联网中的专业劳动者，即在分析数字劳动的第一个运行公式时有用，而在后一种运行公式中，它是无用的。因为数字资本对于一般互联网用户而言，它“购买”的是由这些用户生产出来的“数据”，但这里的“购买”之所以加引号，就是因为在现实操作中，基本上没有大数据和互联网企业会这样做，他们完全是无偿占有，正因为是对于“W”（数据商品）的无偿占有，最后所实现的G′就是ΔG，用公式来表达就是G＝0，因此G′－G＝ΔG，也就意味着剩余价值是百分之百。

通过数字资本的运行公式我们可以看出，当剩余价值达到百分之百时，对于当代的平台型企业和数字资本就具有极大的诱惑力，正如马克思在谈到资本追逐利润时所指出的：“如果有10%的利润，它就保证到处被使用；有20%的利润，它就活跃起来；有50%的利润，它就铤而走险；为了100%的利润，它就敢践踏一切人间法律；有500%的利润，它就敢犯任何罪行，甚至冒绞首的危险。”① 从数据商品的这个角度来说，当剩余价值达到百分之百时，肯定会吸引数字资本的强势涌入。近年来，国内外平台型企业的快速扩张就是如此，在传统的观

① 《马克思恩格斯文集》第5卷，人民出版社2009年版，第871页。

念中，创造“W”的实体业在社会中占据主体地位，但在平台型企业诞生之后，实体业反而脱离不了数字化平台的牵引，如亚马逊、京东、阿里巴巴等平台，它们所提供的平台成为数字化时代的“普照的光”，大部分实体业都必须经过平台的中介来生产和消费，产业资本和金融资本都要服务于数字资本，这就是数字化时代带给我们的改变，但这种改变也意味着更深层的盘剥和异化。

三 数字资本对于数字劳动的形式吸纳和实质吸纳

资本的自行增殖是马克思的一个论述重点，“价值在这里已经成为一个过程的主体，在这个过程中，它不断地变换货币形式和商品形式，改变着自己的量，作为剩余价值同作为原价值的自身分出来，自行增殖着。既然它生出剩余价值的运动是它自身的运动，它的增殖也就是自行增殖”①。这里的“价值”其实就是指“剩余价值”，它成为真正的“主体”，它不断分裂自身以“自行增殖”，但我们必须注意的是这里有一个限定词，即“自行”，我们一般理解为，“资本家”是资本的人格化存在，“资本家”会投入资本以获得利润，因此增殖的主体仿佛是“资本家”，但马克思这里的表述重心显然是指资本本身，资本家只是从所有制的层面占据了资本，资本本身才是增殖的主体（这类似于斯宾诺莎的实体说），资本增殖完成以后才由资本家占有，我们看到，资本之所以会自行增殖，也是依靠对于劳动的“吮吸”，这种逻辑也是在“资本”与“劳动”的二元关系中确立下来的。

“资本”与“劳动”的二元关系在《雇佣劳动和资本》中已经充分明晰化了，但在《1857—1858 年经济学手稿》中我们也看到了马克思的“撕裂感”，一方面，马克思坚持了“劳动”的本体论意义，认为劳动始终是“主体”的劳动，“因为这种再生产，一方面表现为主体

① 《马克思恩格斯文集》第 5 卷，人民出版社 2009 年版，第 180 页。

对客体的占有，另一方面，同样也表现为客体的塑形，客体从属于主体的目的，客体转化为主体活动的结果和容器"①。但另一方面，马克思又清醒地认识到，人的活劳动最后也会“对象化”为“死劳动”，进而为机器或资本所吸收，“存在的价值或对象化劳动，必须是使用价值的足够积累，这种积累不仅要为再生产或保存活劳动能力所必需的产品或价值的生产提供对象条件，而且要为吸收剩余劳动提供对象条件，为剩余劳动提供客观材料"②。

这种“劳动为资本所吸收”在《资本论》中有更加明显的论述，马克思把资本划分为“不变资本”和“可变资本”，其中“不变资本”包括生产资料等。马克思指出：“从价值增殖过程来看，不变资本即生产资料的存在，只是为了吮吸劳动，并且随着吮吸每一滴劳动吮吸一定比例的剩余劳动。如果它们不这样做，而只是闲置在那里，就给资本家造成消极的损失，因为生产资料闲置起来就成了无用的预付资本；一旦恢复中断的生产必须追加开支，这种损失就成为积极的损失。把工作日延长到自然日的界限以外，延长到夜间，只是一种缓和的办法，只能大致满足一下吸血鬼吮吸劳动鲜血的欲望。"③ 这里所论述的是劳动为“不变资本”（生产资料）所吸收，但马克思所论述的“劳动为资本所吸收”的最经典表述还是出现在《1861—1863 年经济学手稿》中。

马克思在《1861—1863 年经济学手稿》中论述了资本对于劳动的两种吸纳方式，一种是形式性吸纳，另一种是实质性吸纳。

其一，形式性吸纳。马克思的表述是“劳动对资本的形式上的从属”，“我把以绝对剩余价值为基础的形式叫做劳动对资本的形式上的

① 《马克思恩格斯文集》第 8 卷，人民出版社 2009 年版，第 139 页。
② 《马克思恩格斯文集》第 8 卷，人民出版社 2009 年版，第 113 页。
③ 《马克思恩格斯文集》第 5 卷，人民出版社 2009 年版，第 297 页。

从属”①。资本对于劳动的形式性吸纳主要有两个关键点，第一个关键点：劳资双方在形式上都是自由人。“工人作为他自己的人身的所有者，从而作为他自己的劳动能力的所有者，以暂时被使用的这种劳动能力的卖者的身份，同拥有货币的资本家相对立，因此，他们双方作为商品占有者，作为卖者和买者而互相对立，这样，他们双方在形式上是自由人，他们之间除买者和卖者的关系外，实际上不存在任何其他关系；不再存在任何政治上或社会上固定的统治和从属的关系。”②第二个关键点：劳资双方在形式上是充分对立的。“工人的客观劳动条件（原料，劳动工具，从而还有劳动时的生活资料）完全地或者至少部分地不属于工人，而属于工人劳动的买主和消费者，因而作为资本和工人自身相对立。这些劳动条件作为他人的财产越是和工人充分对立，资本和雇佣劳动之间的关系在形式上也就越是充分，从而劳动对资本的形式上的从属也就越是充分。”③ 当资本从形式上对于劳动进行吸纳时就构成了“形式性吸纳”，但“形式性吸纳”在马克思的语境中还只是初步吸纳，最关键的是实质性吸纳。

其二，实质性吸纳。“因为生产劳动的目的不是为了工人的生存，而是剩余价值的生产，所以一切不生产剩余劳动的必要劳动，对资本主义生产来说，都是多余的和没有价值的。这一点也适用于资本家的国家。这个观点还可以这样表述：补偿工人的生存资料（生活资料基金）而不生产纯产品的那全部总产品，都是多余的，正如不生产纯产品或剩余价值的工人本身的生存是多余的一样，换句话说，如果工人在工业发展的一定阶段上是生产剩余价值所必要的，那么在进一步发展阶段上对生产这种剩余价值就变成多余的。或者说，只有能给资本

① 《马克思恩格斯文集》第8卷，人民出版社2009年版，第371页。
② 《马克思恩格斯文集》第8卷，人民出版社2009年版，第371页。
③ 《马克思恩格斯文集》第8卷，人民出版社2009年版，第372页。

带来利润的人数是必要的。”① 简言之，在“资本”看来，不能生产剩余价值的人都是多余的，只有能生产剩余价值的人才是必要的，这说明资本的本性是要追求剩余价值的最大化，凡是不能创造剩余价值的都会被淘汰，这也会造成资本对于整个社会的实质性吸纳。

其三，形式性吸纳会向实质性吸纳转化。“一旦资本主义生产方式（即劳动对资本的实际上的从属）控制了农业，矿业，主要衣着布匹的生产，以及运输，交通工具，它便随着资本的发展，或是逐渐征服只是形式上从属于资本主义经营的其他部门，或是逐渐征服还由独立手工业者经营的其他部门。这就是资本的趋势。”② 这就是马克思所阐明的道理，在自由资本主义阶段早期，每个人都是“自由”的，资本会对每个人进行形式上的吸纳，但资本的本性就是实现剩余价值的最大化，凡是不能实现剩余价值的人最后都会被淘汰，这也会造成资本对于劳动的全方位侵入和压榨，这就是马克思所阐明的道理，直到今天，马克思的这种分析仍然入木三分。

我们看到，马克思的这两个概念已成为21世纪奈格里和哈特的重要分析工具，他们在21世纪所出版的《帝国——全球化的政治秩序》一书中，就重点借用了这两个概念用来分析资本的全球扩张。在奈格里和哈特看来，“帝国”并不是列宁所说的“帝国主义阶段”。奈格里和哈特所提出的“帝国”概念已经是一个“脱疆域性”的概念，他们正是在《帝国——全球化的政治秩序》一书中重新使用了这两个概念，即形式吸纳（Formal Subsumption）和实质吸纳（Real Subsumption）。哈特和奈格里说道：“马克思使用‘形式的吸纳’这一术语来命名这些过程，通过他们的资本在其自身的生产关系下吸收了源于所属范围之外的劳动实践。形式吸纳的过程由此内在地和资本主义生产以及资本

① 《马克思恩格斯文集》第8卷，人民出版社2009年版，第381—382页。
② 《马克思恩格斯文集》第8卷，人民出版社2009年版，第390页。

主义市场的范围之延伸相联系。在某一点上，当资本主义扩张达到极限，形式吸纳的裹层便不可能扮演中心角色。劳动在资本主义之下实质吸纳的过程并不依赖于外界，也不会涉及扩展的相通过程。经由这种实质吸纳，劳动融入资本的整合变得更加密集，而非广泛，社会甚至更彻底地具有了资本的色彩。当然存在没有世界市场的实质吸纳裹层，但不可能没有实质吸纳却存在一个完全实现了的世界市场。”① 在奈格里和哈特看来，“帝国”已经不是一个民族性的概念，它达到了扩张的“极限”，因此没有什么东西可以与它对立并保持着“自由的形式”，资本只会反过来对准自己的内部，不断“啃食”还未消化的“异己”的存在，这与马克思的概念也是大致类似的，马克思认为资本对于劳动的形式性吸纳还是以“劳资形式上的对立”为前提的，但在发展后期，资本会对劳动进行“实质性吸纳”，这种吸纳就是全方位、无空隙的。

第二节 数字异化的学理透视及其批判性考察

“异化”是马克思主义理论中非常具有标识度的概念和分析工具，总的来看，我们探讨数字劳动的异化是以马克思的异化理论为根基的，马克思的异化理论为我们分析数字异化提供了理论基础，数字异化作为一个崭新样本，又在实践层面丰富了马克思的异化批判理论。前一节笔者已经阐明了数字资本是如何“成长”为“普照的光”的，但只是一种整体性论述，关于数字异化的分析还必须从更具体的层面展开，这种具体层面的学理透视对于我们系统性地研究数字劳动是至关重要的。

① ［美］哈特、［意］奈格里：《帝国——全球化的政治秩序》，杨建国、范一亭译，江苏人民出版社2008年版，第251页。

一 马克思异化理论在不同时期的差异分析

就具体内容而言，马克思的异化理论在不同时期是有不同内容的，这集中表现在以下两个文本中。

（一）《1844年经济学哲学手稿》中异化的四种表现形式

马克思在《1844年经济学哲学手稿》中集中阐发了异化的四种表现形式，其根基是私有制雇佣劳动。首先，工人与自己的劳动产品的异化，“工人对自己的劳动产品的关系就是对一个异己的对象的关系”①。其次，工人与劳动行为相异化，“他的劳动不是自愿的劳动，而是被迫的强制劳动。因此，这种劳动不是满足一种需要，而是满足劳动以外的那些需要的一种手段”②。再次，工人与其类本质相异化，“异化劳动使人自己的身体同人相异化，同样也使在人之外的自然界同人相异化，使他的精神本质，他的人的本质同人相异化”③。最后，人同人的相异化，“人同自己的劳动产品、自己的生命活动、自己的类本质相异化的直接结果就是人同人相异化。当人同自身相对立的时候，他也同他人相对立”④。

“我们且从当前的国民经济的事实出发。工人生产的财富越多，他的生产的影响和规模越大，他就越贫穷。工人创造的商品越多，他就越变成廉价的商品……这一事实无非是表明：劳动所生产的对象，即劳动的产品，作为一种异己的存在物，作为不依赖于生产者的力量，同劳动相对立。”⑤ 在异化的第一种表现形式中，劳动产品与工人的异化是可以通过国民经济的事实观察到的，因此这是直接的感性经验，

---

① 《马克思恩格斯文集》第1卷，人民出版社2009年版，第157页。
② 《马克思恩格斯文集》第1卷，人民出版社2009年版，第159页。
③ 《马克思恩格斯文集》第1卷，人民出版社2009年版，第163页。
④ 《马克思恩格斯文集》第1卷，人民出版社2009年版，第163页。
⑤ 《马克思恩格斯文集》第1卷，人民出版社2009年版，第156页。

当劳动产品不属于生产者本人时，就产生了私有制，私有制又进一步推动了异化的进程。但在工人与劳动过程相异化的过程中，感性经验则不那么具体，必须诉诸实际的生产过程，工人在生产的过程中，不再是自由自觉地生产，而是被迫地生产。异化劳动的第三种形式与第四种形式其实是一个意思，都是指向人同社会关系的相异化，“人的类本质同人相异化这一命题，说的是一个人同他人相异化，以及他们中的每个人都同人的本质相异化”①。但在异化的四种内涵或表现形式中，工人同劳动过程的异化是最根本的异化，劳动产品的异化是劳动过程异化的直接结果，而人与社会关系的异化是前两种异化形式的抽象形式或必然结果，因此，劳动过程的不自由是马克思在《1844 年经济学哲学手稿》中重点论述的。

（二）《1857—1858 年经济学手稿》中异化的四种表现形式

马克思在《1857—1858 年经济学手稿》中也阐明了异化的四种表现形式，即劳动自身（劳动行为）的异化、劳动工具的异化、劳动对象的异化和劳动产品的异化，② 劳动自身（劳动行为）的异化、劳动产品的异化与《1844 年经济学哲学手稿》中的异化思想是大致相同的，但在另外两重异化上却存在一定的差别。总的来看，《1844 年经济学哲学手稿》所肯定的类本质的异化、与其他人关系的异化，在《1857—1858 年经济学手稿》转化为劳动工具和劳动对象的异化，这里的“劳动对象”也即“劳动材料”，之所以会发生这种转变，是因为马克思的问题式发生了转变。“问题式”（Problèmatic）也被翻译为“总问题”，它是阿尔都塞的一个核心概念，与我们现在所熟知的库恩的“范式”概念和福柯的“认知型”概念具有“家族相似性”。在阿尔都塞的语境中，“问题式”也即“理论问题的生产方式”，这可以联

① 《马克思恩格斯文集》第 1 卷，人民出版社 2009 年版，第 164 页。
② 《马克思恩格斯文集》第 8 卷，人民出版社 2009 年版，第 98—105 页。

系到他的“理论实践”。“理论实践”即“一般乙”加工“一般甲”形成“一般丙”的过程，其中“一般乙”就是问题式，问题式不同，其所“生产”出来的知识也会不同，阿尔都塞把马克思青年时代(1840—1845年)的问题式归结为“人的哲学”①，而把马克思1845年之后的问题式归结为“科学主义”的理论实践。

我们可以看到，在1845年以前，马克思的“问题式”还是一种抽象人本主义的，他所肯定的“人的类本质”在《1844年经济学哲学手稿》中表现为“自由自觉的活动”，在《关于费尔巴哈的提纲》中则被表现为“社会关系的总和”，这两种表述都带有非常强的抽象意味。而在《德意志意识形态》之后，马克思基本上放弃了“人的本质”这一类概念，转而使用“现实的人的物质生产”等概念，这种转变也反映在《1857—1858年经济学手稿》中。就“异化”而言，马克思不再从抽象的“类本质”和抽象的“社会关系”角度来进行论述，而是改变为劳动工具和劳动对象的异化，这里的劳动工具和劳动对象都是“可视化”的，是不同于传统的“不可视”的抽象类本质的，明显具有更强的现实意味。

二　数字异化的表现形式

福克斯在论述数字异化的表现形式方面非常具有代表性，他根据马克思的异化理论详细探讨了数字异化的四种表现形式，但他的主要探讨对象还是一般互联网用户的数字劳动。

（一）对于马克思异化理论基础及其表现形式的廓清

福克斯在阐释马克思异化理论的基础时，非常清晰地注意到了马克思的异化理论在《1844年经济学哲学手稿》和《1857—1858年经

① ［法］阿尔都塞：《保卫马克思》，顾良译，商务印书馆2010年版，第218页。

济学手稿》两个文本中的差异性。他认为“《1844年经济学哲学手稿》中对异化的论述没有《1857—1858年经济学手稿》和《资本论》中那样系统”，但在福克斯看来，“马克思在《1844年经济学哲学手稿》中阐述了异化的概念基础，并在其后的文本中系统而详细地阐述了异化的经济基础”①。福克斯并不赞同阿尔都塞的“认识论断裂说”，即在1845年以前“意识形态”时期与1845年以后“科学主义”时期存在“认识论的断裂”，福克斯还引用了很多马克思的原文，进而证明：“马克思并没有放弃异化的概念，他在早期著作中所创造的异化概念也存在于他后期的主要著作中。”② 福克斯所做的也是非常细致的文本考证工作，并在黑格尔与马克思的异化概念之间进行对比，最后回归《1857—1858年经济学手稿》。福克斯认为马克思在这个文本中明确指出了资本主义中存在四个比较重要的异化因素，即劳动自身、劳动对象、劳动工具和劳动产品，但福克斯有时又把劳动对象和劳动工具统称为“生产资料”，因此，福克斯认为资本主义的异化有三种表现形式：“是指工人不能控制自己的劳动、生产资料和生产成果。”③

（二）数字劳动自身的异化

在马克思的原始语境中，“物质生产活动”之所以会发生自身的异化，是因为马克思对人的劳动进行了本质规定，在《1844年经济学哲学手稿》中，马克思认为人的本质是自由自觉的活动，但在现实中却受到了分工、私有制等现实性因素的制约，这种逻辑一直延伸到了

① Christian Fuchs, *Digital Labour and Karl Marx*, New York and London: Routledge, 2014, pp. 32 - 33.

② Christian Fuchs, *Digital Labour and Karl Marx*, New York and London: Routledge, 2014, p. 33.

③ Christian Fuchs, *Digital Labour and Karl Marx*, New York and London: Routledge, 2014, p. 33.

《1857—1858年经济学手稿》。从这种语境来看，“劳动力的异化意味着，为了生存，人类必须让资本在一天的某一段时间内控制自己的生产活动”①。这里的“某一段时间”就是指工人在“工作日”的劳动时间，工人为了“生存性”的需要必须出卖自己的劳动力，此时的工人也必然会受到社会形式的胁迫，即受到分工、所有制、机器、资本的胁迫。但在数字劳动的过程中，例如一般互联网用户在社交媒体上的数字劳动在何种意义上又是异化的？通常而言，我们对于社交媒体的使用并不是为了自身的“生存性需要”，也并不必然就会受到社会形式的强制胁迫，换言之，假若我们在社交媒体中感受到了社会形势的强制胁迫，那么我们完全有能力从社交媒体中摆脱出来，从而摆脱异化状态。与这种异化感受明显不同的是，我们对于各种社交媒体的使用，从本质上来看是为了确证自己的生命本质，是因为我们交流、表达的社会性需要，这种需要已经不是一种“生存性需要”，而转变为一种“生活性需要”。

由“生存性需要”向“生活性需要”的转变，意味着由“被动性”向“主动性”的转变。但福克斯认为，数字劳动的这种转变，从本质上来看仍然是一种异化，而且这种“主动性”的“生活性需要”是一种新的异化形式，即“社交孤立”的异化。福克斯认为，社交媒体“是一种社会形式的胁迫，以孤立和社会劣势威胁用户”②，这种“社交孤立”的胁迫形式也是当代人生活方式的重要表征，现在的我们假若出门不带手机、不会进行各种App支付的话，那么我们的生活可能就会举步维艰，而且很有可能会陷入各种形式的“社交孤立”。我们看到，这里的“社交孤立”就是马克思在《关于费尔巴哈的提纲》中

① Christian Fuchs, *Digital Labour and Karl Marx*, New York and London: Routledge, 2014, p. 254.

② Christian Fuchs, *Digital Labour and Karl Marx*, New York and London: Routledge, 2014, p. 255.

所提出的，“人的本质……从其现实性上来看，它是社会关系的总和，”[①] 社交媒体已经成为数字化时代“社会关系”的最重要表征，假若我们脱离了各种社交媒体，那么我们会成为数字化时代的“鲁滨孙”，这就是数字劳动的悖论。一方面，它应该是确证我们生命本质的重要手段；另一方面，正因为“社会孤立”胁迫形式的存在，我们的数字劳动自身又发生了异化。

（三）数字劳动与劳动工具的异化

在马克思的“工业叙事”中，我们的劳动工具主要是各种“机器”，如蒸汽机等；但在数字劳动的过程中，我们的劳动工具却是各种社交平台。面对这些社交平台，我们应该如何来思考“人与平台”的关系呢？其实“人与平台”和“人与机器”的关系在其本质层面仍然是相同的，它们背后都有共同的所有制逻辑，即马克思意义上的“机器”和一般互联网用户所使用的“平台”，它们都是“外在”于我们的，通常属于不同“资本家”所有，这种所有制逻辑也决定了我们在劳动过程中必然会发生与劳动工具的异化，劳工工具不再是确证我们生命本质的手段，而是成为资本增殖的一个环节，总的来看，数字劳动与劳动工具的异化还具有一些比较新的特征。

其一，普通互联网用户成为“受众商品”。福克斯以 Facebook 为例，很多学者认为 Facebook 作为数字劳动的重要工具，“是一个自下而上构建的网络，”[②] 因此代表着开放、理解、民主的参与式文化，但福克斯明显看到了参与性文化的意识形态和剥削本质，“Facebook 的资本积累模式主要奠基于目标性的商业广告，广告的内容旨在增加特定商

① 《马克思恩格斯文集》第 1 卷，人民出版社 2009 年版，第 501 页。

② Christian Fuchs, *Digital Labour and Karl Marx*, New York and London: Routledge, 2014, p. 256.

品的销量,"①“其目的是让消费者购买这些商品，并以他们认为必须拥有这些商品的方式来塑造他们的需求和欲望。"② 还有一点必须指出的是，广告商和平台通常是不同的，正因为互联网用户都必须使用各种社交平台，各平台也会把用户的信息卖给广告商，让广告商进行针对性的投放广告。从这个角度来说，一般互联网用户便成为一种“受众商品”。

其二，数字劳动者成为“经济穷人”。“劳动工具的异化也意味着在 Facebook 的背景下，用户并不拥有和控制这个平台。"③ 数字劳动者借助各种数字平台进行数字劳动，但控制这些平台的却是另外一些人。福克斯以 Facebook 为例，其中 12 名高管和董事控制了 Facebook 一半以上的股权，因此一般互联网用户只是“经济穷人”（Economic Poor），但福克斯指出，“他们不控制所有权，但创造出由股东控制和拥有的财富"④。财富从根本上来说是由数字劳动者所创造的，这与马克思的“劳动价值论”也是相一致的。

其三，数字劳动者成为“政治穷人”。“Facebook 用户在政治上也很贫穷，因为他没有决定权来影响 Facebook 的规则和设计。"⑤ 当然，这里的“政治”并不是指官僚政治，而是指制定规则的权力，现在几乎所有的社交媒体都有规则制定的垄断权，包括进入之前的使用条款和隐私设置。从表面来看，用户拥有选择同意或者不同意的权利，但

① Christian Fuchs, *Digital Labour and Karl Marx*, New York and London: Routledge, 2014, p. 256.

② Christian Fuchs, *Digital Labour and Karl Marx*, New York and London: Routledge, 2014, p. 256.

③ Christian Fuchs, *Digital Labour and Karl Marx*, New York and London: Routledge, 2014, p. 256.

④ Christian Fuchs, *Digital Labour and Karl Marx*, New York and London: Routledge, 2014, p. 256.

⑤ Christian Fuchs, *Digital Labour and Karl Marx*, New York and London: Routledge, 2014, p. 256.

假设用户选择“不同意”，那么他面临的就是“社交孤立”，也成为数字化时代的“赤裸生命”，因此大部分人只能选择“同意”，这其实是一种被动选择，用户只是选择层面的“政治穷人”（Politically Poor）而已，数据平台可以根据用户所选择的“同意”来对他进行隐私窥探和数据运算，最后用户可能成为一串数据。

（四）数字劳动与劳动对象的异化

在物质生产的过程中，一个工人使用电力机器来加工一块木板最后形成一张桌子，在这个过程中，电力是生产的原材料，机器是生产工具，木板是生产对象，桌子是生产成果。但在数字劳动的过程中，一位互联网用户把自己的“注意力”集中到某购物网站上，最后留下了很多搜索和购买数据，这里的“购物网站”（平台）就是生产工具，各种数据就是生产成果，那么生产的原材料和生产对象是什么呢？这两者在数字劳动的过程中是合二为一的，即普通用户的“注意力”，这里的注意力就包括个人的情感、体验等。但现在的问题是，为什么数字劳动会与我们的个人情感、体验等发生异化？首先必须肯定的是，我们的个人情感、体验等都是私人性的，“这些体验是存在于用户的大脑中的，不能从中分离出来，”[①] 换言之，我们这些私人性的体验是构成“我之为我”的一个重要条件。

现在的社交媒体非常鼓励个人把自己的生活体验发到社交媒体上（尤其是明星）。我们看到，这种私人体验的公开化会形成两种“使用价值”，一是对于其他人而言会形成一种使用价值，例如我们把自己生活中的一个小常识发到社交媒体上，其他人看到之后假若认为很有价值的话，那么他们也会那样去做，因此你在社交媒体上的一个简单的数字劳动就会形成其他人的诸多使用价值；另一种使用价值是对于社

① Christian Fuchs, *Digital Labour and Karl Marx*, New York and London: Routledge, 2014, p. 256.

交媒体本身而言的，个人在社交媒体上的一个简单活动（例如某明星在网上发布他正在使用的一款手机，而这款手机其实就是他所代言的），那么这个活动本身对于社交媒体而言就具有非常强的使用价值。总的来看，这两种使用价值最后都会向“价值”形式进行转换，因此，在福克斯看来，“Facebook 用户创造的产品不仅满足了用户的人性化需求，还服务于 Facebook 的利润利益”[①]。当我们原本私人性的体验被纳入资本增殖的范围内，就意味着我们的数字劳动与“劳动对象”发生了异化。

（五）数字劳动与劳动产品的异化

在马克思所论述的物质生产的过程中，工人们生产出来的产品通常不归工人所有，而归资本家所有。一般互联网用户在数字劳动中所生产出来的“劳动产品”还具有一定的特殊性，是以“数据”的方式呈现的，即数据产品或数据商品。福克斯概括了多种形式的“数据”，如个人资料数据、平台使用数据、社交网络数据、社交内容数据等，而且这些数据是以图像、视频、消息、帖子等不同方式呈现的，这些数据作为“产品”，它具有使用价值，但作为“商品”它也具有价值。“Facebook 首先将数据商品作为使用价值来控制，但只对其交换价值感兴趣，”[②] Facebook 关注的焦点是数据商品的交换价值，即把这些数据商品卖给广告商所获得的利润，但这种交换价值必须以使用价值为前提，即只有当这些数据产品“有用”时，它才构成数据商品。

这种“有用”体现在两个方面，一是对用户自身来说“有用”。二是对各种平台和广告商来说“有用”。福克斯以 Facebook 为例，指

① Christian Fuchs, *Digital Labour and Karl Marx*, New York and London: Routledge, 2014, p. 256.

② Christian Fuchs, *Digital Labour and Karl Marx*, New York and London: Routledge, 2014, p. 257.

出了 Facebook 中两种形式的使用价值，“一方面，用户为他们自身和其他人创造了使用价值，另一方面，用户为资本创造了使用价值，这里的资本就是指目标性的商业广告”①。这两种形式的使用价值有时也被称为“使用价值的双重性”，它服务于两种需求，即用户自身的社交需求和广告商的商业需求，而且“数据”作为“商品”，它还不同于一般的“物质商品”。一般物质商品具有消耗性、一次性等特点，但“数据商品”却具有可复制性的特点，它的“使用价值”不会减少，正如福克斯所言，“这种商品的使用价值几乎是无限的，”② 但这种“无限”只是对于广告商而言的，个人所获得的使用价值其实是有限的。

这种数字劳动的背后，其实发生了更深层次的异化，从表面来看，一般用户在网上的各种购物活动、在社交媒体上的交流活动是为了满足自身的各种需求，只是对自身而言具有使用价值，但正因为这种使用价值具有双重性，普通互联网用户所生产出来的数据也成为一种商品，同时具有使用价值和价值的二重性。从这种语境中来看，各种社交平台和广告商对于一般互联网劳动产品的占有更加彻底且更加隐蔽。更加彻底是指用户所生产出来的数据被大数据和互联网企业百分之百地占有；更加隐蔽是指一般互联网用户可能没有意识到他们所产生的数据竟然还具有使用价值和交换价值，正是从一般互联网用户的这个角度来看，数字劳动发生了劳动产品的异化。

三　数字异化批判的两条进路

马克思的异化理论在不同时期有不同的表现，但贯穿其中的一条主线就是，“劳动”发生了与自身本质的疏离，劳动本身是确证人的生

① Christian Fuchs, *Digital Labour and Karl Marx*, New York and London: Routledge, 2014, p. 257.

② Christian Fuchs, *Digital Labour and Karl Marx*, New York and London: Routledge, 2014, p. 258.

命本质的重要手段，但是在资本主义社会，却受到了机器、商品、货币、资本的统治，发生了主体性逻辑向客体性逻辑的颠倒，主要原因就是“所有制”。从马克思劳动价值论的视域来看，价值是由生产商品的物质生产活动所创造的，但最后资本家却凭着自身的所有制逻辑实现了对这些价值的剥夺。那么如何从这种状况中摆脱出来？从经济层面来看，马克思是诉诸生产关系的改变；而从政治层面来看，马克思主要是诉诸阶级斗争。当然，这两个层面本来就是融为一体的，即通过阶级斗争来改变所有制关系进而实现共产主义。具体到数字劳动，尤其是一般互联网用户的各种数字劳动，我们根本就没有意识到自身的数字劳动在创造两种剩余价值，而且所生产出来的一般数据，其剥削率已经达到了百分之百。那么如何突破这种剥削？其实有两条进路，一是生产关系的进路；二是生产力的进路，这两条进路在前文中略有所涉及，我们在这里做进一步扩展。

（一）生产关系的进路

从其本质层面来看，各种平台对于普通互联网用户一般数据的攫取，构成了整个剥削过程的开始。假设一般互联网用户所生产出来的数据最开始就归用户或公共所有，还会发生数字劳动的异化吗？其背后的所有制问题要是在一开始就解决得很好，也不会发生文中所列出的异化的四种表现形式。但现在的导向也很明确，就是通过改变不合理的生产关系来消除数字异化，而改变生产关系的一个重要表现形式就是，让一般互联网用户的数字劳动“劳有所得”，但正如物质生产活动一样，工人们生产出来的产品是不可能完全归工人所有的，因为工人并不具有生产资料的所有权，数字劳动亦如此。我们要想数字劳动“劳有所得”，有两种调整生产关系的方式，一是给予数字劳动者以相应的费用，这个费用就是一般数据本身的费用；二是一般数据完全归一般用户所有，不能拿来出售。很显然，这两种方式都是不现实的。

更进一步说，即使我们从生产关系角度实现了一般数据的共享，我们能否实现各种数字平台的共享？就目前而言，互联网和大数据公司还是遵从着私有制的基本逻辑，换言之，这些公司正是因为自身平台的私有化，才获得了长足的发展和整个社会剩余价值的盘剥。

（二）生产力的进路

关于数字异化有一种“加速主义”的批判方案，但那种批判显然是一个逻辑上的推论（乌托邦的想象），我们已经提到区块链有可能构成突破数字异化的一个技术性手段，那么区块链的设计思路与一般大数据等技术的设计思路有何不同？区块链可以简单地理解为分布式的共享账本和数据库。本书把它理解为分布式的共享数据库，它有两个非常核心的设计思路，一是去中心化，二是公开透明。

其一，去中心化。普通互联网用户的数字劳动之所以会发生异化，一个重要原因就是大数据和互联网公司拥有各种平台的垄断权，因此构成了整个数字劳动的“中心”，普通互联网用户只是散落在世界各地的一个个数据而已，在“中心化”的数据流动过程中，大数据和互联网公司成为最后的赢家。但区块链的设计思路是不同的，区块链的核心思路是去中心化，每个互联网用户所生成的数据都储存在不同的区块上，区块与区块之间形成共享的联系进而形成区块链，因此区块链并不属于任何个人，也不属于任何公司或企业，它只是一个去中心化的共享平台，这就可以避免像大数据公司对于个人一般数据的攫取。

其二，公开透明。在数字劳动的过程中，一般互联网用户所生成的数据以一种非常隐蔽的方式被大数据和互联网公司百分之百地攫取，但是在区块链中，数据存储具有不可篡改、全程留痕、可以追溯、集体维护等特点，因此公开透明是区块链技术的突破性特征。现有的大数据、人工智能等技术还做不到这一点，当这种公开透明的理念真正变成现实时，[①] 互联网用户所生成的数据到底存储在哪里、有没有被大数据和互联网企业攫取等问题都将变得公开而透明，到那时，我们所列举的数字异化的这四种形式或许就可以被消除了。

第三节　解码数字劳动的新型异化

2021 年 10 月，习近平总书记在中共中央政治局第三十四次集体学习时强调："数字经济正在成为重组全球要素资源、重塑全球经济结构、改变全球竞争格局的关键力量。"[②] 但同时也指出："同世界数字经济大国、强国相比，我国数字经济大而不强、快而不优。还要看到，我国数字经济在快速发展中也出现了一些不健康、不规范的苗头和趋势。"[③] 数字经济已经成为发展现代化经济的重要引擎，但数字经济的快速发展也带来了一些新问题，其中之一便是数字劳动的新型异化，而廓清这种异化便成为一项重要的研究议题。进入工业 4.0 时代，数字劳动者的活劳动被各种平台和数字资本充分吸纳，发生了新型异化，这主要表现在三个方面：其一，普通互联网用户裂变为数字孪生体，进行着生产性劳动，成为无酬性的"产消者"；其二，数字劳动者的情感劳动和情绪劳动成为创造价值的重要根源和具有高附加值的劳动方式之一，但却与自身发生了新的疏离；其三，数字资本成为真正意义上的"普照的光"，它不仅成为产业资本与金融资本的重要牵引，也完成了对于数字劳动者的形式吸纳和实质吸纳，实现了对于数字劳动者更深度的盘剥。

---

① 目前在账本层面已经变成现实了，区块链技术最初是作为比特币的底层技术而出现的，现在比特币已经诞生十余年了。

② 《把握数字经济发展趋势和规律　推动我国数字经济健康发展》，《人民日报》2021 年 10 月 20 日第 1 版。

③ 习近平：《不断做强做优做大我国数字经济》，《求是》2022 年第 2 期。

一 劳动异化与数字劳动异化

在马克思的早期思想中，劳动具有“本体论”的意蕴，而在马克思政治经济学的研究语境中，劳动始终是一个过程，从其一般性角度（人类学角度）来说，劳动过程包含劳动者（有目的的劳动本身）、劳动对象、劳动资料三个要素；① 而从其特殊性角度（资本主义生产角度）来说，劳动过程是一个价值增殖过程，工人在资本家的监督下进行劳动，其劳动产品归资本家所有。② 劳动异化总是与劳动过程相伴生，但马克思在不同时期关于劳动异化有不同的表述。

（一）早期的“异化劳动”

在马克思的早期思想中，“异化劳动”（Entfremdete Arbeit）是一个高频词汇，尤其是在《1844年经济学哲学手稿》中，马克思深刻分析了“异化劳动”的四种表现形式，分别是劳动产品的异化、劳动本身的异化、人的类本质的异化、人与人的异化，③ 德文词“Entfremdete”（动词形式为 Entfremdeten）通常也被翻译为“疏离的”“疏远的”或“异己的”，“通过异化的、外化的劳动，工人生产出一个同劳动疏远的、站在劳动之外的人对这个劳动的关系”④。从其本质层面来看，劳动原本应该是自由的，具有本体论的意蕴，是确证起人的生命本质的重要手段，但异化劳动却造成了新的疏离，这种疏离的具体所指就是“异化劳动”的四种表现形式。但我们必须注意的是，此时马克思提出的“异化劳动”概念还深受黑格尔的影响，黑格尔是把“异化”理解为自我意识或理性的“外化”结果，马克思也从“有意识的

---

① 《马克思恩格斯文集》第5卷，人民出版社2009年版，第208页。

② 《马克思恩格斯文集》第5卷，人民出版社2009年版，第216—217页。

③ 《马克思恩格斯文集》第1卷，人民出版社2009年版，第160—163页。

④ 《马克思恩格斯文集》第1卷，人民出版社2009年版，第166页。

生命活动”角度把人界定为“类存在物”，并指出：“正是在改造对象世界的过程中，人才真正地证明自己是类存在物。”① “改造对象世界”的外化活动具有本体论的意蕴，与黑格尔的理性外化活动具有高度一致性。除了黑格尔哲学的参照之外，马克思之所以会提出“异化劳动”的四种表现形式，其实还奠基于他对于国民经济学的一个重要批判，国民经济学最初把私有财产和私有制作为事实性的前提，但并没有阐明私有财产和私有制本身是如何产生的，马克思提出了自己的批判性观点：“私有财产是外化劳动即工人对自然界和对自身的外在关系的产物、结果和必然后果。”② 从因果关系来看，国民经济学家认为私有财产是“因”，异化劳动是“果”，但马克思认为“异化劳动”才是“因”，私有财产才是“果”，这就把“异化劳动”置于“原因”的本体论位置。

（二）中后期的“劳动异化”

“异化劳动”在《1844 年经济学哲学手稿》等早期文本中是一个高频词汇，具有本体论的意蕴，但在《德意志意识形态》及其之后的文本中，马克思很少使用“异化劳动”一词，转而探讨“劳动异化”，即探讨劳动发生异化的现实性原因。在《1857—1858 年经济学大纲》的“资本章”中，马克思从“劳动与所有权的疏离”角度，详细论述了劳动在资本主义生产条件下所发生的新的异化，即劳动自身（劳动行为）的异化、劳动工具的异化、劳动对象的异化和劳动产品的异化，③ 劳动自身的异化与劳动产品的异化仍然秉承了《1844 年经济学哲学手稿》中的思路，但马克思基本上舍弃了人的本质的异化，也改铸了人与人的异化，取而代之的是劳动工具的异化和劳动对象的异化，

① 《马克思恩格斯文集》第 1 卷，人民出版社 2009 年版，第 163 页。
② 《马克思恩格斯文集》第 1 卷，人民出版社 2009 年版，第 166 页。
③ 《马克思恩格斯文集》第 8 卷，人民出版社 2009 年版，第 98—105 页。

这是一个重要改变。“人的本质的异化”预设了“人的本质”的逻辑前提，带有抽象人本主义的意蕴，马克思在中后期基本上不再沿用“人的本质”这一概念，其所探讨的重心是“人的活劳动”与“资本”的张力关系，因此也有学者把马克思早期的异化思想归结为“人本主义的问题式”，认为马克思早期的思想与其中后期的思想之间存在“认识论的断裂”①，国内也有学者认为马克思的思想在1845年发生了“格式塔式的整体转换”②。马克思的异化理论在中后期的重要改变在于，它悬置了早期“异化劳动”的本体论位置（把“异化劳动”作为“因”），转而承认“私有制”才是导致“劳动异化”的根源（“劳动异化”作为“果”），进而把私有制作为批判的焦点，而私有制的重要表现形式就是劳动资料的私人占有。

（三）数字劳动的异化

马克思在早期和中后期所使用的“异化”概念，都具有很强的批判性，这也是马克思主义理论中非常具有标识度的概念。笔者在前文分析中已经指明，在探讨数字劳动的新型异化时，主要是以马克思的异化理论为根基，马克思的异化理论（早期和中后期的异化理论）为我们分析数字异化提供了理论基础，数字异化作为一个崭新样本，又在实践层面丰富了马克思的异化批判理论。

“手推磨产生的是封建主的社会，蒸汽磨产生的是工业资本家的社会。”③ 从生产方式和劳动方式的角度来理解人类社会形态的变迁是历史唯物主义的鲜明特质。手推磨产生了封建主义社会，而蒸汽机的发明和应用构成了资本主义社会产生的生产力基础。蒸汽机时代被定义

---

① ［法］阿尔都塞：《保卫马克思》，顾良译，商务印书馆2010年版，第15页。

② 张一兵：《回到马克思：经济学语境中的哲学话语》，江苏人民出版社2013年版，第8页。

③ 《马克思恩格斯文集》第1卷，人民出版社2009年版，第602页。

为最早的工业 1.0 时代，对应于马克思的“工场手工业”阶段，此时的工人还居于主体地位，工人的“活劳动”构成了创造价值的主要来源。但在《资本论》及其手稿群中，马克思对于资本主义生产方式的考察有一个重要转变，即“工场手工业”向“机器大工业”的转变，“机器大工业”以电气化生产为主，也被定义为工业 2.0 时代。“机器大生产”主要是一种自动化生产，正如马克思所指出的：“自动机本身是主体，而工人只是作为有意识的器官与自动机的无意识的器官并列，而且和后者一同从属于中心动力。”① 机器本是作为“死劳动”，却成为真正意义上的“主体”，完成了对于工人“活劳动”的充分吮吸，这就是“机器大工业”时代的真正异化。

在马克思生活的年代，“物质生产劳动”是一种主要的劳动方式，但在经历了信息化生产（工业 3.0 时代），尤其是进入如今的数字化时代（工业 4.0 时代），劳动方式已经发生了重大改变，数字劳动跃升为一种重要的劳动方式。当前国内外学界关于数字劳动概念的讨论方兴未艾，② 但总的来看，数字劳动是指在互联网时代，数字劳动者在雇佣和非雇佣关系中，通过数字平台所进行的各种有酬和无酬的“生产性”劳动。结合马克思的“劳动异化”理论来看，数字劳动的异化是指：数字劳动者在各种平台中的“活劳动”，原本属于确证起自己的生命本质的重要手段，但却由于平台本身的私人占有，导致平台中的数字劳动发生了新的疏离（Entfremdete），但这只是一个本质性的定义，在此基础之上，我们还可以从劳动产品、劳动者（劳动自身）和劳动资料等不同层面来考察数字劳动所发生的新型异化。

① 《马克思恩格斯文集》第 5 卷，人民出版社 2009 年版，第 483 页。

② 国内外学者关于“数字劳动”有不同的定义方法，参见李弦《数字劳动的研究前沿——基于国内外学界的研究述评》，《经济学家》2020 年第 9 期。

二 数字孪生体的诞生

进入数字化时代，数字劳动的新型异化在劳动产品层面主要表现为数字孪生体（Digital Twin）的诞生，数字劳动者裂变为数字孪生体。

（一）平台经济和数字孪生体的诞生

数字经济之所以能够成为发展现代化经济的重要引擎和重组全球资源要素的关键性力量，主要原因就在于搭建起各种各样的数字化平台，如购物平台、社交平台、游戏平台、出行平台等，因此数字经济时常被简单理解为“平台经济”（Platform Economy）。从表面来看，数字平台只是涉渡之舟，但实际上却完成了对于传统企业的充分吸纳，成为数字化时代的“普照的光”。较之于传统的实体企业和金融企业，平台型企业之所以在短时期内就成长为引领性的企业，其基本的内里逻辑就在于它们拥有了坚实的用户基础和用户黏性，我们甚至可以改写马克思《共产党宣言》中的一句话：“数字化平台已经把一切最偏远的企业和个体都吸纳到数字文明中来了。”① 进一步而言，平台型企业最重要的资产就是其用户和数据，正如有学者所指出的：“我们应该把数据作为必须提取的原材料，用户的活动是这种原料的天然来源。就像石油一样，数据是一种被提取、被精炼并以各种方式被使用的物质。”② 工业1.0时代和工业2.0时代是典型的福特制生产，标准化的生产决定消费，而进入工业3.0时代，消费引导生产，正如哈特所指出的：在信息化生产条件下，“生产计划将与市场进行持续和即时的沟通。工厂将保持零库存，商品将根据现有市场的现有需求及时生产”③。但数字化时代的真正改变在于，消费者本身产生了新的裂变，成为数

① 《马克思恩格斯文集》第2卷，人民出版社2009年版，第35页。

② ［加］斯尔尼塞克：《平台资本主义》，程水英译，广东人民出版社2018年版，第46页。

③ Michael Hardt, “Affective Labor”, *boundary*, Vol. 26, No. 2, 1999, pp. 89–90.

字孪生体。

数字孪生体的前身是数字画像，各种数字化平台能够根据普通互联网用户在平台中所留下的各种数据来建构一般的数据模型，它包含性别、浏览时间、购物深度、消费等级等不同指数，简单而言，数字画像就是对于普通互联网用户的标签化理解，例如各种平台根据用户的各项指数来判定该用户是属于高收入群体还是低收入群体，这种数字画像或标签化理解通常披上了“个性化推荐”的外衣，但本质上又是“非个性化的”，只是寓于一般数据模型的反向推荐而已，具有时段固定性的特点。但数字孪生体则不同，数字孪生体作为一种新兴技术，已经拥有比较丰富的应用场景，如航空领域、数字孪生图书馆、数字孪生城市、数字家居、人体全息数字模型等，简单而言，数字孪生体技术是指“针对物理世界中的物体，通过数字化的手段建构一个在数字世界中一模一样的实体，借此来实现对物理实体的了解、分析和优化”①。从平台经济的运行过程来看，其中的“物理对象”还包含“人”，一方面，现实的人是一个“物理对象”，另一方面，在数字化的“拟真”空间中，现实的人又拥有一个“孪生体”，我们需要注意的是，这里的“孪生体”并不是“反映论”的，数字孪生体包含模型映射、监控与操纵、诊断、预测等不同功能，② 具有实时性、动态性以及互操作性等特点，③ 因此，数字孪生技术对于普通互联网用户的分析和把握是实时的和动态的（而非标签化和固定化的数字画像），其主要目标是对于普通互联网用户的各种活动进行实时监控、诊断和预测。

（二）数字孪生体背后的数字劳动及其异化

数字孪生体的产生依赖于数字化技术的进步和资本力量的涌入，

---

① 陈根：《数字孪生》，电子工业出版社 2020 年版，第 3—4 页。

② 陈根：《数字孪生》，电子工业出版社 2020 年版，第 57—60 页。

③ 郭沙：《数字孪生：数字经济的基础支撑》，中国财富出版有限公司 2021 年版，第 111 页。

但从马克思“劳动价值论”的基始性观点来看，数字劳动者的“活劳动”才是创造价值的唯一来源，平台型企业只是实现了对于数字劳动者的“吮吸”。依据我们前文关于数字劳动的定义，我们可以把平台经济中的数字劳动者分为两大类，一类是与平台具有雇佣或零工关系的专业数字劳动者，如平台中的数据工程师、滴滴司机等，他们的劳动是“有酬”的，但也是创造剩余价值的“生产性劳动”，“直接创造剩余价值的劳动，也就是使资本增殖价值的劳动，是生产劳动”①。这类数字劳动仍然发生着传统意义上的异化，即借以进行劳动的生产资料仍然归属于平台（及其背后的资产者），所生产出来的劳动产品（如数字孪生体）也归属于平台，数字劳动者与其劳动产品发生了疏离。另一类数字劳动者就是普通互联网用户，普通互联网用户的数字劳动在平台经济研究中是最容易被忽视的，正如有学者所指出的，普通互联网用户在平台中的各种活动“并不是一种生产性劳动”②，也有学者依据《资本论》的基础文献，认为“数字劳动”（包含互联网中专业劳动者的劳动，如程序员）、“数字资本”等都是“不合适”的概念。③

把普通互联网用户排除在数字劳动者之外，其实是有一个深层悖论。从马克思“资本雇佣劳动”和“资本积累”理论来看，一个企业的雇员越多、成立时间越长，那么该企业的利润率（或利润总额）就越高，但在最近二十年，一大批互联网企业（如 Meta、阿里巴巴等）快速兴起，它们在雇佣人数较少、积累周期较短的情况下，仍然能够成长为如今的资本帝国，其中的原因何在？一个可能性的回答就在于：广大互联网用户也是非常重要的数字劳动者，而平台实现了对于普通

① 《马克思恩格斯文集》第 8 卷，人民出版社 2009 年版，第 521 页。

② 夏玉凡：《传播政治经济学视域中的数字劳动理论——以福克斯劳动观为中心的批判性探讨》，《南京大学学报》2018 年第 5 期。

③ 余斌：《“数字劳动”与“数字资本”的政治经济学分析》，《马克思主义研究》2021 年第 5 期。

互联网用户的吸纳和剥削，即平台对于由普通互联网用户所生产出来的一般数据进行完全剥夺，较少有用户能够从其所生产出来的数据商品中获取任何收益，而这些数据商品无疑都有使用价值和价值双重属性。“数字孪生体”的建立就依赖于由普通互联网用户所产生的海量数据，这也导致数字劳动的新型异化，与各种平台具有雇佣或零工关系的专业数字劳动者，他们的劳动是有酬的，但并不自由，他们虽然与其劳动产品（数字孪生体）发生了疏离，但仍然可以通过劳动来弥补生活资料，因此只是部分剥削。广大互联网用户的数字劳动披上了“自由”的外衣，但却是“无酬”的，与其生产出来的劳动产品发生了完全疏离，这些剥离出来的数字孪生体反而又成为规制普通互联网用户的新型工具，进而倒转为“人服侍机器”或“人服侍平台”①。

三 情感劳动的剥削

从劳动者（劳动自身）的层面来看，数字劳动的新型异化还表现为情感劳动的剥削。较之于传统的“体力劳动”和“脑力劳动”，情感劳动的重要性与日俱增，情感劳动已经成为具有高附加值的劳动方式之一。

（一）情感劳动研究的兴起

我们在前文关于数字劳动的定义中，已经肯定了数字劳动是一种“生产性劳动”。马克思在界定“生产性劳动”时，提出了两个重要规定，一是处于雇佣关系中，普通工人是“雇佣工人”②，但这里的雇佣关系并非如今的合同制关系，关键在于是否有酬；二是生产剩余价值。在这两重规定性中，马克思认为第一重规定并不是本质性的，“生产剩

① 《马克思恩格斯文集》第5卷，人民出版社2009年版，第486页。

② 《马克思恩格斯文集》第8卷，人民出版社2009年版，第522页。

余价值”才是“生产性劳动”的本质性规定,[1] 因此，马克思在看待服务业的劳动时，认为判定服务业的劳动是否属于“生产性劳动”，并不取决于它是否为物产生产劳动或是否处于雇佣关系中，关键在于这种劳动是否实现了增殖。[2] 较之于一般的体力劳动和脑力劳动，服务业的劳动就是一种典型的生产性的情感劳动。

一般而言，我们是在脑力劳动的范围内来思考情感劳动的，但从其学理性的基础来看，“知”“情”“意”还分属于不同的领域，“知”对应于脑力劳动，“情”主要对应于“情感劳动”。奈格里和哈特最初在提出“非物质劳动”概念时，划分出三种类型的“非物质劳动”，即信息化的生产方式、分析性的活动、情感劳动,[3] 但在《诸众》中就直接简化为“脑力劳动”和“情感劳动”两种类型。[4] 在奈格里和哈特看来，“非物质劳动”已经取代了传统的“物质生产劳动”，而且“情感劳动”的重要性日益提升，“经济的后现代化进程已经将情感劳动定位在一个不仅直接生产资本，而且处于劳动形式等级的顶峰的角色”[5]。我们必须注意的是，奈格里和哈特所使用的“情感劳动”概念是“Affective Labor”，在哈特看来，“情感劳动在整个服务行业中发挥着一定的作用，从快餐店的服务员到金融服务的提供者，都嵌入了人类互动和交流的时刻。这种劳动是非物质的，即使它是有形的和情感

---

① 《马克思恩格斯文集》第 8 卷，人民出版社 2009 年版，第 522—523 页。

② 例如一位资本家“雇用”一名擦鞋匠来自己家里擦鞋，那么这里擦鞋匠的服务劳动并不是一种“生产性劳动”，资本家只是购买了该擦鞋匠的使用价值，但假若该资本家“雇用”了一名擦鞋匠来给其他人擦鞋，资本家从中抽取提成，那么擦鞋匠的服务劳动就构成了“生产性劳动”，因为它为资本家创造了剩余价值，参见《马克思恩格斯文集》第 8 卷，人民出版社 2009 年版，第 522—523 页。

③ ［美］哈特、［意］奈格里：《帝国——全球化的政治秩序》，杨建国、范一亭译，江苏人民出版社 2008 年版，第 286 页。

④ Michael Hardt and Antonio Negri, *Multitude: War and Democracy in the Age of Empire*, New York: The Penguin Press, 2004, p. 108.

⑤ Michael Hardt, "Affective Labor", *boundary*, Vol. 26, No. 2, 1999, pp. 89 – 90.

的，因为它的产品是无形的：一种轻松、幸福、满足、兴奋、激情的感觉”①。奈格里和哈特关于“情感劳动”的探讨还直接推动了西方人文社会科学研究的“情感转向”，并为女性主义的研究提供了重要的理论资源。② 其实早在奈格里和哈特之前，美国社会学家霍克希尔德（Arlie Russell Horchschild）就提出了“情绪劳动”（Emotional Labor）概念，他以空乘人员为例，认为空乘人员的“微笑服务”就是一种典型的“情绪劳动”，“她们的微笑是挂在她们的脸上，而非她们自己的微笑”③。“情绪劳动”有三个基本特征：其一，情绪劳动者与公众面对面接触；其二，情绪劳动者要表现出一种积极的情绪状态；其三，情绪劳动者的情绪是能够被控制的，需要培训和被监督。④ 结合哈特和霍克希尔德的探讨可知，“情感劳动”（Affective Labor）和“情绪劳动”（Emotional Labor）还是存在比较明显的差别的。

（二）数字劳动中的“情绪劳动”及其异化

从霍克希尔德关于“情绪劳动”的论述来看，“情绪劳动”具有直接性、外在性、可控性和有酬性的特征。在前文关于数字劳动者的分类中，第一类数字劳动者（与平台具有雇佣关系或零工关系）的数字劳动往往就包含了“情绪劳动”的内容。在工业 1.0 时代和工业 2.0 时代，工人往往被降格为“劳作动物”，成为“单向度的人”，标准化的机器生产剥离了普通工人的情感投入，但在工业 3.0 和工业 4.0 时

① Michael Hardt, “Affective Labor”, *boundary*, Vol. 26, No. 2, 1999, pp. 95 –96.

② 参见哈特为《情感转向：社会的理论化》一书所写的引言：《情动何益》，载《生产》第 11 辑，汪民安主编，蒋洪生译，江苏人民出版社 2016 年版，第 100 页。

③ ［美］霍克希尔德：《心灵的整饰：人类情感的商业化》，成伯清等译，上海三联书店 2020 年版，第 22 页。

④ 参见［美］霍克希尔德：《心灵的整饰：人类情感的商业化》，成伯清等译，上海三联书店 2020 年版，第 181—182 页。但中文版的翻译中把“Emotional Labor”翻译为“情感劳动”，这一点是存在争议的，也可以参见其英文版，A. R. Hochschild, *The Managed Heart: Commercialization of Human Feeling*, Berkely: University of California Press, 1983.

代，数字劳动者的情感投入已经成为一种必不可少的生产要素。例如数据工程师的数字劳动，他们直接进行的是生产性劳动，但付出的并不只是脑力劳动，同时还包含了大量的情感劳动，他们在建立数据孪生体的过程中也要充分考虑普通互联网用户的情绪需要及其变动，他们在工作中的情绪也要受到资本的监管，变成一种外在化的职业素养。与平台具有零工关系的数字劳动者（如滴滴司机、外卖员等）亦如此，他们的劳动不只是体力劳动和脑力劳动的简单相加，而是越来越被“情绪劳动”的数量和质量所牵引，例如一位外卖员的好评率，好评率的获得往往依赖于“情绪劳动”的大量投入（如微笑服务）。很多时候，“情绪劳动”的重要性甚至超过了脑力劳动和体力劳动。我们必须注意，这种“外在化”的“情绪劳动”恰好就构成了数字劳动的新型异化，“情绪”原本是内生性的，但现在为了具备所谓的职业素质，必须进行“表演性”的外化，成为有酬的“情绪劳动”。传统的脑力劳动和体力劳动还存在“劳动产品”，劳动者会同其劳动产品发生异化，但“情绪劳动”却是没有劳动产品的，毋宁说，“情绪劳动”就是一个服务过程，它与自身发生着异化（劳动自身的异化）。

（三）数字劳动中的“情感劳动”及其异化

奈格里和哈特在提出“情感劳动”时，通常是与“身体”概念紧密联系在一起的，他们深受福柯生命政治学的影响，把“身体”和“情感”视为资本权力（或政治权力）的作用对象，因此情感总是被“生产”和“操纵”，[①] 但奈格里和哈特同时认为情感劳动是一种“来自于下层的生命权力”[②]，是突破资本权力的有效手段。但从数字化时代的“情感劳动”来看，普通互联网用户的“情感劳动”并不能有效形成“诸众”的合力，反而被各种数字化平台以“自由”的名义吸纳

① Michael Hardt, “Affective Labor”, *boundary*, Vol. 26, No. 2, 1999, pp. 95 - 96.

② Michael Hardt, “Affective Labor”, *boundary*, Vol. 26, No. 2, 1999, p. 98.

进来（完成了深度剥削）。较之于第一类数字劳动者的“情绪劳动”，普通互联网用户的数字劳动主要表现为“情感劳动”，具有间接性、内在性、不可控性和无酬性的基本特征，例如互联中的“粉丝打榜”、“饭圈女孩”、“网络主播”、视频创作者等，他们在数字劳动的过程中需要付出大量的情感劳动，而且这些情感劳动往往是内生性的（是发自内心的“微笑”，而不是挂在脸上的“微笑”），其目的并不是外在的表演，因此也是不可控和无酬的，也间接性地成为数字资本和流量资本的增殖手段。即使作为一般的互联网用户，我们在浏览视频、购物和玩游戏的同时也投入大量的情感要素。普通互联网用户的情感劳动其实较少获得过物质利益的回报（除了像李子柒这样少数的人外），而且付出的情感越多，则意味着为平台创造的剩余价值越多，而归属于普通互联网用户的则越少，这就构成了数字劳动中“情感劳动”的新型异化。

四　数字资本的勃兴

数字劳动的新型异化还表现为数字资本的勃兴，数字资本成为真正意义上的“普照的光”，完成了对于数字劳动者“活劳动”的充分吸纳。

（一）资本对于劳动的吸纳方式

马克思在《1861—1863年经济学手稿》中论述了资本对于劳动的两种吸纳方式，一种是形式性吸纳，另一种是实质性吸纳。

其一，形式性吸纳。马克思的表述是“劳动对资本的形式上的从属”，这是取其“形式”之义。

其二，实质性吸纳。资本的本性是追求剩余价值的最大化，凡是不能创造剩余价值的都会被淘汰，这造成资本对于整个社会的实质性吸纳，实质性吸纳主要是一个“深度”概念。

其三，形式性吸纳向实质性吸纳转化。在资本主义早期，每个人在形式上都是“自由”的，资本会对每个人进行形式上的吸纳，但资本的本性就是实现剩余价值的最大化，凡是不能创造剩余价值的人最后都会被淘汰，这造成资本对于劳动的全方位侵入和实质性吸纳。

（二）数字资本对于数字劳动的吸纳

在马克思政治经济学的研究视域中，一般商品的运动公式为 W－G－W，产业资本的运动公式为 G－W－G′，而在金融资本中，直接呈现为一种更加简练的运动公式：G－G′，由产业资本运动公式向金融资本运动公式的转变，也反映了“资本”正在脱离“商品”（W），并逐渐成为“普照的光”。在数字化时代，数字资本才是真正意义上的“普照的光”，它已经取代了传统产业资本和金融资本的位置。在数字化时代，产业资本和金融资本逐渐成为数字资本的附属性存在，只有在数字资本的牵引下才能实现自身的增殖，数字资本在其表现形式及其运动公式方面已经发生了重要变化。

数字资本已经成为数字化时代的“普照的光”，从其现实性表现形式来看，传统的产业资本公式主要代表实体业，而金融资本公式则代表金融业。在数字化时代，这两种产业都要让位于数字化产业，数字化产业的不同在于，它拥有各种各样的平台，平台之下拥有海量的数据信息，实体业和金融业的“生产”通常具有一定的盲目性，主要受制于“看不见的手”的市场规律，但是在平台经济中，数字化的生产是“可见”的，俨然具有方向性，即通过对于普通用户所生产出来的数据进行运算，就能大致推断出普通用户的“需求”，不仅可以预测出“需求”的方向，还可以预测出“需求”的数量、结构等。在这种数字化的“生产”体系中，我们的产业资本和金融资本都要服务于数字资本，这就是数字化时代带给我们的改变，但这种改变也意味着一种更深度的盘剥和异化。

在传统的"工场"或"工厂"中，劳动者通常是具有"现实"劳动能力的人，而产业后备军通常只是具有"可能"劳动能力的人。当马克思说"只有能给资本带来利润的人数是必要的"，那么产业后备军就是"非必要的了"，但是在数字化时代，原本意义上的产业后备军(如妇女和儿童）却成为数字劳动的真正主力，而且他们的活动真正具有"生产性"，能够为资本带来剩余价值。"数字帝国"已经变成"现实"，它做到了形式吸纳的极致，但形式吸纳还只是就"广度"而言的，"实质吸纳"则是一个"深度"概念，即在数字化时代，数字资本实现了对于所有数字劳动者无以复加的深度盘剥（实质吸纳)。数字劳动过程发生了两个重要改变，即劳动场所与劳动时间的改变，但这种改变充斥着一种悖论。从表面来看，正因为劳动方式发生了根本改变，数字劳动者的劳动过程更加灵活。对于数字劳动者而言，劳动场所已经不完全是一个固定场所，如咖啡店、家都成了新的工作场所，劳动时间也更加自由，在某种程度上不再遵从传统的"工作日"的规定，因此"数字劳动"的过程也是一个主体性明显增强的过程。我们根据马克思的分析框架可以看出，这种主体性增强的过程恰恰意味着数字资本对于数字劳动者的更深层次盘剥。从"绝对剩余价值"的角度来看，数字劳动者的剩余劳动时间明显延长，而且正因为劳动者和劳动场所的变化，数字资本对于数字劳动者的剥削深度大幅提升。在马克思的原始语境中，在劳动时间与自由时间之间还存在明显的边界，而且"自由时间"也是马克思用来突破资本逻辑统治的重要手段，但在数字劳动的过程中，这种"自由时间"逐渐消失，逐渐转变为劳动时间，从而构成数字劳动过程的新型异化。

第五章　数字劳动的拜物教批判

“拜物教”是历史唯物主义理论体系中非常有标识度的概念之一，马克思在《资本论》及其手稿中关于商品拜物教、货币拜物教、资本拜物教进行了系统性批判。在数字化时代，数字劳动依然会陷入数字拜物教的窠臼，这需要我们对其进行结构性的分析，尤其是在数字拜物教与生命政治学实现了内在联结之后，就更需要我们通过系统性批判来透视其深层本质。

第一节　数字拜物教的概念界定及其结构性分析

在数字劳动的过程中，其劳动产品就是“数据”，“数据”最后成为一种可感觉而又超感觉的“物”。这种“物”是社会的“物”，带有“谜一般的性质”，因此也构成了数字拜物教的表征。

一　数字拜物教的概念界定

我们是用马克思历史唯物主义的分析框架来分析数字劳动，因此关于数字拜物教的分析我们必须回归马克思的原始语境，马克思在《资本论》中关于商品拜物教有过非常精彩的论述：

“商品形式的奥秘不过在于：商品形式在人们面前把人们本身劳动的社会性质反映成劳动产品本身的物的性质，反映成这些物的天然的社会属性，从而把生产者同总劳动的社会关系反映成存在于生产者之外的物与物之间的社会关系。由于这种转换，劳动产品成了商品，成了可感觉而又超感觉的物或社会的物。正如一物在视神经中留下的光的印象，不是表现为视神经本身的主观兴奋，而是表现为眼睛外面的物的客观形式。但是在视觉活动中，光确实从一物射到另一物，即从外界对象射入眼睛。这是物理的物之间的一种物理关系。相反，商品形式和它借以得到表现的劳动产品的价值关系，是同劳动产品的物理性质以及由此产生的物的关系完全无关的。这只是人们自己的一定的社会关系，但它在人们面前采取了物与物的关系的虚幻形式。因此，要找一个比喻，我们就得逃到宗教世界的幻境中去。在那里，人脑的产物表现为赋有生命的、彼此发生关系并同人发生关系的独立存在的东西。在商品世界里，人手的产物也是这样。我把这叫做拜物教。劳动产品一旦作为商品来生产，就带上拜物教性质，因此拜物教是同商品生产分不开的。”①

根据马克思关于拜物教的论述，我们对数字拜物教下一个定义，数字拜物教就是指在 Web 2.0 时代，把数字劳动者同总劳动的社会关系反映成了存在于数字劳动者之外的“数据”与“数据”之间的社会关系，“数据”成了可感觉而又超感觉的“物”或社会的“物”。数字劳动的“数据产品”一旦作为“数据商品”来生产，就带上了数字拜物教性质，因此数字拜物教同“数据商品”的生产是分不开的。

这个定义其实包含了很多复杂的内容，我们先进行一个总体性的分析，数字拜物教发生的时代背景是 Web 2.0 时代，这是不同于传统的“工业叙事”的；数字劳动者在数字劳动的过程中产生了很多数据，

① 《马克思恩格斯文集》第5卷，人民出版社2009年版，第89—90页。

但这些数据被大数据和互联网企业无偿占有了，当这些“数据”经过算法处理以后，就成为独立的数据流，当前的物联网就是如此。我们必须注意的是，我们的数字劳动与社会总劳动、数据原本是一种直接性的关系，最后却被数据流之间的客观性关系所取代，“数据商品”最后成为一种可感觉而又超感觉的“物”，这种“物”是社会的“物”，带有“谜一般的性质”，从根本上来说，数字拜物教是同数据商品的生产分不开的，当我们把“数据产品”作为“数据商品”来生产时，就产生了数字拜物教。

二　数字拜物教在拜何种“物”

从马克思政治经济学的理论视域来看，数字拜物教中的“物”是指一种可感觉而又超感觉的社会的“物”，其深层本质是一种关系的本体论。国内的张一兵教授就把历史唯物主义中的“物”理解为一种关系，“资本，不是物，不是物的天然属性，而是一种真正反映资本主义生产方式本质的特定的历史关系，一种被更怪异地遮蔽起来的社会关系”①。张一兵教授后来还有很多类似的论述，如“历史唯物主义的物不是实体性的物质存在……也不是实体性的‘生产诸力’……而是‘实践性的关系塑形’（即现代社会生产关系）……是对现代社会生产关系本身的科学抽象”②。张一兵教授实际上是把历史唯物主义中“物”理解为一种功能性的生产关系，而不是像传统哲学那样把历史唯物主义中的“物”理解为“实体性的物质生产”或“物质生产活动”，而且在张教授看来，这种“功能性的生产关系”是一种“科学抽象”，因此也是一种抽象意义上的“客观实在”，不得不说，张教授的这种观点是

① 张一兵：《回到马克思：经济学语境中的哲学话语》，江苏人民出版社 2013 年版，第 630 页。

② 张一兵：《历史唯物主义的物——追述吴恩裕教授〈马克思的政治思想〉》，《中国高校社会科学》2015 年第 3 期。

极为深刻的。

这种“关系性”的解读思路其实是有深厚的文本支撑的。从《资本论》的文本结构来看，它所要研究的“物”主要有商品、货币、资本等。从表面来看，这些“物”都有其具体的物质承载者，但这些具体的物质承载者其实都只是表象，其背后的本质往往是一种社会关系，商品被马克思作为《资本论》的出发点范畴，但商品本身又充满了“形而上学的微妙和神学的怪诞”①，商品具有使用价值与交换价值的二重性，这里的“使用价值”就是指商品的“有用性”，此时作为“物”的商品明显类似于前两点所提出的“实体性的物质存在”或“实体性的物质生产活动”，但我们必须注意到马克思的逻辑递进，他认为商品的“谜一般的性质”其实来源于商品的“形式”本身，即其交换价值的形式，正是商品的交换价值使得商品成为“超感觉的物”，这种“超感觉的物……不包含任何一个使用价值的原子”②，而且从根本上来说，“有用物是为了交换而生产的，”③ 很明显，在马克思看来，商品不同于一般产品的地方就在于，商品的交换价值“统摄”了它的使用价值，而这种交换价值的本质就是一种社会关系，因此可以说，商品的社会关系属性明显要“大于”它的自然属性，尤其是过渡到货币和资本时，货币和资本本质上是一种“关系”，而且是一种“客观抽象”的“社会关系”，这可以联系到马克思的一句名言，“他们没有意识到这一点，但是他们这样做了”④。这就是张一兵教授所提出的“客观抽象”或“现实抽象”⑤，索恩－雷特尔（Alfred Sohn－

---

① 《马克思恩格斯文集》第5卷，人民出版社2009年版，第88页。

② 《马克思恩格斯文集》第5卷，人民出版社2009年版，第50页。

③ 《马克思恩格斯文集》第5卷，人民出版社2009年版，第90页。

④ 《马克思恩格斯文集》第5卷，人民出版社2009年版，第91页。

⑤ 张一兵：《回到马克思：经济学语境中的哲学话语》，江苏人民出版社2013年版，第586页。

Rethel）和齐泽克等人对于这一点都做出了精彩的阐释，这些阐释都共同表明，马克思在《资本论》中所要研究的“物”，其实并不是指实体性的物质存在或物质生产活动，它的背后正是社会生产关系的塑形本质。

张一兵教授的这种解读思路是非常具有原创性的，同时也是立足于对于马克思恩格斯原著的“深耕”，当然，通过张一兵教授后来的思想进展可以看到，他的这种解读思路又获得了很多“他性”文本的支撑，其中有两个代表性的人物，一是阿尔都塞的隐性结构主义理论。阿尔都塞不同于传统的人本主义解读模式，他十分侧重于对于“生产关系”（或生产方式）的分析，他把劳动过程分解为三个要素，即劳动者、劳动资料和劳动对象，其中劳动资料的归属和分配就是指生产关系。更关键的是，“真正的‘主体’是这些规定者和分配者：生产关系”①。二是广松涉的关系本体论和“事物化”的世界观。广松涉对于历史唯物主义的解读，突出了马克思在《资本论》研究中的一个特异概念，即“事物化”（Versachlichung），这种“事物化”的世界观也被广松涉本人称为“关系主义的本体论”，它的哲学基础已经是一种关系主义，而不是传统的主客二分的哲学基础。张一兵教授的这种解读思路同时也获得了国内很多学者的发展，例如仰海峰教授关于历史唯物主义两条逻辑的解读思路，他认为马克思在《资本论》中的主导逻辑已经是资本逻辑，它实际上“跃出”（或“统摄”）了《政治经济学批判大纲》中的生产逻辑，② 这种“跃出”或“统摄”之所以可能，就在于对于《资本论》中各种“物”的结构化和关系性的理解。

“数据”究竟是什么？例如，互联网中专业劳动者的数字劳动，一

① ［法］阿尔都塞：《读〈资本论〉》，李其庆、冯文光译，中央编译出版社 2017 年版，第 194 页。

② 仰海峰：《〈资本论〉的哲学》，北京师范大学出版社 2017 年版，第 211 页。

位程序员或者工程师写了一段代码，这个代码是以“数据”的方式呈现的。又如，一位互联网用户在某购物网站上购物留下了很多搜索和购买记录，这些记录又被转化为“数据”形式，那么这些“数据”究竟是指什么？很显然，单就这些数据本身而言，它们并非“在人之外”的物质本体，而是一种社会的“物”，但这种社会的“物”也非一种“物质生产活动”，从其本质上来看，它是一种关系性的存在，但要理解这种关系却是一个难点。

其一，数据的本质是一种共同约定。正如数学一样，数学公式到底是来源于对于现实事物的归纳还是来源于人们之间的主观规定？例如两点之间直线距离最短，人们通常认为这是来源于对于现实事物的归纳，但我们永远无法在两点之间画出一条绝对的直线，因为它的本质是人与人之间的共同约定，而且是一个普遍性的约定，人们都共同遵守，正如遵守游戏规则一样。“数据”的本质就是二进制的“数学”（代码），因此互联网时代的数字劳动本质上就在生产“数据”，这种数据就是我们的共同约定，具有“关系性”的根本属性，它是以观念的方式而存在的，而非“在人之外”的客观实在，也非“物质生产活动”。

其二，“数据”是一种“客观”的社会形式。这里的“客观”并不是独立于人、在人之外的客观，而是人们共同约定的客观，本质上乃是一种普遍性，它来源于人们无意识的过程，是一种可感觉而又超感觉的“物”。数据的“可感觉”在于，它有具体的表现形式，可以在纸上写出来，但其超感觉的一面在于，它的本质乃是一种概念的抽象，正如“货币”一样，尤其是在“数字货币”推广之后，它已经完全脱离了货币的质料，真正成为一种观念上的抽象，而这一切，又是在一种“无意识”的行动过程中发生的。

其三，数据逐渐会脱离它的生产者。一般商品的“超感觉”的一面在于，它的价值与使用价值通常是分离的，而且生产者与消费者也是分离的，“数据”作为一种“商品”亦如此。互联网中的专业劳动者和一般的互联网用户是其生产者，广告商、大数据公司和互联网企业是其消费者，但一般的数字劳动者既无法享受其使用价值也无法享受其交换价值，大数据公司和互联网企业则可以享受“数据商品”的交换价值，广告商则可以享受其使用价值。

从这种关系性的视野来看，“数据”是作为数字劳动的“结果”而出现的，它不同于传统的客观实在的“物质”，但也具有一种“客观实在性”，这可能是一个理解的难点。正如一般商品一样，商品具有使用价值与交换价值的二重性，其使用价值是可感的，但其交换价值却是“超感觉”的，商品的交换价值构成了商品的“形式”，这种“形式”也是一种客观的形式，它甚至能够统摄起商品的使用价值。数据作为一种特殊的商品，它也有使用价值和交换价值的二重性，但一般的互联网企业更加关注的是这些数据的交换价值，即能以什么样的价格把这些数据出售给广告商，广告商注重的则是这些数据的使用价值，即这些数据到底在多大程度上能够实现广告的精准投放，而一般的互联网用户在多数情况下甚至不知道自己还在生产这些数据，在参与式文化的鼓动下，很多互联网用户开始逐渐了解到自己作为数字劳动者的角色，但他们并不是很关心他们的产品具有多大的使用价值，而是关注这些数据商品的交换价值。

对于数据商品交换价值的关注其实反映了互联网企业和一般互联网用户的共同心态，他们认为“数据”作为一种“商品”，关注的重心应该是交换价值，因此此时的“数据”是作为交换价值而存在的，但交换价值的本质是一种社会关系，因此“数据”的本质也是一种社会关系。我们看到，这种本质上是一种社会关系的交换价值在当代社会也成为一种抽象化的符号体系，正如鲍德里亚所言，“物品变成了系统中的符号，这种身份转换，同时也包含了人与人之间的关系的改变，"① 当我们所追求的"数据商品"成为一种符号化的体系时，我们逐渐建立起消费领域内的等级秩序，这种对于数据商品等级秩序的突出强调就反映了我们在数字化时代，发生了更深层次的拜物教，我们在"拜"原本属于数字劳动者但最后却成为抽象统治的符号化体系。

三　数字拜物教是谁在拜"物"

把"数据产品"作为"数据商品"来生产，就带有数字拜物教的性质，我们澄清了拜物教在拜何种"物"之后，紧接着就要阐释清楚究竟是谁在拜物？在马克思的原始语境中，"拜物"的主体是工人阶级，本来是工人阶级在生产商品，但这些商品在取得"价值形式"之后却逐渐远离工人，成为一种抽象的统治，这也可以用于分析数字拜物教，但数字拜物教的情形明显更复杂。

其一，大数据公司和互联网企业。在数字化时代，我们的数字劳动都必须依靠各种平台，而这些平台主要是由大数据公司和互联网企业共同构成的。在最初阶段，大数据公司和互联网企业通常是分开的，一般由互联网企业把数据提供给大数据公司进行分析，但是现在，很多互联网企业都独立设置了数据处理部门，如 Facebook 和阿里巴巴。在福克斯的"广告商""互联网企业""普通用户"的三分法中，互联网企业更加关注的是"数据商品"的交换价值，即这些数据究竟能以一个什么样的价格出售给广告商。在"数字劳动"的四要素之争中，马云更加强调的是"数据"在数字劳动过程中的基础性作用，因此，对于大数据公司和互联网企业而言，他们对于"数据"的崇拜表现得最明显，也是"数字拜物教"中最活跃的部分。当然，这些大数据和互联网企业内部也存在争论，很多人认为算法和场景比数据更重要，

① ［法］鲍德里亚：《物体系》，林志明译，上海人民出版社 2001 年版，第 223—224 页。

一般互联网用户所产生的数据还只是数字劳动的原材料而非“数据产品”或“数据商品”。总的来看，“数据”成为当前数字劳动的最核心要素，大数据公司和互联网企业正是通过对于这些数据的无偿占有实现了数字资本的快速增殖，这个过程也被称为“数字圈地运动”。“数字圈地运动”是一个更加隐匿、更加彻底的过程，一般互联网用户甚至不知道自己还在生产着一般数据，而这些数据最后却被大数据和互联网企业完全占有，它虽然不同于传统的“羊吃人”的原始资本积累，但两者的本质都是一样的，都服务于资本的增殖。

其二，广告商。当大数据公司和互联网企业逐渐融为一体时，他们更加关注的是“数据商品”的交换价值，当然，这也是以“数据商品”的使用价值为基础的，换言之，在大数据公司和互联网企业通过算法判定了“数据产品”的“有用”和“无用”之后，他们进一步关心的是这些数据到底能以一个什么样的价格（交换价值的表现）出售给广告商，但广告商更加关注的却是“数据商品”的使用价值，[①] 即这些“数据商品”到底能在多大程度上帮助广告商实现一般商品的“精准推荐”。从拜物教的视野来看，广告商的位置是比较难以界定的，他们很重视商品的使用价值，而发生拜物教的一个主要原因就是我们都在关注商品的交换价值，商品的交换价值才具有“谜一般的性质”，才是拜物教发生的重要原因，而对于商品使用价值的关注恰好是我们突破拜物教统治的一种可能性方式，一般广告商关注的却是“数据商品”的使用价值，那么我们还能从拜物教的视野来思考广告商吗？或者说，广告商能够帮助我们摆脱数字拜物教吗？答案明显是否定的。从表层来看，广告商关注的焦点是“精准投放广告”之后所获得的利润，利润就是剩余价值的一种重要表现形式；而从深层分析框架来看，广告商与“数据产品”“数据商品”是一种异质性的关系，笔者在前

① 因为广告商想要出售的并不是“数据商品”，而是一般商品。

面关于数字拜物教的定义中已经明确指出，“数据产品”和“数据商品”是由一般的数字劳动者所创造出来的，它们与数字劳动者是一种直接性关系（但最后发生了异化），因此，广告商虽然重视“数据商品”的使用价值，但这种使用价值归根结底并不是广告商自己所创造的，他们对于“数据商品”的重视也只是数字拜物教的一种表现而已。我们还可以看到一个变化，在主导的分析框架中，广告商通常与大数据和互联网企业是分开的，大数据和互联网企业往往只是各种平台，这些平台本身并不提供除了“数据商品”以外的其他商品，但是现在，各种平台也开始独立开发产品，并设立相应的广告部门，这就形成了广告商和大数据互联网企业的一体化模式，这个变化也是我们今后应该注意的。

其三，一般互联网用户。我们所探讨的数字劳动主要是指一般互联网用户进行的数字劳动，如一般互联网用户对于网站的浏览、对于社交媒体的使用等，这种数字劳动同时在生产两种使用价值，一是对于一般互联网用户而言的使用价值，如用户购买的实际商品、使用社交媒体之后所获得的满足感等；二是对于广告商、大数据公司、互联网企业而言的使用价值，他们注重的是“数据”的使用价值，但现在分析的难点在于，一般的互联网用户能够“直观”到的只是第一种使用价值，第二种使用价值已经在“无形”中被剥夺了，往往处在一种“无意识”状态，我们该如何分析后一个层面的“拜物”呢？[①] 后一个层面的“拜物”是一个更加隐匿的过程，它所拜的“物”就是指一种数字化的符号体系，例如一般互联网用户对于游戏的沉迷，他们不仅沉迷于游戏的过程，而且沉迷于游戏的结果，如排名第几、是否晋级、是否超过历史纪录等，这些都是以数字化的方式呈现的，但从其本质

① 前一个层面的“拜物”，如一般互联网用户对于购物和社交媒体的迷恋，这种“拜物”我们仍然可以用马克思的拜物教理论分析它。

来看，这些数字化的符号体系其实都是一种“关系性”的存在，都是在与其他游戏玩家的对比中产生的，而这些玩家对游戏越沉迷，产生的数据越多，这些数据最后都被游戏公司无偿占有，这就是数字拜物教的一种典型方式。本来游戏数据就是由玩家所“生产”出来的，玩家与数据应该是一种直接性或“总体劳动”的关系，但最后都陷入了游戏资本的统治。一般互联网用户的购物活动亦如此，我们除了关注自己所购买的一般商品，我们还关注自己是什么类型的用户，如“白金用户”“钻石用户”等，这些用户等级的确立就是依靠用户所消费金额的累积，本质上仍然是“数据”的累积，因此是一种“数字拜物教”的体现。

四　数字拜物教是在以何种方式拜“物”

笔者在第一节已经阐明了马克思拜物教批判的双重向度，即社会认识论的批判和社会存在论的批判，简言之，就是“知”的批判和“行”的批判。一般来看，“拜物教”中的“教”类似于“宗教”，只是我们的“主观误认”，只要进行认识论或观念学的批判即可，但马克思在《资本论》中看到了资本主义社会的客观化的“物化”现象，必须对其进行社会存在论的批判。具体到“数字拜物教”，我们可以从两个方面来考察。

其一，数字拜物教是在以“主观误认”的方式来拜物的。我们对数字拜物教进行概念界定时，已经指出了一点，数字拜物教发生的一个重要原因，就是我们把“数据产品”作为“数据商品”来生产。“数据商品”具有客观化的社会形式，而且远离了数字劳动者的劳动过程，正是因为“数字劳动过程”与“数据商品”的分离，从“主观误认”的角度来看数字拜物教，就应该是双重的主观误认。一方面，大数据公司和互联网企业的主观误认，他们从主观层面来崇拜“数据”，虽然他们也肯定了原始数据的重要性（如马云），但他们认为真正使这些数据变得有用的恰好是大数据公司和互联网企业，这是第一重主观误认，也是当前数字拜物教产生的主要原因。另一方面，普通互联网用户也发生了主观误认，一是主观认为自己所消费的只是一般商品，而没有意识到自己也在生产着“数据商品”；二是主观所追求的数字化的符号体系，恰好是一种虚幻的存在，也陷入了数字资本的统治。关于数字拜物教的批判其实还有一些不同的内容，在传统的“物质生产活动”中，工人们所生产出来和消费的“产品”都具有稀缺性、消耗性等特点，而且工人们基本上是在生产“物质产品”，其使用价值是比较单一的，而数字劳动所生产出来的“数据商品”则具有可复制性的特点，而且具有两重使用价值，因此分析这种数字拜物教仍然是一个崭新的课题。

其二，数字拜物教是在以“行为方式”来拜物。这种“行为方式”的拜物是一种客观化的社会现象和现实性的行为方式，它的一个典型特征就是“无意识”。笔者在第一节已经提到，马克思最初对于“拜物教”的批判立足于一点，“明知道是自己创造的，却要故意遗忘，”这是拜物教的最初表现形式，马克思认为只要消除这种主观误认，即“意识到是自己创造的，不用去遗忘”，那么实现这种认识论的颠倒就可以消除拜物教。但马克思在《资本论》中发现了资本主义社会“物化现象”的一个新特征，即“他们没有意识到这一点，但他们却这样做了，”这就是社会存在论的分析，具体到数字拜物教，在我们已经肯定了数字拜物教是一种“主观误认”的基础上，它还表现为人们在日常生活中的一种行为方式，例如一般互联网用户不管是在网上购物，还是在游戏中，总是在“无意”中追求数字化的身份标识，如白金用户、王者、通关等，这就是“行为方式”层面的数字拜物教。

五　数字拜物教的客观性结果

数字拜物教的客观性结果就是数字作为一种客观化的符号体系成为一种抽象统治，但这种“抽象”并不是思维的“专利”，而是一种“现实抽象”的结果。马克思在《资本论》开篇和1859年《政治经济学批判》手稿中关于商品的分析所运用的就是一种“现实抽象”或“客观抽象”的方法，它立足于对于商品的“形式分析”。正如索恩-雷特尔所指出的，“精神形式与社会形式有一点是共同的，即它们都是‘形式’（Form）。马克思的思维方式的标志是一种形式的观点”①。

一件商品放在市场上流通，实际上会经过很多环节，由手工劳动者生产出产品，产品要转化为商品则必须在市场上流通，在商品交换的过程中实际上发生了多重抽象（现实抽象），其一，我们的使用活动与交换活动会在时空上发生分离，我们不能在使用一件商品的同时交换这件商品（这是一个简单的事实，也是最真实的抽象）；其二，一件产品是具体劳动的结果，具有使用价值，与其他商品的使用价值通常是不同质的，因此理论上不能交换，但随着交换行为的实际发生，不同的商品获得了等价的形式，由此，交换行为抽象掉了使用价值的质的规定性，使商品只具有量的规定性，量的规定性其实就是价值概念；其三，在交换活动中，商品通常具有物质属性，但它们却获得了“物质的稳定性”，在商品交换行为中，商品的质料一定会发生变化，但买卖双方却都相信这种承诺，即商品的质料是稳固不变的，并且事后可以验证；其四，交换抽象的一种主要表现形式是形成了货币，货币是从商品演化而来的，商品二重化为商品和货币，货币材质也有贝、骨、金属货币、纸币等不同形式，货币代表了一般价值，也使抽象的价值

---

① ［德］索恩-雷特尔：《脑力劳动与体力劳动——西方历史的认识论》，谢永康、侯振武译，南京大学出版社2015年版，第7页。

获得了物的形式，可见的货币象征着不可见的抽象交换关系，货币在发挥抽象功能的同时，也具有一定的实在性，但这种实在性又是“不可描述的”，而且货币的抽象形式也是现实抽象过渡到思维抽象的关键；其五，交换行为的发生，还带来了社会关系的抽象，在货币中，财富也变成了没有边界限定的抽象财富。作为这种财富占有者的人自身变成了抽象的人，他的个体性变成了私有所有者的抽象本质。商品交换所带来的五重抽象是人们行为的无意识的结果，“无意识”也是弗洛伊德、拉康、齐泽克等特别重视的一个概念。

在数字化时代，我们的数字劳动与物质生产活动的五重抽象在劳动方式、产品的样态和属性等方面大有不同，但就抽象行为发生的过程而言，它们又是相同的，即都不以人的意志为转移，尤其是在其成为一种社会化的行为方式之后，整个社会都在追求一种数字化的符号体系及其背后的身份象征，这就会发生社会层面的数字拜物教。

第二节　数字拜物教的生命政治批判

数字劳动已然成为我们的生活方式，我们的消费、休闲、娱乐等都具有“生产性”的基本特点，因此数字化社会才是真正意义上的“生产性社会”，而且是全方位的社会生产。数字劳动也是表征我们生命本质的重要方式，它能够“让我们活得更好”，但通过我们在前一节的阐述可以知道，数字劳动无论是在“意识”层面还是在“无意识”层面，都会陷入数字拜物教的窠臼，这就使“活得更好”的承诺变得更加虚幻，一方面，一般互联网用户在互联网中找到了失落已久的“主体性”体验；另一方面，大数据公司、互联网企业、广告商在“让网民过得更好”的口号下，快速完成了数字资本的原始积累，这种逆反现象促使我们去反思，“活得更好”有没有可能只是一种意识形态的幻象？而且我们看到，“活得更好”也是生命政治学中的一个重要概念，“生命政治”肇始于福柯，后来得到了哈特、奈格里、阿甘本、埃斯波西托等人的发展。数字拜物教与生命政治学其实是紧密相关的，我们甚至可以判定，数字拜物教就是数字化时代的生命政治学，对数字拜物教的生命政治进行批判也构成了一个新的时代课题，但正因为它的“新”，本书也只是尝试着提供一个大的分析框架。

一　数字劳动在何种意义上确立起人的生命本质

互联网不仅是一门技术，更是一种文化。一般互联网用户在互联网中不仅进行着各种数字劳动，而且确证起他们的生命本质。例如，一般互联网用户在网上的各种消费、休闲、娱乐活动等通常具有“生产性”的特点。如果说一般互联网用户的消费活动从“生产性”的角度确立起了我们的生命本质还比较隐晦的话，那么一般互联网用户在各种网站和社交平台上的休闲娱乐活动，则是确立起我们生命本质的直接表征，它是一种参与性的文化样态。在 Web 1.0 时代，其主导内容的生成主要依赖于各大网站及其雇佣劳动者，其信息的传递是单向的，但在 Web 2.0 时代，其主导内容的生成却依赖于普通用户的互动，其信息的传递是多向的，互联网具有参与和共享的本质，因此，现在的互联网用户在网站和各种社交平台上的活动更加积极，变得更有参与感。在 Web 2.0 时代，我们对于互联网的参与性要求要远远高于 Web 1.0 时代，我们不再满足于信息的单向传递（如传统主流媒体信息的单向发布），而是更加注重信息的交互传递，例如现在的年轻人更加热衷于 YouTube、B 站一类的网站，这类网站不同于传统网站的重点在于，它融入了即时评价、弹幕等功能，年轻人在观看网站内容的同时也可以进行多人的共屏互动，这是一种跨越时空的互动，本质上也是一种内容的再生产，这就是现在很多互联网用户对于互联网参与式文化的更高要求，而且披上了休闲娱乐的外衣。互联网用户对于这些网站和社交平台的使用，更加凸显了主体性的维度，也是很多年轻人凸显自己生命特质的重要手段。

二　数字拜物教的生命政治转向

生命政治（Biopolitics）有时也被简称为“生命权力”（Bio - power），是福柯最早在《必须保卫社会》最后一讲中提出来的，随后在《安全、领土和人口》《生命政治的诞生》等讲座中得到了进一步阐述。福柯对于生命政治学的批判其实就是对于新自由主义政治的批判，正如他在《生命政治的诞生》中所谈到的，“一旦我们知道了称之为自由主义的治理体制是什么，我觉得我们就可以掌握什么是生命政治了”[①]。“新自由主义”对于普通民众有一个承诺：“让人过得更好，”这就是福柯所指认的“使人活”的权力。福柯在《必须保卫社会》中考察了“生命权力”的转变，在19世纪之前，君主通常有“使人死和让人活”的权力，而且“君主的权力只能从君主可以杀人开始才有效果”[②]，这里的“使”类似于英文中的“make”，而“让”类似于“let”，“使”意味着掌握了一种主动性，而“让”意味着放任、代表私人性，因此19世纪之前的君主拥有“主动杀人”的权力，而“活下去”则只是私人性的事情。自文艺复兴以来，这种生命权力发生了变化，新自由主义政治诞生以后，它的生命权力转换为“使人活、让人死”，“君主的权力，就是使人死或让人活。然后，新建立起来的权力是：使人活和让人死的权力”[③]。新自由主义政治已经架空了传统的君主权力，使“权力”具有“无脸”的形式，这种“无脸”的权力改

① ［法］福柯：《生命政治的诞生》，莫伟民、赵伟译，上海人民出版社2018年版，第19页。

② ［法］福柯：《必须保卫社会》，钱翰译，上海人民出版社2018年版，第263页。

③ ［法］福柯：《必须保卫社会》，钱翰译，上海人民出版社2018年版，第264页。

变了它的作用方式，它是主动地使人活下去，而且活得“更好”，“死亡”则变成了普通民众私人性的事情。我们看到，福柯总结出的这种转变并不是要为新自由主义政治做“合法性”的证明，而恰恰是要对新自由主义展开批判，因为新自由主义的“使人活、让人死”只是一种新的意识形态幻象，新自由主义正是在“民主”“平等”“自由”等口号下实现了对于整个社会的深度盘剥，当然，这种盘剥的过程变得更加“不可见”。

数字劳动的过程亦如此，在新自由的策略中，西方很多学者都在鼓吹互联网参与式文化的优势，正如福克斯所谈到的，“这些意识形态可以概括为这样的表述：Web 2.0 是一种民主交流和参与式文化、Facebook 是永远免费的、如果你分享更多世界会更好、Facebook 使世界更加开放、Facebook 有助于促进人们之间的理解、Facebook 创造了一个开放的社会、Facebook 彻底改变了人们传播和消费信息的方式”①。从表面来看，Facebook、YouTube 等社交媒体是确证我们生命本质的重要手段，其背后是“使人活”（使人活得更好）的生命权力，但借助福柯对于生命政治的批判以及我们在前文中关于数字劳动的深层本质的分析可以知道，这种“使人活”的权力由于并没有改变其背后的所有制逻辑，因此数字劳动的过程必然会发生异化并置入拜物教的境地。从表面来看，我们通过互联网正在“过得更好”；但从其深层本质来看，数字资本已经实现了对于我们生活的全方位侵蚀。互联网用户的生产与消费之间的边界越来越模糊，其个人性的消费也直接成为一种社会性的生产，“社会必要劳动”与“自由时间”之间的边界也逐渐消除，其直接性的后果就是我们的生产与休闲、娱乐之间的边界也逐渐消弭。在传统的“工业叙事”中，我们的劳动时间与自由时间、生

① Christian Fuchs, *Digital Labour and Karl Marx*, New York and London: Routledge, 2014, p. 255.

产与休闲娱乐之间还存在比较明显的界限，简言之，我们的上班时间与下班之后的休闲时间还区分得比较开，但在互联网用户的数字劳动的过程中，我们在下班之后的休闲时间中所进行的各种休闲和娱乐活动，如网上购物活动等，俨然成为一种生产性劳动，而且也构成了剩余价值的新来源，都陷入了数字资本的统治。

三　数字拜物教的“赤裸生命”和“例外状态”

在传统的“使人死、让人活”的权力类型中，存在“君主”（主权者）与“普通民众”的两极，但是在新自由主义的治理术中，“主权者”成为“无脸”的形式，但这种“无脸”的形式是一种更加恐惧的治理术，“无脸”并不意味着权力本身的消解，而是意味着你无法“直观”到它的明确来源而已，所以在当代西方社会，“主权”仍然存在，而“主权者”往往变得“无脸”，“主权”与“普通民众”则成为生命政治的两极，但这种两极的观点显然得不到阿甘本的认同，阿甘本认为主权要真正发挥作用，就必须在“普通民众”里划分出“赤裸生命”，并时常制造出“例外状态”，“赤裸生命”和“例外状态”也成为阿甘本重构生命政治的两个重要概念。阿甘本在《神圣人》一书中，对于“生命”的不同形式进行了词源学的考察，“希腊人没有一个单独的词语，能表达我们说的‘life’（生活、生命）一词之意义。他们用了两个词。尽管这两个词可以追溯到一个共同的词源学根源，但它们在语义学和字形学上截然不同：‘zoe’（近汉语‘生命’义）表达了一切活着的存在（诸种动物、人或神）所共通的一个简单事实——活着；‘bios’（近汉语‘生活’义）则指一个个体或一个群体的适当的生存形式或方式”[①]。为了论述的方便，我们把“zoe”意译为“生物性生

① ［意］阿甘本：《神圣人：至高权力与赤裸生命》，吴冠军译，中央编译出版社2016年版，第3页。

命”，它昭示着一切活着的生命，这种生命没有“质”上的区别，而“bios”是“政治性生命”，这种“生命”拥有“质”上的差别。阿甘本在进行词源学考察时，发现柏拉图和亚里士多德经常使用的是“bios”概念，“这源于一个简单的事实：两位思想家所讨论的根本不是简单的自然生命，而是一种有质量的生活，生活的一种特殊方式”①。亚氏曾经指出，“人是政治性动物，”也意味着“政治性生命”是一个人更重要的生命形式。从历史的发生学逻辑来看，我们首先拥有生物性生命，然后才能拥有政治性生命，阿甘本的考察方式是颠倒的，因为他的重点考察对象并不是古典而是当代，即在当代社会中，政治性生命是如何被还原为生物性生命的，而且这种还原是通过制造赤裸生命和例外状态来实现的，赤裸生命就是指被剥夺了政治权力的“神圣人”，而例外状态就是相对于正常的政治秩序而言的，当正常的政治秩序被打乱，那么“例外状态”就会被制造出来。

那么，我们的数字劳动和数字拜物教又是如何与“赤裸生命”“例外状态”发生关联的？数字劳动与数字拜物教会制造出一种“社交孤立”，正如福克斯所指出的，社交媒体“是一种社会形式的胁迫，以孤立和社会劣势威胁用户”②，这种“社交孤立”的胁迫形式也是当代人生活方式的重要表征，现在的我们假若出门没有带手机、不会进行各种 App 支付的话，那么生活可能会举步维艰，而且很有可能会陷入各种形式的“社交孤立”，社交媒体已经成为数字化时代“社会关系”的最重要表征。假若我们脱离了各种社交媒体，那么我们可能会成为数字化时代的“鲁滨孙”，这里的“鲁滨孙”就是“神圣人”，就是被互联网权力放逐了的“赤裸生命”。一般互联网用户在网上的各种购物

① ［意］阿甘本：《神圣人：至高权力与赤裸生命》，吴冠军译，中央编译出版社 2016 年版，第 3 页。

② Christian Fuchs, *Digital Labour and Karl Marx*, New York and London: Routledge, 2014, p. 255.

活动，本来应该是一个“正常状态”，但这种“正常状态”却经常被打破，被制造出了各种各样的“例外状态”，如“618活动”“双11活动”等，从其本质来看，这些“例外状态”也只是数字资本的“诡计”而已。

四 数字拜物教的生物学生命

生物学生命本来应该是政治性生命的基础（例如“生命哲学”就是这样认为的），但是从生命政治学的理论视野来看，“生物性生命”恰好就是指被还原了之后的生命，成为一种赤裸生命。但不同于传统的还原机制，进入19世纪之后，新自由主义治理术所进行的还原，是把具有“质”的规定性的政治性生命还原为抽象性质的数据，这里的数据就表现为出生率、死亡率、犯罪率、发病率、人口等，“在18世纪以前的欧洲，对于君主来说，没有人口（people）的概念，只有臣民（sujets）的概念，也就是君主权力的对象，同时也是法律的主体。但是杂多的个人，并不适合作为新的知识——权力的对象和目标，新的权力配置以安全为目标，无法处理杂多的个人，只能把他们作为一个群体加以考虑。权力无法处理个人的疾病，但是应该而且可以处理流行病的发病率；权力同样也无法应对个体的出生和死亡，但是应该而且可以调节出生率和死亡率。也就是说，权力的作用点不是具体个人，而是带有某种抽象性质的群体：人口。人口作为一个新的政治概念，形成了特殊的层次，新的权力生产出有关这些新要素的知识，并且据此对人口现象进行调节”①。

新自由主义治理术的这种改变也表明，它的关注重点和还原机制都发生了重大变化，即由传统的全景敞视的规训机制向人口治理的安

① ［法］福柯：《安全、领土与人口》，钱翰、陈晓径译，上海人民出版社2018年版，第38页。

全机制的转变，这种转变意味着，对于“人”的治理发生了“个体性治理”向“整体性治理”的转变，因此诸如“人口”“出生率”等也成为新的治理手段，它的治理对象不再是每一个具体的人，而是作为“类”的人，如某一个区域内的出生率、犯罪率等，对这些总体性的数据进行治理，但在这个过程中发生了一个很重要的转变，即具有生命质性的个人被还原为抽象的“1”，人被还原为数据。很显然，这是福柯对于西方新自由主义和“理性经济人”的一个批判，西方经济学中有一个基础假设，即“理性经济人”假设，正如有学者所指出的，“理性经济人假设是现代经济学具有分析力的重要标志”①。这种“原子式个人”的理论假设其实是非常符合现代人的生命体验的，我们每时每刻都能够“体验”到我们是作为“个体”而存在的，而且我们并不像看待“无差别的原子”那样去看待自己，因此较之于传统的本质主义抽象人学，“原子式个人”貌似是最现实的，这种个人主义的人学不仅在哲学领域内取得了极大发展，也扩展到了其他领域，尤其是经济、政治、文化、历史等领域。

马克思关于社会发展和人的发展有著名的“三阶段论”，第一阶段，人的依赖关系，在此阶段，人与人之间有非常强的依赖关系，而且直接受制于其他人的统治，人的独立性丧失；第二阶段，以物的依赖性为基础的人的独立性，这个阶段显然是指资本主义社会，在资本主义社会中“人是独立的”，但这种“独立性”建立在“物的依赖关系”的基础上，这表明，在资本主义社会中，个人是“原子式个人”，但“原子式个人”又受到了“物化”统治；第三阶段，“建立在个人全面发展和他们共同的、社会的生产能力成为从属于他们的社会财富这一基础上的自由个性”②。这种“自由个性”的现实是对于第二阶段

① 方栓喜：《不应误读理性经济人假设》，《学习时报》，2004 年 3 月 25 日第 2 版。

② 《马克思恩格斯文集》第 8 卷，人民出版社 2009 年版，第 52 页。

"人的独立性"的提升。"人的全面发展"和"共同的社会生产能力"非常深刻地表明了人是社会性的存在物，"个人"总是与其他人"共在"，这种"共在"的关系是现实的人的最大现实。资本主义社会中的"人的独立性"显然是虚假的独立性，"个人"总是受到资本主义生产关系和物化的统治，显然这里的"原子式个人"并不是"同质的原子"，而是与其他人、其他物"共在"的"现实的人"。

"原子式个人"其实就是被还原之后的同质性存在，他们本应该拥有属于自己的"本真性生存状态"，但他们的命运又是极度悲惨的，他们生活在资本主义"制度"的统治下，他们被均质化为一个个没有个性、只"懂得"生产的"机器"，而且正因为"生产资料的私人所有"，他们生产出来的产品并不归他们所有，这就是马克思所论述的资本主义私有制的根本矛盾，即生产资料的私有与社会化的大生产之间的矛盾。

这种被还原之后的同质性生命就是一种纯粹的生物性生命，已经没有任何"质"的规定性，只是一串数据而已，那么我们在数字化时代的生存方式又何尝不是如此？一般互联网用户在网上能够进行各种"确证生命本质"（保证生命"质"的规定性）的数字劳动，如购物活动、打游戏等，但我们的所有活动最后都被归结为抽象的数据，而且我们正处于数字化时代，数字化时代并不是作为一种"趋势"而存在，它已然成为当前社会的最大现实，这就意味着，被还原之后的生物性生命已经成为当前社会的最大现实。

五　数字拜物教的安全配置

数字拜物教的背后仍然有新自由主义治理术的支撑，它们都把具有生命质性的人还原为一个个抽象的数据"1"，而且还原的方式是依靠人口、出生率等来进行的，这其实发生了"规训机制"向"安全配置”的转变。福柯将生命政治分为三个阶段，即古代机制、规训机制和安全机制。

“你们对第一种形式很熟悉，它包括制定一部法律和对犯法者确定一种惩罚，即对允许和禁止进行二元划分的法典的系统，法典、被禁止的行为和某种惩罚之间衔接为一个系统。这就是法律的或者司法的机制。我将不再回到第二种机制，即规训的机制。由监视和矫正的机制所架构起来的法律当然属于规训的机制。规训机制的特点是：在法典的二元系统内部，有一个第三人，也就是罪犯，与此同时，在提出法律的立法活动和惩罚罪犯的司法活动之外，还有一系列的毗邻的技艺：警察、医学、心理学技艺，它们对个人进行监视、诊断和可能的改造。这些我们都已经讲过了。第三种形式，第三种形式的特征不是法典或者规训机制，而是安全配置，也即我现在想要研究的那一系列现象。以一种仍然十分笼统的方式来看，安全配置使我们的现象，例如盗窃现象，置于一系列概率性事件的问题当中。”①

规训机制是中心式的全景监控，而“安全配置”（Dispositifs）则主要是离心式的放任性治理，前者的“监控”对象是每个个体，而后者的“配置”对象则是群体（人口）；规训机制的原则是“一个都不能少”，不放过任何东西、不遗漏任何细节，真正做到全景式监控，而安全配置则关心的是总体性的安全（总体数据的安全，如某一个区域的犯罪率在多少以下）；规训机制的基本做法是“禁止”，而安全配置的基本做法则是为整体性的社会风险提供安全保障，如当某一个地区的死亡率提高时，就会在医疗资源配置方面给予倾斜。那么，由规训机制向安全配置的生命政治的转变，对于我们分析数字拜物教究竟有何启示？

---

① ［法］福柯：《安全、领土与人口》，钱翰、陈晓经译，上海人民出版社2018年版，第9页。

其中一个值得思考的问题是，当我们说大数据和互联网企业通过算法对于一般互联网用户所产生的数据进行加工，并在此基础上对于普通用户进行“精准推荐”，这里的“精准推荐”又该作何理解呢？一般来说，我们会认为这种精准推荐之所以被称为“精准”的，就是因为它“精准”到个人，这也符合我们个人的用户体验，我们在网上购物会经常被推荐各种各样的相关产品，而且恰好就是我想买的那些产品，从这种视野来看，数字劳动所要实现的就是对于每个网民的精准推荐，因此也是一种互联网中的“规训机制”，但从其深层本质来看，当你第一次进入购物网站购买某物时，该网站就会根据你的搜索给你推荐相关的产品，很显然，这种推荐并不是基于你的购买行为，而是根据你的“一次”搜索记录就给你“匹配”相关的产品，那么这种“匹配”是如何做到的？答案就是算法推荐。这种算法推荐的运行是基于成千上万网民的搜索和购买记录所形成的，即成千上万的人在搜索（购买）某件商品的同时也会搜索（购买）另一件商品，那么大数据和互联网企业就会捕捉到这两件商品之间的关联，因此大数据分析的基础其实是成千上万次的搜索和购买记录，它的样本非常庞大，它不依赖于某个用户。对于用户的“精准推荐”亦如此，我们可能会形成一种幻觉，会认为大数据公司掌握了我们每个人的全部信息，进而实现了对于我们每个人的“全景式监控”，但这种全景式监控不仅没有必要，而且成本巨大。大数据和互联网企业所形成的这种精准推荐其实是群体性的推荐，例如你买一本福柯的书，它会给你推荐福柯的其他书，但它大概率不会给你推荐一款好用的剪发器（因为福柯没有头发，可能两者之间不好关联），因此这种“精准推荐”仍然是一种群体性的推荐，它是针对一类人（而非某个人，可能只是你恰好可以归于某一类人而已），因此，从生命政治的视野来看，它恰好是一种“安全配置”。

六　数字拜物教的免疫体机制

从生命政治的视野来看，既然大部分人都无时无刻不处在各种“规训”和“配置”中，那么我们又该如何来突破这些“规训”和“配置”，换言之，我们应该如何来规避“生命权力”进而实现人的解放？福柯并没有给出明确的答案，哈特和奈格里是诉诸“大众”，阿甘本则带有非常强的阴郁色彩，基本上回避了这个问题，而埃斯波西托则提出了他自己的方案。

奈格里、哈特等人提出了一个非常具有标识度的概念：“帝国”，即《帝国——全球化的政治秩序》一书的书名，“帝国”这个概念还不同于列宁所提出的“帝国主义是资本主义的最高阶段”，列宁所提出的“帝国”概念还有地域性的所指，其人格化的代表就是指资本家。而奈格里和哈特所提出的“帝国”概念则是一个全球性概念，它标志着资本主义生产方式已经在全球范围内取得了决定性“胜利”，而且这是一种“脱疆域性”的生产方式，它突破了民族性和地域性的限制。更关键的是，“资本”本身成为唯一的真实“主体”，资本家都只是资本的“附庸”，这就说出了“帝国”概念的独特性，在某种程度上而言，“帝国”这个概念是对“后福特制”时代的真实描述。在奈格里和哈特看来，“大众”就是反抗“帝国”的最真实力量，因此发动“大众”革命就成为奈格里和哈特的主要努力方向。从这种思路来看，马克思的“资本”与“劳动”的对立逻辑，在奈格里和哈特这里就演变为“帝国”与“大众”的对立逻辑。当然，它们在内涵与外延方面都已经发生了很大的变化，而且奈格里和哈特紧紧抓住的就是“大众”对于“帝国”的反抗逻辑，这也构成了奈格里和哈特的主导线索。奈格里和哈特这种强调主体行动的解放逻辑，其理论基础却是一种潜能性的革命主张，简言之，“革命”在奈格里和哈特看来，更多的是“大众”的一种潜能，而且它占据了一种本体论位置，奈格里和哈特的任务就是要把这种“潜能”给释放出来，以寻求“大众”解放的有效途径。奈格里和哈特的这种观点也为福克斯所吸收，用在了数字劳动的异化分析上。

埃斯波西托提出了两个重要概念，即免疫体（Immunitas）和共同体（Communitas）。在生命政治的线索中，“主权者”经常在“共同体”内部制造出“赤裸生命”和“例外状态”，但埃斯波西托认为即使在“例外状态”中依然存在特定的“共同体”（变异了的共同体），而且在其共同体内部也天然存在“免疫体”，例如在近代的欧洲，流行过鼠疫，导致大量人口死亡，但依然有少数人拥有免疫的功能，这也可以类比为共同体与免疫体的关系。现在我们整个人类都成为共同体，都成为资本逻辑的统治对象，那么我们又该如何突破这种共同体的统治呢？一个可能性方案就是在共同体内部寻找或者培养“免疫体”，但坦诚而言，这种理论的探讨并没有增添什么新的东西，它仍然只是一种抽象的指认。在数字化时代要真正摆脱数字拜物教这个“魔鬼大他者”，两个可能性方案就是笔者在前文中提到的生产关系的方案和生产力的方案。

余　论

“数字化时代”已经来临，“数字化帝国”成为世界趋势。笔者在前文中已经大致从生产力、生产关系、生产方式、观念上层建筑等不同维度来探究数字劳动，但这种探究还远远不够，这也成为本书的一大“遗憾”，但这些“遗憾”会成为我们未来研究的动力，而且是源源不断的动力。

（1）进一步凸显马克思主义理论分析框架的重要性。马克思主义理论具有非常强的时代穿透力，尤其强调批判性，但其基本立场却是人民大众的，因此用马克思主义的分析框架分析数字劳动，是不同于一般经济学的实证性研究的，它能够让我们透视到数字劳动的深层本质，因此无论是对于互联网中专业劳动者的数字劳动，还是一般互联网用户的数字劳动，我们都可以用马克思主义理论的分析框架分析它，这也要求我们在马克思的基础理论方面下足功夫，进一步廓清其理论基础，同时，我们也必须重视数字劳动的时代性特征，处理好“立”与“破”、“旧”与“新”之间的关系。

（2）进一步加强对于国外相关研究成果的译介，实现国内外研究的深度融合，并实现定量研究方法与定性研究方法的有机统一。总的来看，国外学界关于数字劳动的研究要早于国内学界，而且其分析框架更为成熟，而国内学界则在实践层面取得了诸多研究成果。目前国内已经翻译并出版了一些国外学界的研究成果，如关于福克斯、席勒、莫斯可等人的著作，但坦诚而言，这些翻译还远远不够，仅就福克斯而言，他关于数字劳动、社交媒体、马克思的研究成果就已经超过了200篇（部），很多著作都还没有翻译成中文，这不得不说是一个遗憾。笔者自身的翻译也多是半成品，而且在短时间内无法“面市”，因此加强对于国外相关研究成果的译介，也可能构成今后国内学界的一个重点方向。在关于数字劳动研究方面，国外学界和国内学界有不同的侧重点，也需要加强国内学界与国外学界的“视阈融合”，并实现定量研究与定性研究的高度统一。

（3）研究进路的丰富和完善。总的来看，国内外学界关于数字劳动的研究主要有两条进路，即“物质劳动”的研究进路和“非物质劳动”的研究进路。从其研究框架来看，主要有传播政治经济学的研究框架和马克思政治经济学的研究框架。国外学界通常把这两种研究框架融为一体，而国内学界通常“两条腿走路”。在研究的过程中我们发现，就研究进路而言，最重要的是区分开两种意义上的数字劳动，即互联网中专业劳动者的数字劳动和一般互联网用户的数字劳动，换言之，互联网中专业劳动者数字劳动的研究进路和一般互联网用户数字劳动的研究进路才是真正重要的，而且从研究框架来看，目前国内学界主要是“两条腿走路”，这其实是一种“分科性”的研究方式，该方式也需要进一步丰富和完善。

（4）对于数字劳动进行生命政治学和精神政治学的批判。生命政治学和精神政治学构成了当前欧陆哲学中的一大“热点”，它与马克思的政治经济学具有非常强的亲和性，都是在批判资本主义。本书尝试性地在数字劳动与生命政治学、精神政治学之间进行了关联，但这只是一个初步性的分析框架，还需要具体层面的研究。但必须指出的是，在西方社会，互联网通常被鼓吹为参与式文化的表征，但是在生命政治学和批判政治经济学的视域中，这恰恰是新自由主义意识形态的体现，因此也需要对其进行批判性的审视。

（5）关注技术前沿。数字劳动必然会陷入数字资本的统治，进而发生数字异化和数字拜物教，这是笔者在前文中已经指明了的，但数字化时代又是我们当前的最大现实，我们很难再成为数字化时代的“鲁滨孙”，也很难再脱离 ICT、人工智能、大数据、物联网等技术，这些技术在某种程度上已经重构了我们的社会现实，但这些技术背后的所有制逻辑仍未改变，因此数字异化和数字拜物教在所难免。笔者在前文中已经初步提到过，单就技术的设计理念而言，区块链等技术有可能突破当下的所有制逻辑，进而带来人的解放，但这只是一种“可能”，这要求我们在今后的研究中，一定要更加关注技术发展的前沿。

（6）数字货币、数字资本、数字资本主义构成新的研究方向。本书虽然涉及了“数字资本”和“数字资本”的相关论述，但核心研究对象还是“数字劳动”和“数据商品”，这只是研究的第一步。从大的层面来看，数字货币和数字资本构成了我们今后研究的重要方向。在马克思的原始语境中，商品、货币、资本是其研究的重要对象，而且是循序渐进的，由商品的二重性到劳动的二重性，再到货币，最后才是资本。中国人民银行在最近几年已经连续开始试验“数字货币”（DC/EP，Digital Currency Electronic Payment），这些都构成了我们今后重要的研究方向。

参考文献

一　经典文献

《马克思恩格斯文集》第 1 卷，人民出版社 2009 年版。

《马克思恩格斯文集》第 2 卷，人民出版社 2009 年版。

《马克思恩格斯文集》第 3 卷，人民出版社 2009 年版。

《马克思恩格斯文集》第 4 卷，人民出版社 2009 年版。

《马克思恩格斯文集》第 5 卷，人民出版社 2009 年版。

《马克思恩格斯文集》第 6 卷，人民出版社 2009 年版。

《马克思恩格斯文集》第 7 卷，人民出版社 2009 年版。

《马克思恩格斯文集》第 8 卷，人民出版社 2009 年版。

《马克思恩格斯文集》第 9 卷，人民出版社 2009 年版。

《马克思恩格斯文集》第 10 卷，人民出版社 2009 年版。

《马克思恩格斯全集》第 6 卷，人民出版社 1961 年版。

《马克思恩格斯全集》第 30 卷，人民出版社 1995 年版。

《马克思恩格斯全集》第 42 卷，人民出版社 1979 年版。

《毛泽东选集》第 3 卷，人民出版社 1991 年版。

《毛泽东文集》第 8 卷，人民出版社 1999 年版。

《习近平谈治国理政》第一卷，外文出版社 2018 年版。

《习近平谈治国理政》第二卷，外文出版社 2017 年版。

《习近平谈治国理政》第三卷，外文出版社 2021 年版。

《习近平谈治国理政》第四卷，外文出版社 2022 年版。

习近平：《决胜全面建成小康社会 夺取新时代中国特色社会主义伟大胜利——在中国共产党第十九次全国代表大会上的报告》，人民出版社 2017 年版。

习近平：《高举中国特色社会主义伟大旗帜 为全面建设社会主义现代化国家而团结奋斗：在中国共产党第二十次全国代表大会上的报告》，人民出版社 2022 年版。

习近平：《正确认识和把握我国发展重大理论和实践问题》，《求是》2022 年第 10 期。

习近平：《习近平在中国科学院第十九次院士大会、中国工程院第十四次院士大会上的讲话》，《人民日报》2018 年 5 月 29 日第 2 版。

习近平：《在第二届世界互联网大会开幕式上的讲话》，《人民日报》2015 年 12 月 17 日第 2 版。

《习近平出席二十国集团领导人第十七次峰会并发表重要讲话》，《人民日报》2022 年 11 月 16 日第 1 版。

《习近平在世界经济论坛 2017 年年会开幕式上的主旨演讲》，《人民日报》2017 年 1 月 18 日第 1 版。

《习近平向 2022 年世界互联网大会乌镇峰会致贺信》，《人民日报》2022 年 11 月 10 日第 1 版。

二 中文译著

［法］阿尔都塞：《保卫马克思》，顾良译，商务印书馆 2010 年版。

［法］阿尔都塞：《读〈资本论〉》，李其庆、冯文光译，中央编译出版社 2017 年版。

［法］阿尔都塞：《列宁和哲学》，杜章智等译，远流出版事业股份有限公司 1990 年版。

［意］阿甘本：《神圣人：至高权力与赤裸生命》，吴冠军译，中央编译出版社 2016 年版。

［法］德勒兹、［法］加塔里：《资本主义的精神分裂：千高原》，姜宇辉译，上海书店出版社 2010 年版。

［奥］弗洛伊德：《自我与本我》，车文博译，长春出版社 2004 年版。

［法］福柯：《安全、领土与人口》，钱翰、陈晓经译，上海人民出版社 2018 年版。

［法］福柯：《必须保卫社会》，钱翰译，上海人民出版社 2018 年版。

［法］福柯：《不正常的人》，钱翰译，上海人民出版社 2018 年版。

［法］福柯：《词与物：人文科学的考古学》，莫伟民译，上海三联书店 2016 年版。

［法］福柯：《生命政治的诞生》，莫伟民、赵伟译，上海人民出版社 2018 年版。

［美］哈特、［意］奈格里：《帝国——全球化的政治秩序》，杨建国、范一亭译，江苏人民出版社 2008 年版。

［德］韩炳哲：《精神政治学》，关玉红译，中信出版社 2019 年版。

［德］韩炳哲：《倦怠社会》，王一力译，中信出版社 2019 年版。

［德］康德：《纯粹理性批判》，邓晓芒译，人民出版社 2004 年版。

［德］罗萨：《新异化的诞生：社会加速批判理论大纲》，郑作彧译，上海人民出版社 2018 年版。

［英］迈尔－舍恩伯格：《大数据时代》，盛杨燕、周涛译，浙江人民出版社 2013 年版。

［法］斯蒂格勒：《技术与时间 3：电影的时间与存在之痛的问题》，方尔平译，译林出版社 2012 年版。

[加] 斯尔尼塞克：《平台资本主义》，程水英译，广东人民出版社 2018 年版。

[德] 索恩－雷特尔：《脑力劳动与体力劳动——西方历史的认识论》，谢永康、侯振武译，南京大学出版社 2015 年版。

三　中文专著

陈根：《数字孪生》，电子工业出版社 2020 年版。

郭沙：《数字孪生：数字经济的基础支撑》，中国财富出版有限公司 2021 年版。

王让新、李弦：《“现实的人”的理论跃迁：历史唯物主义的深度解读》，人民出版社 2018 年版。

王让新、李弦：《马克思资本研究的逻辑演进与哲学透视》，人民出版社 2020 年版。

许纪霖：《帝国、都市与现代性》，江苏人民出版社 2006 年版。

仰海峰：《〈资本论〉的哲学》，北京师范大学出版社 2017 年版。

张一兵：《回到马克思：经济学语境中的哲学话语》，江苏人民出版社 2013 年版。

周延云、闫秀荣：《数字劳动和卡尔·马克思——数字化时代国外马克思劳动价值论研究》，中国社会科学出版社 2016 年版。

黄再胜：《数字劳动与马克思劳动价值论的当代阐释》，《湖北经济学院学报》2017 年第 11 期。

蓝江：《数字资本、一般数据与数字异化——数字资本的政治经济学批判导引》，《华中科技大学学报》（社会科学版）2018 年第 4 期。

刘璐璐：《数字经济时代的数字劳动与数据资本化——以马克思的资本逻辑为线索》，《东北大学学报》（社会科学版）2019 年第 4 期。

陆茸：《数据商品的价值与剥削——对克里斯蒂安·福克斯用户“数字

劳动”理论的批判性分析》，《经济纵横》2019 年第 5 期。

申卫星：《论数据用益权》，《中国社会科学》2020 年第 10 期。

孙萍：《“算法逻辑”下的数字劳动：一项对平台经济下外卖送餐员的研究》，《思想战线》2019 年第 6 期。

吴欢、卢黎歌：《数字劳动、数字商品价值及其价格形成机制——大数据社会条件下马克思劳动价值论的再解释》，《东北大学学报》（社会科学版）2018 年第 3 期。

吴静：《算法为王：大数据时代“看不见的手”》，《华中科技大学学报》（社会科学版）2020 年第 2 期。

夏玉凡：《传播政治经济学视域中的数字劳动理论——以福克斯劳动观为中心的批判性探讨》，《南京大学学报》2018 年第 5 期。

谢芳芳、燕连福：《“数字劳动”内涵探析——基于与受众劳动、非物质劳动、物质劳动的关系》，《教学与研究》2019 年第 12 期。

余斌：《“数字劳动”与“数字资本”的政治经济学分析》，《马克思主义研究》2021 年第 5 期。

张一兵：《历史唯物主义的物——追述吴恩裕教授〈马克思的政治思想〉》，《中国高校社会科学》2015 年第 3 期。

四　外文文献

Antonio Negri, *Marx Beyond Marx*, trans. Harry Cleaver, London: Pluto Press, 1991.

A. R. Hochschild, *The Managed Heart: Commercialization of Human Feeling*, Berkely: University of California Press, 1983.

Christian Fuchs, *Digital Labour and Karl Marx*, New York and London: Routledge, 2014.

Don Tapscott, *The Digital Economy: Promise and Peril in the Age of Net-*

worked Intelligence, New York: McGraw – Hill Education, 2015.

Guy Standing, *The Precariat*, London: Bloomsbury Academic, 2011.

Henry Jenkins, *Confronting the Challenges of Participatory Culture: Media Education for the 21st Century*, Massachusetts: The MIT Press, 2009.

Henry Jenkins, *Fans, Bloggers and Gamers: Essays on Participatory Culture*, New York: New York University Press, 2006.

Jean Burgess, Joshua Green, *YouTube: Online Video and Participatory Culture*, Cambridge: Polity Press, 2009.

Michael Hardt and Antonio Negri, *Multitude: War and Democracy in the Age of Empire*, New York: The Penguin Press, 2004.

Sandra M. Falero. *Digital Participatory Culture and the TV Audience: Everyone's a Critic*, London: Palgrave Macmillan, 2016.

Shoshana Zuboff, *The Age of Surveillance Capitalism: The Fight for a Human Future at the New Frontier of Power*, New York: Public Affairs, 2019.

Christian Fuchs, "The Utopian Internet, Computing, Communication, and Concrete Utopias", *TripleC: Communication, Capitalism & Critique*, Vol. 18, No. 1, 2000.

G Malgieri, B Custers, "Pricing Privacy – the Right to Know the Value of your Personal Data", *The Computer Law and Security Report*, Vol. 34, No. 2, 2018.

George Ritzer, "Automating Prosumption: The Decline of the Prosumer and the Rise of the Prosuming Machines", *Journal of Consumer Culture*, Vol. 15, No. 3, 2015.

Manhai Li, "Making Meaning: How Experience Design Supports Data Commercialization", *Practice and Case Studies*, Vol. 33, No. 1, 2019.

Michael Hardt, "Affective Labor", *boundary*, Vol. 26, No. 2, 1999.

后 记

提笔至此，此稿的写作过程就暂告段落了，仍然留有了许多遗憾，有时也在幻想，假如自己的时间再充裕些、自己的研究能力再精进一些，可能摆在面前的这个研究成果的质量也会更精良一些，但似乎遗憾总是伴随着每一部拙稿的完成。

做学术研究偶尔也能够享受到精神上的延迟满足，但也时常很困惑甚至痛苦。最近几年，自己好像逐渐体会到了“爬山”的含义，当我们轻松愉悦地“走”上山时，其实并不是在“爬山”，真正的“爬山”应该是匍匐着负重前进，就像西西弗斯那样，其实对于“青椒”而言，不仅面临着“学术研究”这座大山，还有“教学”和“家庭”两座大山（俗称“三座大山”），更何况“大山”里面还有很多“小山”，时常压得人喘不过气来。幸运的是，不管是在求学时期，还是在工作之后，我们都得到了很多前辈和朋辈的殷切指导，他们对我们这些“大山的儿子”并没有吹毛求疵，反而给予了更多的耐心和机会，才让我们感受到了学术的温度。学术是有温度的，只要你用心去感受。

本书能够出版，特别感谢我的硕博导师王让新教授，导师现在虽已退休，却也时常关心我的工作和生活状态，给予我很多无私的帮助，王老师平易近人的处事方式、豁达开朗的人生态度、孜孜不倦的学术追求，都是激励我不断前行的重要动力。本书能够得以出版还要特别感谢电子科技大学马克思主义学院各位领导和同事的支持，同时也很感谢武汉大学项久雨教授、浙江大学刘同舫教授和付文军教授、南京大学蓝江教授、复旦大学姚建华教授、南京师范大学吴静教授和张福公副教授，诸位老师给予了我很多关怀和帮助，我也从各位老师身上体悟到了学术层面的质性坚守。还要特别感谢中国社会科学出版社的杨晓芳编辑，杨老师的认真、负责、严谨和专业，总是让人敬佩万分。

最后，借用自己最喜欢的一句话结尾：“轻灵的鸽子在自由地飞翔时分开空气并感到空气的阻力，它也许会想象在没有空气的空间里它还会飞得更加轻灵。”